改訂版

耳から覚える
日本語能力試験

語　彙
トレーニング

N 3

日本語を勉強するとき、土台となるのは言葉と漢字と文法です。

言葉は世界を広げます。聞く、話す、読む、書く、どの分野でも、知っている言葉の数が多ければ多いほど、それが力となります。

では、言葉を知るというのはどういうことでしょうか。聞いたり読んだりしたときに意味がわかるというのはもちろんですが、それだけでは十分でないと考えます。その言葉を使って話したり書いたりできて初めて、その言葉が本当に身についたと言えるでしょう。

「この名詞は『する』をつけて使えるのか?」「いっしょに使う助詞は?」「他のどんな言葉といっしょに使えるのか?」「意味の範囲は? 『窓ガラスが破れる』と言えるのか?」「この言葉が使える場面は? 書くときに使ってもいいのか?」

ふつうの辞書は、あまりこれらの疑問に答えてくれません。本書は日本語能力試験N3レベルの勉強をなさる方が、そのレベルの言葉を覚え、そして使えるようになることを願って作りました。

●本書の構成

1 品詞別になっています。各ユニットの中では、なるべく関連のある語を近くに置くようにしました。反対の意味の言葉、自動詞と他動詞は並んでいます。

2 難易度を3段階に分けてあります。レベルが上がるほど難しくなります。

3 一つ一つの言葉に例文と、英語、中国語、韓国語、ベトナム語の訳がついています。ただし、多くの意味がある場合には、全部の訳がついていないこともあります。

4 コロケーション(連語=よくひとまとまりになって使われる表現)を重視し、連にはなるべく多くの情報を盛り込むようにしました。

5 2種類の問題がついています。練習問題は、学んだことが身についているかどうかを確認する問題、確認問題は日本語能力試験と同じ形式の問題です。

6 分野ごとの言葉を集めた「コラム(1〜22)」を作りました。

※ 音声には、見出し語と最初の例文が入っています。

●勉強のアドバイス

1 知っている言葉でも、例文と連語を読んで、使い方を確認しましょう。

意味は一つとは限りません。知らない意味があったら、いっしょに覚えましょう。

日本語は語彙の多い言語です。対義語、類義語、合成語、関連語を見て、言葉の数を増やしましょう。

2 音声を聞きながら勉強すると効果的です。目、耳、さらに口を使ったほうがよく覚えられま

すから、聞くだけでなく、声を出してリピートしましょう。

音声の使い方は他にもいろいろ考えられます。例えば、電車の中などで聞いて覚える、何ページか勉強したら、その部分を聞いて、すぐに意味がわかるかどうか確認する、などです。

3 練習問題で自分の力をチェックしましょう。少しレベルが高い問題もありますが、くり返すうちに力がつきます。確認問題は日本語能力試験と同じ形式の問題ですから、受験する方は、直前にもう一度やってみてください。

4 なるべく、漢字もいっしょに覚えましょう。少なくとも、読めるようにしましょう。

5 語彙索引がチェックリストになっています。確認のために利用してください。

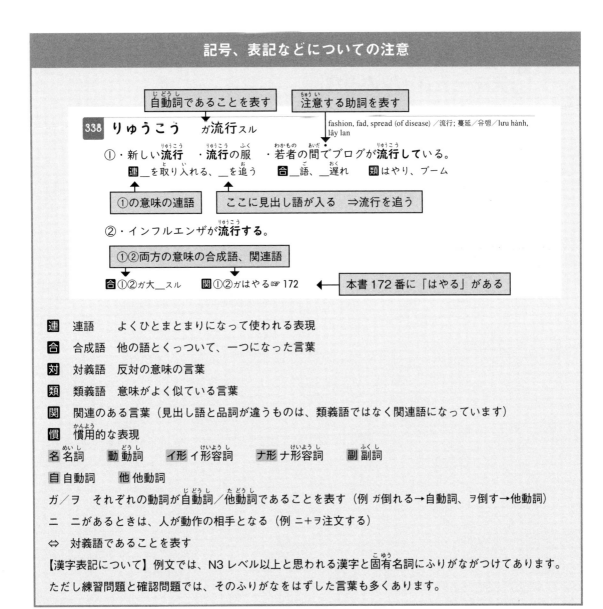

記号、表記などについての注意

自動詞であることを表す　　注意する助詞を表す

338 りゅうこう　　ガ流行スル　　fashion, fad, spread (of disease) ／流行; 蔓延／유행／lưu hành, lây lan

① ・新しい**流行**　・**流行**の服　・若者の間でブログが**流行**している。
　　連＿を取り入れる、＿を追う　　合＿語、＿遅れ　　類 はやり、ブーム

①の意味の連語　　ここに見出し語が入る　⇒流行を追う

② ・インフルエンザが**流行する**。

①②両方の意味の合成語、関連語

合①②ガ大＿スル　　関①②がはやる☞172　　← 本書172番に「はやる」がある

連　連語　　よくひとまとまりになって使われる表現

合　合成語　　他の語とくっついて、一つになった言葉

対　対義語　　反対の意味の言葉

類　類義語　　意味がよく似ている言葉

関　関連のある言葉（見出し語と品詞が違うものは、類義語ではなく関連語になっています）

慣　慣用的な表現

名 名詞　　動 動詞　　イ形 イ形容詞　　ナ形 ナ形容詞　　副 副詞

自 自動詞　　他 他動詞

ガ／ヲ　それぞれの動詞が自動詞／他動詞であることを表す（例 ガ倒れる→自動詞、ヲ倒す→他動詞）

ニ　ニがあるときは、人が動作の相手となる（例 ニ＋ヲ注文する）

⇔　対義語であることを表す

【漢字表記について】例文では、N3 レベル以上と思われる漢字と固有名詞にふりがながつけてあります。ただし練習問題と確認問題では、そのふりがなをはずした言葉も多くあります。

無料ダウンロード音声について

🔊 **00** は、そのページの「見出し語＋例文」の音声のトラック番号を表します。
本書の音声はパソコンやスマートフォンに無料でダウンロードできます。

💻 パソコンの場合

アルクダウンロードセンターで、「改訂版　耳から覚える日本語能力試験　語彙トレーニング N3」か、商品コード「7021016」で検索して、音声をダウンロードしてください。

> **アルクダウンロードセンター**
>
> https://portal-dlc.alc.co.jp

📱スマートフォンの場合

1. 語学学習用アプリ「booco」をダウンロード／インストールする

2. 本書の音声をダウンロードして聞く

ホーム画面下の「さがす」で、商品コード「7021016」で本書を検索して、無料音声をダウンロードして聞いてください。

「booco」のインストール方法と使い方は、以下で確認できます。
https://cdn2.alc.co.jp/sa/booco/pdf/howtoboocoj.pdf

本書は、2010 年発行の『耳から覚える日本語能力試験　語彙トレーニング N3』の内容を一部改め、音声・ベトナム語訳を追加して改訂版として出版したものです。

C O N T E N T S

Unit 01 名詞A

1 ～ 120

レベル ★ ☆ ☆

🔊 02

1	だんせい	男性	man ／男性, 男子／남성, 남자／nam, đàn ông
2	じょせい	女性	woman ／女性, 女子／여성, 여자／nữ, đàn bà

・理想の{男性／女性}と結婚する。・「あの{○女性／○女の人／×女}はだれですか」
関 男女、性別

3	こうれい	高齢	old age, advanced age ／年迈, 高龄／고령／cao tuổi

・祖母は高齢だが、まだとても元気だ。
合 __者、__化社会

4	としうえ	年上	elder ／年长, 岁数大／손위, 연상／hơn tuổi

・年上の友だち ・彼女は私{より／の}三つ年上だ。
対 年下　　関 年長

5	めうえ	目上	superior ／长辈; 上司／윗사람／người trên

・目上の人には敬語で話したほうがいい。
対 目下

6	せんぱい	先輩	senior ／前辈; (先进公司的) 同事／선배／đàn anh/chị
7	こうはい	後輩	junior ／后辈; (后进公司的) 同事／후배／đàn em

・田中さんと私は同じ年だが、職場では彼のほうが先輩だ。

8	じょうし	上司	boss ／上司, 上级／상사／cấp trên

・上司に相談してから決定する。
対 部下　　関 同僚

9	あいて	相手	other person, opponent ／对方, 对手, 对象／상대, 상대방／người hội thoại, đối thủ

・相手の目を見て話す。　・今度の試合の相手は強そうだ。
合 話__、結婚__、相談__

10	しりあい	知り合い	acquaintance ／认识的人, 熟人, 友人／아는 사람／người quen

・知り合いに息子の就職を頼む。
類 知人　　関 友だち、友人、親友

11 ゆうじん　友人
friend ／朋友, 友人／친구／bạn

・「田中さんを知っていますか」「ええ、学生時代の友人です」

類 友だち　　関 親友、知り合い

12 なか　仲
relations ／关系／사이／quan hệ

・私は山本さんと仲がいい。

連 __がいい⇔悪い　　合 __間、__良し

13 せいねんがっぴ　生年月日
date of birth ／出生年月／생년월일／ngày tháng năm sinh

・書類に生年月日を記入する。

関 誕生日

14 たんじょう　ガ誕生スル
birth ／出生, 诞生／탄생／sinh ra, ra đời

① ・新しい命の誕生を祝う。　・結婚２年目に子どもが誕生した。

合 __日

② ・新政権が誕生する。

関①② ガ生まれる☞ 166

15 とし　年
year, age ／年, 一年; 年纪／해, 나이／năm, tuổi

① ・年の初めに１年の計画を立てる。

連 __が明ける、__が過ぎる　　合 __明け

② ・父は年より若く見える。

連 __をとる　　合 (お)__寄り　　類 年齢

16 しゅっしん　出身
origin, homeland ／出身; 籍贯／출신／xuất thân

・「ご出身はどちらですか」「東京です」　・私は{東京／東京大学…}(の)出身です。

合 __地、__校、[地名／学校名…]＋出身

17 こきょう　故郷
hometown ／故乡, 老家／고향／quê hương

・仕事が忙しくて、もう何年も故郷に帰っていない。

類 ふるさと

---

18 せいちょう　ガ成長スル　　　growth ／成长, 长大; 发展／성장／trưởng thành, tăng trưởng

① ・子どもの**成長**を喜ぶ。　・りっぱな大人に**成長する**。　　関 ガ育つ☞478
② ・事業の**成長**　・経済が大きく**成長した**。
　　合 高度経済__、__率

---

19 せいじん　ガ成人スル　　　adult ／成人／성인／người trưởng thành

・日本では二十歳以上の人を**成人**という。　・息子は**成人して**働いている。
　　合 __式　　対 未成年

---

20 ごうかく　ガ合格スル　　　passing, acceptance ／考试及格, 考上／합격／đỗ

・{大学／入学試験／検査…}に**合格する**。
　　合 __者、__率　　対 不合格（×不合格する　○不合格になる／不合格だ）

---

21 しんがく　ガ進学スル　　　going to a higher school ／升学／진학／học lên

・子どもの**進学**について考える。　・大学院に**進学する**。
　　合 __率

---

22 たいがく　ガ退学スル　　　expulsion, dropping out ／退学／퇴학／thôi học

・**退学**の理由を説明する。　・病気で大学を**退学した**。
　　合 __届、__処分　　関 ガ中退スル

---

23 しゅうしょく　ガ就職スル　　　getting employed, finding employment ／就业, 参加工作／취직／được tuyển dụng, làm việc

・旅行会社に**就職する**。
　　合 __活動、__試験、__難　　対 ガ退職スル　　関 履歴書

---

24 たいしょく　ガ退職スル　　　resignation, retirement ／退职; 退休／퇴직／thôi việc

・母の介護のため、**退職**を決めた。　・長年勤めた会社を**退職した**。
　　合 定年__、__金　　対 ガ就職スル　　類 ガ辞職スル

---

25 しつぎょう　ガ失業スル　　　unemployment ／失业／실업／thất nghiệp

・会社が倒産して**失業した**。
　　合 __率、__者、__保険　　関 くび、ヲリストラスル

---

26 ざんぎょう　ガ残業スル　　　overtime work ／加班／잔업／việc làm thêm giờ

・**残業**が多くて疲れた。
　　合 __代、__時間

27 せいかつ ガ生活スル   life ／生活, 过日子／생활／sinh hoạt, cuộc sống

・健康的な**生活**を送る。　・「もう日本の**生活**に慣れましたか」
・外国で**生活する**のは楽しい。　・虫の**生活**を観察する。
連 __が苦しい⇔楽だ、{楽しい／苦しい／豊かな…} __を送る
合 __費、学生__、社会__、結婚__、年金__　類 暮らし ☞ 746

28 つうきん ガ通勤スル   commuting (to work) ／上下班／통근／đi làm

・私は毎日 1 時間かけて**通勤している**。
合 __時間　関 ガ通学スル、ガ通院スル

29 がくれき 学歴   educational background ／学历／학력／trình độ học vấn

・**学歴**が高くても、実力があるかどうかはわからない。
・子どもにいい**学歴**をつけさせたいと思う親が多い。
連 __が高い⇔低い、__をつける　合 高__、__社会

30 きゅうりょう 給料   salary, pay ／工资, 薪水／월급, 봉급／lương

・会社から**給料**をもらう。
合 __日　関 時給、月給

31 めんせつ ヲ面接スル   interview ／面试／면접／phỏng vấn

・きょう、会社の人との**面接**がある。　・受験者の**面接**を行う。
・先生が学生を**面接する**。
合 __試験、__官

32 きゅうけい ガ休憩スル   break ／休息／휴게／nghỉ

・「ではここで、10 分間の**休憩**です」
連 __をとる　合 __時間、__室、__所

33 かんこう ヲ観光スル   tourism, sightseeing ／观光, 旅游／관광／tham quan, du lịch

・「来日の目的は**観光**です」　・先週、京都を**観光して**まわった。
合 __客、__旅行、__地、__バス、[地名]＋観光（・京都**観光**）

34 きこく ガ帰国スル   returning to one's country ／归国, 回国／귀국／về nước

・今度の正月には**帰国する**つもりだ。

35　きせい　　ガ**帰省**スル　　returning to one's hometown／归省，回家探亲／귀성／về quê

・お盆にはふるさとに**帰省する**日本人が多い。

36　きたく　　ガ**帰宅**スル　　going home／回家／귀가／về nhà

・毎日忙しくて**帰宅**が遅い。

合＿時間

37　さんか　　ガ**参加**スル　　participation／参加／참가／tham gia

・ボランティア活動に**参加する**。

合＿者　　対不参加（○不参加だ　×不参加する）

38　しゅっせき　　ガ**出席**スル　　attendance／出席，参加／출석／tham dự

39　けっせき　　ガ**欠席**スル　　absence／缺席，缺课，不参加／결석／không tham dự

・ミーティングに**出席する**。　・授業を**欠席する**。

・高橋さんは今度の同窓会は｛**欠席**だ／**欠席する**｝そうだ。

合＿者、＿届

40　ちこく　　ガ**遅刻**スル　　arriving late／迟到／지각／đi muộn

・寝坊して授業に**遅刻する**。　・面接では１分の**遅刻**も許されない。

41　けしょう　　ガ**化粧**スル　　makeup／化妆／화장／trang điểm

・「あなたは毎日、お**化粧**に何分ぐらいかけていますか」

連＿を落とす、＿が濃い⇔薄い　　合＿品　　類ガメイクスル　　関口紅

42　けいさん　　ヲ**計算**スル　　calculation／数学运算；计算／계산／tính toán

・私は**計算**が苦手だ。　・旅行にいくらかかるか**計算する**。

関電卓（←電子式卓上計算機）

43　けいかく　　ヲ**計画**スル　　plan／计划／계획／kế hoạch, lập kế hoạch

・来年の**計画**を立てる。　・夏休みには富士山に登ろうと**計画している**。

連＿を立てる　　類プラン

| 44 | せいこう | ガ成功スル | success ／成功／성공／thành công |
| 45 | しっぱい | ガ／ヲ失敗スル | failure ／失敗／실패／thất bại, sai lầm |

・実験に成功する。　・実験は大成功だった。
・実験の失敗で、計画は中止になった。　・このパソコンを買ったのは失敗だった。
・入試に失敗する。　・計画が失敗した。
合 ガ大__スル

| 46 | じゅんび | ヲ準備スル | preparation ／准备／준비／chuẩn bị |

・引っ越しの準備が終わった。　・会議の資料を準備する。
類 ヲ用意スル

| 47 | せいり | ヲ整理スル | organizing, arrangement; disposal ／整理／정리／sắp xếp, dọn dẹp, xử lý |

① ・資料の整理　・勉強の前に机の上を整理する。
② ・不要品の整理　・引っ越しの前に、古い物を整理する。

| 48 | ちゅうもん | ニ＋ヲ注文スル | order; request ／订购, 点 (菜) ; 提要求／주문／đặt hàng, gọi món |

① ・注文の品が届く。　・喫茶店でコーヒーを注文する。　・書店に本を注文する。
　　連 __をとる
② ・工事を早くするように注文をつける。
　　連 ニ__をつける

| 49 | ちょきん | ヲ貯金スル | savings, depositing ／储蓄, 存款／저금／tiền để dành, để dành tiền |

・貯金が増える。　・銀行にボーナスを貯金する。
連 __をおろす、__を引き出す　合 __通帳、__箱　類 預金

| 50 | てつや | ガ徹夜スル | staying up all night ／通宵, 熬夜／철야, 밤새움／thức thâu đêm |

・徹夜が続く。　・徹夜で勉強する。　・きょうは徹夜だ。　・仕事で徹夜をする。

| 51 | ひっこし | ガ引っ越しスル | move ／搬家／이사／chuyển nhà |

・引っ越しを手伝う。　・東京から横浜へ引っ越しする。
動 ガ引っ越す

| 52 | しんちょう | 身長 | body height ／身高／신장, 키／chiều cao |

・身長を測る。　・兄は身長が高い。
連 __が高い⇔低い、__が伸びる　関 背

53	**たいじゅう　体重**	body weight／体重／체중／cân nặng

・**体重**を測る。　・父の**体重**は60キロだ。

連 __が多い⇔少ない、__が増える⇔減る　合 __計　関 が太る⇔がやせる

54	**けが**	injury／伤口, 受伤／상처, 부상／vết thương, bị thương

・小さな**けが**　・転んで足に**けが**をした。

連 __をする、__が治る・__を治す　合 大__、__人　関 きず、やけど、骨折

55	**かい　　　会**	party／会, 晩会／회, 모임／bữa tiệc, buổi gặp

・忘年会を{開く／する}。

合 忘年__、新年__、送別__、歓迎__、飲み__、宴__、誕生日__、クリスマス__、同窓__

56	**しゅみ　　　趣味**	hobby, interest; taste／爱好; 趣味, 品味／취미／sở thích

①・**趣味**は読書です。

連 __が広い

②・彼女はいつも**趣味**のいい服を着ている。

連 __がいい⇔悪い

57	**きょうみ　　　興味**	interest／兴趣／흥미, 관심／quan tâm, hứng thú

・私は歴史に**興味**がある。　・小さな子どもは何にでも**興味**を持つ。

連 ニ__がある⇔ない、ニ__を持つ　合 __深い　類 関心

58	**おもいで　　　思い出**	memory／回忆／추억／kỷ niệm

・子どものころの**思い出**　・日本で富士山に登ったのは、いい**思い出**だ。

連 いい__　関 ヲ思い出す☞148

59	**じょうだん　冗談**	joke／玩笑, 笑话／농담／đùa

・**冗談**を言ったら、みんなが本気にした。

連 __を言う　×冗談する

60	**もくてき　　　目的**	purpose／目的／목적／mục đích

・日本に来た**目的**は大学への入学だ。

合 __地　関 目標

61 やくそく　　ヲ約束スル　　　promise, appointment ／约定, 约会／약속／hứa, hẹn

・彼と結婚の**約束**をした。　・再会を**約束**して別れた。

・**約束**の時間に間に合うかどうか心配だ。

連 ＿を守る⇔破る

62 おしゃべり　　ガおしゃべりスル／ナ　　chatting; talkativeness ／聊天, 说话; 健谈, 爱说话, 多嘴／잡담, 수다스러움／nói chuyện, hay nói

①・授業中に隣の人と**おしゃべり**していて、先生に怒られた。

　　動 がしゃべる

②・**おしゃべり**な人　・あの人は**おしゃべり**だ。

63 えんりょ　　ガ／ヲ遠慮スル　　reserve, refraining ／客气; 顾虑; 请勿～／사양함, 삼감／giữ ý, tránh

・「**遠慮**しないで食べてください」　・上司に**遠慮**して、自分の意見が言えなかった。

・「ここではたばこはご**遠慮**ください」

64 がまん　　ヲ我慢スル　　endurance, patience ／忍耐, 忍受／참음, 인내／cố chịu, chịu đựng

・痛くても**がまん**する。　・眠いのを**がまん**して勉強した。

合 ＿強い ☞ 272

65 めいわく　　ガ迷惑スル／ナ　　nuisance ／麻烦, 打扰／폐, 불쾌함, 성가심／phiền hà, quấy rầy

・人に**迷惑**をかけてはいけない。　・夜中に騒がれて**迷惑**する。　・**迷惑**な人

連 ニ＿がかかる・ニ＿をかける　　合 近所＿

66 きぼう　　ヲ希望スル　　hope, wish ／希望／희망／hy vọng, nguyện vọng

・最後まで**希望**を捨ててはいけない。　・私はふるさとでの就職を**希望**している。

合 ＿者　　類 望み　　関 ヲ望む ☞ 739

| コラム | 1 | あいさつ | Greeting ／招呼／인사／Chào hỏi |

・家を出るとき「行ってきます」―「行ってらっしゃい」

・家に帰ったとき「ただいま」―「お帰り（なさい）」

・ほかの人がいる部屋に入るとき「失礼します」

・ほかの人がいる部屋を出るとき「失礼します／しました」

・ほかの人の家に入るとき「おじゃまします」

・ほかの人の家に入って、玄関にだれもいないとき「ごめんください」

・寝るとき「お休みなさい」

・あやまるとき「失礼しました」　「すみません」　「ごめんなさい」

　　　　　かたい表現←　　　　　　　　→やわらかい表現

[その他]・〈人を待たせたとき〉「お待たせしました」　・「お元気ですか」―「おかげさまで（元気です）」

67 ゆめ　　　　夢　　　　　dream ／梦; 梦想／꿈／giấc mơ, mơ ước

① ・きのう、こわい**夢**を見た。

　　連 ＿を見る、＿からさめる

② ・「あなたの将来の**夢**は何ですか」

　　連 ＿がある⇔ない、＿を持つ、＿がかなう・＿をかなえる

68 さんせい　　　　ガ賛成スル　　　　agreement, support ／赞成, 同意／찬성／tán thành

・「**賛成**の人は手を挙げてください」

・私はその{提案／意見}に{**賛成**だ／**賛成する**}。

合 ＿意見　　対 ガ反対スル

69 はんたい　　　　ガ反対スル　　　　opposite, opposition ／相反; 反对／반대／ngược, phản đối

① ・プラスの**反対**はマイナスだ。

　　合 ＿側

② ・彼の意見には**反対**だ。　・提案に**反対する**。

　　合 ＿意見　　対 ガ賛成スル

70 そうぞう　　　　ヲ想像スル　　　　imagination ／想象, 设想／상상／tưởng tượng

・**想像**と現実は違う。　・100年後の未来を**想像する**。

連 ＿がつく　　合 ＿力

71 どりょく　　　　ガ努力スル　　　　effort ／努力／노력／nỗ lực

・一生懸命、**努力**をする。

連 ＿を重ねる、＿が実る　　合 ＿家

（　　）にあてはまる言葉を書きましょう。

1　そふ　祖父
2　そぼ　祖母
3　おじ
4　おば
5　あに　兄
6　あね　姉
7　おとうと　弟
8　いもうと　妹
9　男おっと　夫
　　しゅじん　主人
　　女つま　妻
　　かない　家内
10　むすこ　息子
11　むすめ　娘
12　まご　孫
13　いとこ
14　おい
15　めい

1　おじいさん
2　おばあさん
3　おじさん
4　おばさん
5　おにいさん
6　おねえさん
7　おとうとさん
8　いもうとさん
9　男ご主人
　　女おくさん
10　むすこさん
11　おじょうさん
12　おまごさん

私の家族

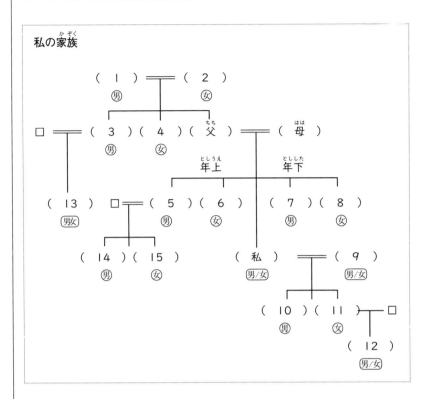

ほかの人の家族

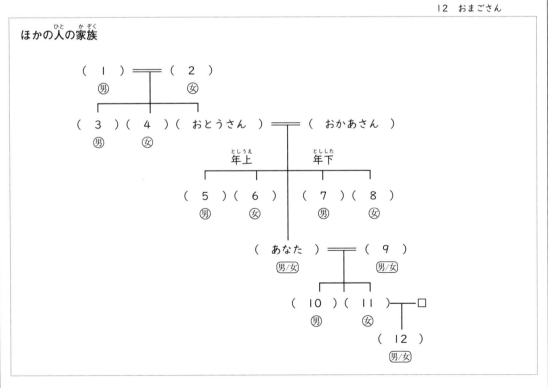

Ⅰ （　　）に助詞を書きなさい。

1. 部下が上司（　　）えんりょする。
2. 試験（　　）合格する。
3. 授業（　　）出席する。／授業（　　）欠席する。
4. 大学院（　　）進学する。／高校（　　）退学する。
5. 友だち（　　）おしゃべりして楽しかった。
6. てつや（　　）勉強する。
7. スポーツ大会（　　）参加する。
8. 彼らはその実験（　　）成功した。
9. あの学生は進学（　　）希望している。
10. 私は田中さんの意見（　　）賛成です。
11. 約束の時間（　　）遅刻してしまった。
12. おなかの痛み（　　）がまんして走った。
13. 上田さんは山本さん（　　）仲（　　）いい。
14. 私は歴史（　　）興味（　　）ある。

Ⅱ 「する」がつくことばに○をつけなさい。

おしゃべり　　思い出　　きょうみ　　けいさん　　しゅっしん　　しゅみ
じょうだん　　生活　　せいり　　たんじょう　　つうきん　　どりょく
ひっこし　　不合格

Ⅲ 正しいことばを〔　　　〕の中から一つえらびなさい。

A
1. 学歴が〔　大きい　高い　強い　〕。
2. 計画を〔　立てる　作る　みつける　〕。
3. 年を〔　すぎる　とる　ふえる　〕。
4. きゅうけいを〔　作る　とる　休む　〕。
5. 楽しい生活を〔　いきる　とる　おくる　〕。
6. めいわくを〔　やる　させる　かける　〕。
7. 貯金を〔　あずける　おろす　つむ　〕。
8. 体重が〔　のびる　ふえる　ふとる　〕。
9. 身長が〔　のびる　ふえる　やせる　〕。

10. 新年会を〔 あく あける ひらく 〕。

11. やくそくを〔 言う こわす やぶる 〕。

12. 今23時55分。もうすぐ年が〔 あく あける ひらく 〕。

B

1. 小林さんは私より〔 年上 目上 上司 〕です。

2. 「ご〔 たんじょうび しゅうしょく しゅっしん 〕はどちらですか」

3. あの人はとても〔 おしゃべり おはなし じょうだん 〕だから、だいじなことは話したくありません。

4. 階段から落ちて〔 びょうき きず けが やけど 〕をしてしまいました。

5. ふるさとに〔 きこく きせい きたく 〕する。

Ⅳ （　　　）に下からえらんだ語を書いて、一つのことばにしなさい。

1. 想像（　　　）　　2. 努力（　　　）　　3. 給料（　　　）

4. 観光（　　　）　　5. 化粧（　　　）　　6. 退職（　　　）

7. 進学（　　　）　　8. 帰宅（　　　）　　9. 生活（　　　）

| 家 | 金 | 時間 | 地 | 日 | 費 | 品 | 率 | 力 |

Ⅴ 反対の意味のことばを書きなさい。

1. 成功　　⇔（　　　　　） 2. 欠席　　⇔（　　　　　）

3. 体重が減る⇔（　　　　　） 4. 成人　　⇔（　　　　　）

5. 退職　　⇔（　　　　　） 6. 反対する⇔（　　　　　）する

7. 部下　　⇔（　　　　　） 8. 先輩　　⇔（　　　　　）

9. 約束を破る⇔約束を（　　　　　）

Ⅵ 意味が近いことばを下からえらんで書きなさい。

1. 生年月日（　　　　　） 2. きょうみ（　　　　　）

3. じゅんび（　　　　　） 4. しりあい（　　　　　）

5. こきょう（　　　　　） 6. とし（　　　　　）

| かんしん ちじん たんじょうび ねんれい ふるさと ようい |

VII　（　　　）に入ることばを下からえらんで書きなさい。

1．「日本へ来た（　　　　　　　　）は何ですか」

2．「引っ越しの（　　　　　　　　）はもう終わりましたか」
　　「まだです。今、荷物を（　　　　　　　　）しているところです」

3．私の（　　　　　　　　）は読書です。

4．「中村さんの結婚（　　　　　　　　）がどんな人か、知っていますか」

5．焼き肉定食を（　　　　　　　　）したのに、焼き魚定食が出てきた。

6．最近は中学生でも（　　　　　　）をする女の子が増えている。

7．ダイエットしたいのだが、甘いものを（　　　　　　　　）するのはつらい。

8．（　　　　　　　　）がみのって、国立大学に合格することができた。

9．10年後に私がどうなっているか、ぜんぜん（　　　　　　　　）がつかない。

10．弟は子どものころの（　　　　　　　）がかなって、サッカー選手になった。

11．この国の経済は10年で大きく（　　　　　　）した。

12．筆記試験はだいじょうぶだと思うが、（　　　　　　　　）が心配だ。

あいて　　がまん　　きょうみ　　けしょう　　しゅみ
じゅんび　　せいちょう　　せいり　　そうぞう
ちゅうもん　　どりょく　　めんせつ　　もくてき　　ゆめ

| コラム 3 | 人を表す言葉（年齢別）
ひと あらわ ことば ねんれいべつ | People (by age group)／人 (不同年齢)／사람(연령별)／Từ chỉ người (theo tuổi) |

かたい表現　←　　　　　　　　　　　　　　　　　　　→　やわらかい表現
ひょうげん　　　　　　　　　　　　　　　　　　　　　　　　　　ひょうげん

高齢者　　　　　　　　　　　　　　　**老人**　　　　　　（お）年寄り
こうれいしゃ　　　　　　　　　　　　　　ろうじん　　　　　　　　　としょ
elderly person／老年人／고령자／người cao tuổi

中高年
ちゅうこうねん
middle-aged and older／中老年／중년층과 노년층／trung cao niên

中年
ちゅうねん
middle age／中年／중년／trung niên

青年　　　　　　　　　　　　　　　　**若者**
せいねん　　　　　　　　　　　　　　　わかもの
youth／青年／청년／thanh niên

少年／少女　　　　　　　　　　　　　　　　　　子ども／男の子／女の子
しょうねん しょうじょ　　　　　　　　　　　　　　　　こ　おとこ こ　おんな こ
child/boy/girl／孩子／少年／少女／아이/소년/소녀／thiếu niên/thiếu nữ

幼児
ようじ
toddler／幼儿／유아／trẻ em từ 1 - 5 tuổi

※少年は男子だけを指す場合と男女両方を指す場合がある。
しょうねん だんし　さ ばあい だんじょりょうほう さ ばあい

---

72 **たいよう** 太陽   sun ／太阳／태양／mặt trời

・**太陽**が昇って、暖かくなった。

連 __が昇る⇔沈む、__が出る　　類 日　　関 地球、月、星

---

73 **ちきゅう** 地球   earth ／地球／지구／trái đất

・**地球**の環境が悪化している。

合 __温暖化　　関 太陽、月、星

---

74 **おんど** 温度   temperature ／温度／온도／nhiệt độ

・**温度**を測る。

連 __が高い⇔低い、__が上がる⇔下がる・__を上げる⇔下げる

関 気温、体温、湿度

---

75 **しつど** 湿度   humidity ／湿度／습도／độ ẩm

・今年の夏は特に**湿度**が高い。　　・きょうは**湿度**が60％で蒸し暑い。

連 __が高い⇔低い　　関 湿気、蒸し暑い☞565

---

76 **しっけ** 湿気   being humid, moisture ／湿气／습기／khí ẩm

・日本の夏は**湿気**が多い。

連 __が多い⇔少ない　　関 湿度、ヲ除湿スル、蒸し暑い☞565

---

77 **つゆ** 梅雨   rainy season ／梅雨／장마／mùa mưa

・6月から7月は**梅雨**の時期だ。

連 __に入る⇔__が明ける　　合 __入り⇔__明け　　関 梅雨前線

---

78 **かび**   mold ／霉菌／곰팡이／nấm mốc

・梅雨の時期は**かび**がはえやすい。

連 __がはえる☞480

---

79 **だんぼう** 暖房   heater ／暖气设备, 供暖／난방／máy sưởi ấm

・寒いので**暖房**をつける。　　・この部屋は**暖房**がきいていて暖かい。

連 __をつける⇔消す、__を入れる、__を止める、__がきく　　対 冷房、クーラー

関 エアコン、ヒーター、ストーブ

---

80 **かわ** 皮　　　　　skin, hide ／皮／껍질, 가죽／vỏ, da

・{くだもの／やさい／動物…}の皮　・りんごの皮をむいて食べる。
　連＿をむく　　合毛＿（けがわ）

81 **かん** 缶　　　　　can ／罐子, 罐头／캔, 깡통／đồ hộp

・おかしをカンに入れて保存する。
　合＿づめ、＿ビール、ドラム＿　　関びん、びんづめ、ペットボトル

82 **がめん** 画面　　　　screen ／画面, 屏幕／화면／màn hình

・パソコンの画面をずっと見ていると、目が疲れる。

83 **ばんぐみ** 番組　　　(radio/TV) program ／（广播, 申视等）节目／프로그램／chương trình (tivi)

・テレビの番組を見る。　・新聞の番組欄
　合テレビ＿、ニュース＿、歌＿、バラエティー＿

84 **きじ** 記事　　　　article (newspaper/magazine) ／报道／기사／bài báo

・この記事によると、日本に住む外国人が増えているそうだ。
　合新聞＿、雑誌＿

85 **きんじょ** 近所　　　neighborhood ／附近, 邻居／이웃, 근처／hàng xóm, chỗ gần nhà

・近所の人とは仲良くしたほうがいい。　・私はよく近所の公園を散歩する。
　類付近、近く

86 **けいさつ** 警察　　　police ／警察／경찰／cảnh sát

・自転車を盗まれたので、警察に届けた。
　合＿署、＿官　　関警官、おまわりさん、交番

87 **はんにん** 犯人　　　criminal ／犯人／범인／thủ phạm

・事件の犯人　・犯人をつかまえる。

88 **こぜに** 小銭　　　small change ／零钱／잔돈／tiền lẻ

・バスに乗ってから小銭がないことに気がつき、とても困った。
　関{100／10…}円玉、硬貨、（お）札　　類細かいお金☞560

---

89 **ごちそう** 　　ニ＋ヲごちそうスル　　feast; treating to (a meal) ／饭菜; 请客, 款待／맛있는 음식, 음식 대접／món ăn xa xỉ, đãi

① ・家族みんなで**ごちそう**を食べて、祖父の誕生日を祝った。

② ・チンさんが私たちに手作りのギョーザを**ごちそう**してくれた。

・きのうは先輩に**ごちそう**になった。

　　連＿になる　　関〈あいさつ〉「ごちそうさま」

---

90 **さくしゃ** 　　作者　　writer, artist ／作者／작자／tác giả

・{小説／詩／絵／彫刻…}の**作者**　　・「ハムレット」の**作者**はシェイクスピアです。

関筆者、著者

---

91 **さくひん** 　　作品　　work (of art/literature) ／作品／작품／tác phẩm

・学生の**作品**をロビーに展示する。

合文学＿、芸術＿

---

92 **せいふく** 　　制服　　uniform ／制服／제복, 교복／đồng phục

・日本の中学校には**制服**のある学校が多い。

対私服　　関ユニフォーム

---

93 **せんざい** 　　洗剤　　detergent ／洗涤剂／세제／chất giặt

・**洗剤**で食器を洗う。

合合成＿　　関せっけん

---

94 **そこ** 　　底　　bottom ／底, 底部, 深处／바닥／đáy

・くつの**底**に穴があく。　・箱の**底**が抜ける。　・コップの**底**

・海の**底**にもぐる。　・あの人は心の**底**では何を考えているかわからない。

---

95 **ちか** 　　地下　　underground, basement ／地下／지하／dưới lòng đất, ngầm

・大都市は**地下**の開発が進んでいる。　・**地下**2階、地上8階のビル

合＿鉄、＿道、＿街　　対地上

---

96 **てら** 　　寺　　temple ／庙, 寺院／절／chùa

・**寺**に{まいる／おまいりする}。

関神社、墓

97 | **どうろ** 　　道路 　　road ／路, 马路, 公路／도로／đường

・**道路**が混む。　・日本では、車は**道路**の左側を走る。

・うちの前を高速**道路**が走っている。

合 高速__ 　類 道

---

98 | **さか** 　　坂 　　hill, slope ／坡, 斜坡／고개, 비탈, 언덕／dốc

・**坂**を上る。

連 急な__⇔ゆるやかな__、__を上る⇔下る

合 __道、上り__⇔下り__ 　※「～坂」の場合は、ふつう「～ざか」と読む。

---

99 | **けむり** 　　煙 　　smoke ／烟／연기／khói

・「火事のときは、**煙**に注意して逃げてください」　・たばこの**煙**は体に悪い。

関 湯気

---

100 | **はい** 　　灰 　　ash ／灰／재／tro

・たばこの**灰**　・紙が燃えて**灰**になる。　合 __皿、__色

---

101 | **はん** 　　判 　　seal ／图章, 印章／도장／dấu

・書類に**判**を押す。

連 __を押す、__をつく 　類 はんこ、印、印鑑

---

102 | **めいし** 　　名刺 　　calling card, visiting card ／名片／명함／danh thiếp

・**名刺**を交換する。　・パーティーで会った人に**名刺**を配った。

合 __交換

---

103 | **めんきょ** 　　免許 　　license ／执照／면허／giấy phép

・レストランを開くには、調理師の**免許**が必要だ。

連 __をとる、__を与える 　合 運転__、教員__、医師__、__証

---

104 | **おおく** 　　多く 　　many ／多／많음, 다수／nhiều

・オリンピックには{○**多く**の／×多いの／×多い}国が参加した。

関 近く、遠く

---

105 | **ぜんはん** 　　前半 　　first half ／前半部分, 上半场／전반／phần đầu
106 | **こうはん** 　　後半 　　second half ／后半部分, 下半场／후반／phần sau

・映画の**前半**はたいくつだったが、**後半**はおもしろかった。

---

107 さいこう　　最高　　highest; best; really ／最高; 最高潮, 顶点／최고／cao nhất, cực điểm

① ・**最高**気温　　・この店はきのう、開店以来**最高**の売り上げを記録した。
　合 **最高**＋[名詞]、[名詞]＋**最高**

② ・宝くじが当たって、**最高**の気分だ。　　・きょうの試合は**最高**だった。
　対①②**最低**

③ ・この映画は**最高**におもしろい。　　・今月は**最高**に忙しかった。

---

108 さいてい　　最低　　lowest; worst; disgusting ／最低; 最低潮, 最差／최저／thấp nhất, tồi tệ

① ・**最低**気温　　・クラスで**最低**の点をとってしまった。
　合 **最低**＋[名詞]、[名詞]＋**最低**

② ・きょうの試合は**最低**だった。
　対①②**最高**

③ ・弱いものいじめをするなんて{**最低**だ／**最低**の人だ}。

---

109 さいしょ　　最初　　first ／最初, 开始, 第一个／최초／đầu tiên, lúc đầu
110 さいご　　最後　　last, end (of the line) ／最后, 结束, 最后一个／최후／sau cùng, cuối cùng

・**最初**にひらがなを、次にカタカナを勉強した。

・日本に来たばかりのころ、**最初**は何もわからなかった。

・「あとから来た人は列の**最後**に並んでください」

・**最後**の出勤日に花束をもらった。

---

111 じどう　　自動　　automation ／自动／자동／tự động

・このドアは**自動**だから、手で開けなくてもいい。
　合 ＿ドア、＿販売機、全＿（・**全自動**洗濯機）、＿的な　　対手動

---

112 しゅるい　　種類　　type, kind ／种, 种类／종류／chủng loại

・公園にはいろいろな**種類**の花がある。　　・形容詞には２**種類**ある。
　連 ＿が多い⇔少ない、＿が豊富だ　　合 [数字]＋**種類**　　関種

---

113 せいかく　　性格　　personality, character ／性格, 脾气／성격／tính cách

・あの人は**性格**がいいので、みんなに好かれている。

・{明るい／まじめな／おとなしい／積極的な…}**性格**
　連 ＿がいい⇔悪い　　類性質

---

114 せいしつ 性質　　　property; disposition ／性质, 特点; 性格 ／성질 ／tính chất, đặc điểm

① ・この布は燃えにくい**性質**を持っている。　・羊はおとなしい**性質**の動物だ。

② ・人は持って生まれた**性質**をなかなか変えられない。

類 性格

115 じゅんばん 順番　　　order, sequence ／顺序, 次序 ／순번 ／thứ tự

・発表の**順番**を決める。　・大きい商品から**順番**に並べる。

連 __がくる、__を待つ　　類 順、順序　　関 番

116 ばん 番　　　(one's) turn; watching over ／轮班, 次序; 看守 ／순서, 망을 봄 ／lượt, phiên

① ・次は私の**番**だ。

連 __がくる、__を待つ　　関 順番

② ・席を離れた人の荷物の**番**をする。　・隣の人に留守**番**を頼む。

連 __をする　　合 留守__

117 ほうほう 方法　　　method, way ／方法 ／방법 ／phương pháp, cách

・いい**方法**を探す。　・いろいろな**方法**を試す。　・新しい**方法**でやってみる。

連 __がある⇔ない　　類 手段

118 せいひん 製品　　　product ／产品 ／제품 ／sản phẩm

・完成した**製品**を検査する。

合 電気__、家電__、プラスチック__　　関 [名詞]＋製（・日本**製**、プラスチック**製**）

119 ねあがり ガ値上がり スル　　　price rise ／价格上涨, 涨价 ／값이 오름, 인상됨 ／tăng giá

・食品の**値上がり**　・石油が**値上がり**する。

対 ガ値下がり スル　　関 ヲ値上げ スル⇔ヲ値下げ スル、物価☞ 706

120 なま 生　　　raw, draft (beer) ／生 ／날것, 생 ／sống, tươi

・**生**の魚　・肉を**生**(のまま)で食べる。

合 __野菜、__魚、__肉、__物、__ビール、__ごみ

I　（　）に助詞を書きなさい。

1. オリンピックには多く（　）国（　）参加する。
2. この野菜は生（　）食べられる。
3. きょうは今までの人生で最高（　）日だ。
4. 最初（　）このボタンを押してください。
5. きのうは先輩（　）ごちそう（　）なった。

II　「する」がつくことばに○をつけなさい。

かび　　ごちそう　　じゅんばん　　ねあがり　　めんきょ

III　正しいことばを〔　　〕の中から一つえらびなさい。

1. 温度を〔　しかる　はかる　みがく　〕。
2. かびが〔　うまれる　できる　はえる　〕。
3. くだものの皮を〔　つく　やぶる　むく　〕。
4. さかを〔　あげる　のぼる　のる　〕。
5. だんぼうを〔　いれる　おす　はる　〕。
6. 荷物の番を〔　する　とる　見る　〕。
7. 判を〔　おす　つける　ぬる　〕。
8. めんきょを〔　つかまえる　つかむ　とる　〕。
9. しつどが〔　高い　強い　深い　〕。
10. しっけが〔　あさい　すくない　よわい　〕。

IV　（　）に下からえらんだ語を書いて、一つのことばにしなさい。

1. 新聞（　　　　　）　2. テレビ（　　　　　）　3. 電気（　　　　　）
4. （　　　　　）づめ　5. （　　　　　）道路　6. （　　　　　）販売機

> かん　　きじ　　こうそく　　じどう　　せいひん　　ばんぐみ

V　反対の意味のことばを書きなさい。

1. 前半　　⇔（　　　　　）　　2. 最高　　⇔（　　　　　）
3. 値上がり⇔（　　　　　）　　4. 暖房　　⇔（　　　　　）
5. 制服　　⇔（　　　　　）　　6. 太陽がのぼる⇔太陽が（　　　　　）

Ⅵ （　　　　）に入る<ruby>言<rt>はい</rt></ruby>ることばを<ruby>下<rt>した</rt></ruby>からえらんで<ruby>書<rt>か</rt></ruby>きなさい。

A

1. 「この<ruby>絵<rt>え</rt></ruby>の（　　　　　　　　）を知っていますか」
2. 「たばこを<ruby>吸<rt>す</rt></ruby>ってもいいですが、（　　　　　　　　）を<ruby>落<rt>お</rt></ruby>とさないでください」
3. この<ruby>魚<rt>さかな</rt></ruby>は<ruby>海<rt>うみ</rt></ruby>の（　　　　　　　　）のほうにすんでいる。
4. <ruby>火事<rt>かじ</rt></ruby>のときは（　　　　　　　　）に<ruby>注意<rt>ちゅうい</rt></ruby>しましょう。
5. <ruby>油<rt>あぶら</rt></ruby>よごれは（　　　　　　　　）で<ruby>洗<rt>あら</rt></ruby>わないと、なかなか<ruby>落<rt>お</rt></ruby>ちない。
6. （<ruby>自動販売機<rt>じどうはんばいき</rt></ruby>の<ruby>前<rt>まえ</rt></ruby>で）「あ、（　　　　　　　　）がない。100<ruby>円<rt>えん</rt></ruby><ruby>貸<rt>か</rt></ruby>してくれる？」
7. <ruby>天気予報<rt>てんきよほう</rt></ruby>によると、もうすぐ（　　　　　　　　）が<ruby>明<rt>あ</rt></ruby>けるそうだ。
8. この<ruby>建物<rt>たてもの</rt></ruby>の（　　　　　　　　）は<ruby>駐車場<rt>ちゅうしゃじょう</rt></ruby>になっている。
9. うちの（　　　　　　　　）には<ruby>有名<rt>ゆうめい</rt></ruby>な（　　　　　　　　）がある。

きんじょ	けむり	こぜに	さくしゃ	せんざい
そこ	ちか	つゆ	てら	はい

B

1. <ruby>目的地<rt>もくてきち</rt></ruby>へ<ruby>行<rt>い</rt></ruby>く（　　　　　　　　）はいろいろある。
2. あのスーパーは<ruby>商品<rt>しょうひん</rt></ruby>の（　　　　　　　　）が<ruby>多<rt>おお</rt></ruby>い。
3. このアパートは<ruby>梅雨<rt>つゆ</rt></ruby>になると（　　　　　　　　）がひどくて<ruby>困<rt>こま</rt></ruby>る。
4. どろぼうに<ruby>入<rt>はい</rt></ruby>られたので、（　　　　　　　　）にとどけた。
5. このストーブは<ruby>地震<rt>じしん</rt></ruby>が<ruby>起<rt>お</rt></ruby>こると（　　　　　　　　）<ruby>的<rt>てき</rt></ruby>に<ruby>消<rt>き</rt></ruby>えるようになっている。
6. <ruby>誕生日<rt>たんじょうび</rt></ruby>には<ruby>母<rt>はは</rt></ruby>がいつも（　　　　　　　　）を<ruby>作<rt>つく</rt></ruby>ってくれる。
7. <ruby>初<rt>はじ</rt></ruby>めて<ruby>会<rt>あ</rt></ruby>った<ruby>人<rt>ひと</rt></ruby>には（　　　　　　　　）を<ruby>渡<rt>わた</rt></ruby>してあいさつしましょう。
8. じゃんけんでスピーチの（　　　　　　　　）を<ruby>決<rt>き</rt></ruby>めた。（　　　　　　　　）はチンさんだった。
9. （　　　　　　　　）の<ruby>家<rt>いえ</rt></ruby>にどろぼうが<ruby>入<rt>はい</rt></ruby>った。（　　　　　　　　）はまだつかまっていない。
10. （　　　　　　　　）は<ruby>太陽<rt>たいよう</rt></ruby>よりは<ruby>小<rt>ちい</rt></ruby>さいが、（　　　　　　　　）よりは<ruby>大<rt>おお</rt></ruby>きい。

けいさつ	ごちそう	さいしょ	しっけ	じどう
じゅんばん	しゅるい	ちきゅう	つき	
はんにん	ほうほう	めいし	ゆうじん	

Unit 01 名詞A
確認問題

1 〜 120

レベル ★☆☆

Ⅰ　（　　）に入れるのに最もよいものを、a・b・c・dから一つえらびなさい。

1. 娘が（　　　）して一人暮らしを始めた。
   a　年齢　　　　　b　高齢　　　　　c　大人　　　　　d　成人

2. 父は昨年、定年（　　　）した。
   a　退職　　　　　b　辞職　　　　　c　失業　　　　　d　残業

3. 高橋君はよく（　　　）を言って、みんなを笑わせている。
   a　おしゃべり　　b　はなし　　　　c　じょうだん　　d　うわさ

4. この運動の（　　　）は腕の力を強くすることです。
   a　方法　　　　　b　目的　　　　　c　意味　　　　　d　希望

5. この絵はピカソの若いころの（　　　　）です。
   a　作物　　　　　b　製品　　　　　c　商品　　　　　d　作品

6. この自動販売機では1万円（　　　）は使えません。
   a　金　　　　　　b　玉　　　　　　c　さつ　　　　　d　こうか

7. 毎日急な（　　　）を上ったり下ったりしているので、足がじょうぶになった。
   a　さか　　　　　b　ちか　　　　　c　はか　　　　　d　ゆか

8. 「このスープ、（　　　）においしいよ。食べてみて」
   a　最大　　　　　b　最高　　　　　c　いちばん　　　d　いっぱい

9. 「もっとご飯を多くしてほしい」と、息子は私の作る弁当に（　　　　）をつけた。
   a　注意　　　　　b　注文　　　　　c　希望　　　　　d　ゆめ

10. 大勢でカラオケに行くと、なかなか自分の番が（　　　　）。
    a　できない　　　b　まわらない　　c　待たない　　　d　こない

Ⅱ　＿＿＿＿に意味が最も近いものを、a・b・c・dから一つえらびなさい。

1. ひさしぶりに引き出しの中を整理した。
   a　あげた　　　　b　かたづけた　　c　ならべた　　　d　みがいた

2. この美術館の中ではたばこはごえんりょください。
   a　もらわないで　b　持たないで　　c　すわないで　　d　しずかにして

3. どんなに努力しても西村さんには勝てない。
   a　がんばっても　b　つとめても　　c　がまんしても　d　きぼうしても

4. あの人は約束を守らないことが多いので、嫌われている。
   a　見ない　　　　b　知らない　　　c　こわす　　　　d　やぶる

5．いろいろな<u>方法</u>をためしてみたが、なかなかやせられない。

    a　しゅるい　　　b　つごう　　　　c　やりかた　　　d　ぐあい

Ⅲ　つぎのことばの使い方として最もよいものを、一つえらびなさい。

1．思い出

    a　みんなと京都へ旅行して、いい<u>思い出</u>をした。

    b　スピーチコンテストに出場したことは、いい<u>思い出</u>になった。

    c　結婚の約束をした<u>思い出</u>は、このゆびわだ。

    d　そんなことを言った<u>思い出</u>はありません。

2．面接

    a　この病院の<u>面接</u>時間は午後3時から7時までです。

    b　1年ぐらい前に、有名な歌手に<u>面接</u>したことがある。

    c　アメリカの大統領と日本の総理大臣が<u>面接</u>した。

    d　店長はきょうはアルバイト希望者の<u>面接</u>で忙しそうだ。

3．しゅみ

    a　祖母は<u>しゅみ</u>が多く、スポーツも音楽も大好きだ。

    b　祖父はいくつになっても、新しいものに<u>しゅみ</u>があるようだ。

    c　私たちはもっと、地球温暖化に<u>しゅみ</u>を持たなければならないと思う。

    d　今の社会では、パソコンを<u>しゅみ</u>しなければ、仕事はできない。

4．年

    a　<u>年</u>が終わったら、新しいアパートに引っ越すつもりだ。

    b　日本へ来て、もう長い<u>年</u>がすぎてしまった。

    c　祖母は<u>年</u>が高いので、小さい字は見にくいと言っている。

    d　退職した父は、急に<u>年</u>をとったように見える。

5．めいわく

    a　私はいつもとなりの家から<u>めいわく</u>をしている。

    b　あの人はいつも食事の時間に来て、私を<u>めいわく</u>させます。

    c　北野さんのミスのせいで、私たちはみんな<u>めいわく</u>した。

    d　人に<u>めいわく</u>のことをしてはいけません。

Unit 02 動詞 A

🔊 10

121 かわく ガ渇く   become thirsty/parched ／渇, 口渇／마르다／khát

・のどが**かわいた**。

122 かぐ ヲ嗅ぐ   smell ／嗅, 闻／맡다／ngửi

・においを**かぐ**。

123 たたく ヲ叩く   spank, tap, knock; clap ／打, 敲／두드리다, 치다／đánh, đập, vỗ

①・子どものおしりを**たたく**。　・隣の人の肩を**たたく**。　・ドアを**たたく**。

　関 ヲ殴る

②・スピーチが終わったので、手を**たたいた**。

124 なぐる ヲ殴る   punch ／殴打／때리다／đấm

・教師が生徒を**なぐって**、問題になっている。

　関 ヲ叩く

125 ける ヲ蹴る   kick ／踢／차다／đá

・ボールを**ける**。　・彼は怒ると**なぐったりけったり**する。

126 だく ヲ抱く   hold, hug ／抱／안다／ôm

・子どもを両手でしっかりと**抱く**。　・恋人の肩を**抱く**。

127 たおれる ガ倒れる   fall over, collapse ／倒, 倒塌／쓰러지다／đổ, ngã, lâm bệnh

①・台風で木が**倒れた**。　・道で**倒れて**いる人を助けた。

②・父は働きすぎて**たおれて**しまった。

128 たおす ヲ倒す   knock over; defeat ／弄倒, 打败／쓰러뜨리다, 꺾다／làm đổ, đánh bại

①・花びんを**倒して**割ってしまった。

②・ボクシングでチャンピオンを**たおした**。

　・3対2で日本チームがブラジルチームに**たおされた**。

129 おきる／おこる　が起きる／起こる　　wake up, stay up; occur, arise ／起床, 起来; 发生／일어나다, 생기다/dậy, xảy ra

① ・きょうは8時に起きた。　・父は毎晩遅くまで起きているようだ。

② ・きのう、教室でちょっとした事件が{起きた／起こった}。

・最近なかなかやる気が{起きない／起こらない}。

130 おこす　　ヲ起こす　　wake (someone) up; stand (something) up; cause ／叫醒; 扶起来; 发起／일으키다, 깨우다／gọi dậy, dựng dậy, gây ra

① ・うちの子は朝起こしてもなかなか起きない。

② ・倒れていた自転車を起こした。

③ ・{事故／事件／問題／裁判…}を起こす。

131 たずねる　　ヲ尋ねる　　ask ／询问／묻다／hỏi

・交番で警官に市役所までの道をたずねた。　・「ちょっとおたずねしますが……」

132 よぶ　　ヲ呼ぶ　　call; summon; attract ／叫, 唤; 叫来; 称为; 招致, 引起／부르다, 불러일으키다／gọi

① ・「名前を呼ばれたら返事をしてください」

② ・{タクシー／医者}を呼ぶ。　・「田中さん、ちょっと山本さんを呼んできてください」

③ ・私は彼を「カンちゃん」と呼んでいる。　・東京は昔は江戸と呼ばれていた。

④ ・{人気／話題／議論}を呼ぶ。

133 さけぶ　　ガ叫ぶ　　yell ／叫喊／외치다／kêu, gào

・大声で叫んだが、相手は気づかずに行ってしまった。

・道を歩いていたら、「助けてー」と叫ぶ声が聞こえた。

合叫び声　名叫び

134 だまる　　ガ黙る　　be silent; do without permission ／沉默, 不说话; 不打招呼／침묵하다, 무단으로 하다／im lặng, tự ý

① ・先生が質問したが、だれも答えないでだまっている。　・「うるさい。だまれ」

② ・授業中だまって教室を出てはいけない。

135 かう　　ヲ飼う　　keep (a pet) ／养, 饲养／기르다／nuôi

・何かペットを飼いたいと思っている。　合飼い主　関えさ

136 かぞえる　　ヲ数える　　count; number among ／数 (数); 数得上／세다, 손가락으로 꼽다／đếm, liệt kê

① ・数を数える。　・「いすがいくつあるか、数えてください」

② ・この寺は、日本で最も古い寺の一つに数えられている。

---

137 **かわく** が乾く　　　　　　dry ／干, 干燥／마르다, 건조하다／khô

・風が強かったので、外に干した洗たく物はすぐに**乾いた**。
・**乾いた**タオルで体をふいた。　・{空気／インク}が**乾く**。
名乾き→＿が速い⇔遅い

---

138 **かわかす** ヲ乾かす　　　　　dry ／晒干, 弄干／말리다／sấy

・ドライヤーでぬれた髪を**乾かした**。

---

139 **たたむ** ヲ畳む　　　　　　fold ／叠, 折叠／개다, 접다／gấp

・洗たく物を**たたむ**。　・かさを**たたんで**バッグに入れる。

---

140 **さそう** ヲ誘う　　　　　　invite ／邀请／권하다, 불러내다／rủ, mời

・友だちを**誘って**映画を見に行った。　・今度、彼女を食事に**誘おう**と思う。
名誘い→＿を受ける⇔断る

---

141 **おごる** ニ＋ヲおごる　　　　treat to (something) ／请客／한턱내다／đãi

・きのうは後輩に焼き肉を**おごった**。
名おごり（・きょうの飲み会は課長の**おごり**だった。）

---

142 **あずかる** ヲ預かる　　　　　look after ／(代人) 保管／맡다／giữ

・旅行に行く友だちから犬を**預かる**ことになった。　　対ニ＋ヲ預ける

---

143 **あずける** ニ＋ヲ預ける　　　deposit, put in the care of ／寄存, 寄放／맡기다／gửi

・銀行にお金を**預ける**と、利子がつく。　・保育園に子どもを**預けて**働く。
対ヲ預かる

---

144 **きまる** が決まる　　　　　be decided; be set; be done perfectly ／定下; 一定, 确定; 决定; 决出 (胜负等) ／정해지다, 성공하다／được quyết định/xác lập/thực hiện

① ・帰国の日が**決まった**。・みんなで話し合って、旅行の行き先は北海道に**決まった**。
② ・父は毎朝**決まった**時間にうちを出て、**決まった**時間に帰ってくる。
③ ・{合格／優勝／転勤…}が**決まった**。
④ ・〈スポーツで〉{シュート／ゴール／サービス／わざ…}が**決まる**。

---

145 **きめる** ヲ決める　　　　　decide; always do; do perfectly ／决定; 指定; 决出 (胜负等) ／정하다, 습관으로 하다, 결판을 내다／quyết định, luôn làm, thực hiện

① ・「進学か就職か、早く**決めた**ほうがいいですよ」
② ・朝はパンにコーヒーと**決めている**。
③ ・〈スポーツで〉{シュート／ゴール／サービス／わざ…}を**決める**。

146 **うつる** ガ写る (camera) takes (photos); (photo) comes out ／映；照／찍히다／chụp được

① ・このカメラは暗いところでもよく**写る**。

② ・「この写真、よく**写って**いるね」

名①②写り→＿がいい⇔悪い、写真＿ （・私は写真**写り**が悪い。）

147 **うつす** ヲ写す take (photos), capture (on film); copy ／拍照；抄／찍다, 베끼다／chụp, sao chép

① ・写真を**写す**。 ・すばらしい風景を写真に**写した**。

② ・黒板の字をノートに**写した**。

148 **おもいだす** ヲ思い出す remember, recall ／想起／생각해 내다, 생각나다／nhớ lại

・毎年春になると、高校の入学式を**思い出します**。

・忘れていたことを急に**思い出した**。

・最近、人の名前がなかなか**思い出せない**。

関 思い出☞58

149 **おそわる** ヲ教わる learn ／受教, 跟……学习／배우다／được học

・この料理の作り方は母{から／に}**教わりました**。

対 ヲ教える

150 **もうしこむ** ヲ申し込む apply ／申请／신청하다／xin, thỉnh cầu

・パーティーに参加を**申し込む**。 ・恋人に結婚を**申し込む**。

名申し込み

151 **ことわる** ヲ断る decline; seek permission ／拒绝；事先说好／거절하다, 양해를 구하다／từ chối, xin phép

① ・頼まれた仕事を**断った**。 ・借金を申し込んだが**断られた**。

・「すみません、この仕事は**お断りさせて**いただきます」

② ・急用ができたので、先生に**断って**早退させてもらった。

名①②断り→＿を言う、何の＿もない

152 **みつかる** ガ見つかる be found; be caught (doing something) ／找到, 被看到／발견되다, 들키다／được tìm thấy, bị phát hiện

・なくなったと思っていた指輪が、ソファーの下{で／から}**見つかった**。

・高校生のとき、たばこを吸っていたら、先生に**見つかって**おこられた。

153 **みつける** ヲ見つける find ／找到／발견하다／tìm được

・なくなったと思っていた指輪を、ソファーの下で**見つけた**。

類 ヲ発見する

◀)) 12

154 つかまる ガ捕まる　be arrested, caught; hold on to ／被抓住; 捉住／잡히다, 꼭 붙잡다／bị bắt, nắm lấy

① ・犯人が警察に**捕まった**。

② ・電車で立っているときはいつもつり革に**つかまっている**。

155 つかまえる ヲ捕まえる　arrest, catch ／抓, 抓住／붙잡다, 잡다／bắt

・警察が泥棒を**捕まえた**。　・川で魚を**捕まえる**。

156 のる ガ乗る　ride ／乘坐／타다／đi

・毎朝、電車に**乗って**学校に通っている。
対 ガ降りる

157 のせる ヲ乗せる　give a ride, take on ／让……乘坐／태우다／chở

・子どもを車に**乗せて**、学校まで送って行った。
対 ヲ降ろす

158 おりる ガ降りる／下りる　get off; go down; be shut; receive (approval, etc.) ／下 (车) ; 下 (楼) ; 放, 放下; 得到 (许可)／내리다, 내려오다／xuống, hạ xuống, được cấp

① ・電車を**降りる**。
対 ガ乗る

② ・2階から1階に**下りる**。　・階段を**下りる**。
対 ガ上がる、ガ{上る／昇る}

③ ・景気が悪いらしく、シャッターの**下りた**店が多い。

④ ・何度も頼んで、やっと許可が**下りた**。

159 おろす ヲ降ろす／下ろす　drop (someone) off; take down, lower; withdraw ／让……下 (车) ; 放下, 卸下／내리다, 내려놓다／cho xuống, lấy ra

① ・〈タクシーの客が〉「あの銀行の前で**降ろして**ください」
対 ヲ乗せる

② ・たなの上から荷物を**おろす**。
・「賛成の方は手を挙げてください。はい、**おろして**ください」
対 ヲ{上げる／挙げる}、ヲ積む☞204、ヲ載せる☞770

③ ・銀行からお金を**おろす**。
対 ヲ預ける☞143、ヲ入れる　類 ヲ出す、ヲ引き出す

| 160 | **なおる** | ガ**直る** | be fixed; improve ／修好; 改正过来／고쳐지다, 수리되다／hết hỏng, được sửa |

① ・こわれたパソコンが**直った**。

② ・発音のくせがなかなか**直らない**。

| 161 | **なおす** | ヲ**直す** | fix; correct; translate ／修理; 修改; 弄整齐; 翻译／고치다, 정정하다／sửa, chuyển sang |

① ・こわれた時計を**直す**。　・くつを**直す**。
　関 ヲ修理する ☞ 354

② ・先生が作文を**直して**くれた。
名①②直し→ヲ手__スル

③ ・「ネクタイが曲がっていますよ。**直した**ほうがいいですよ」

④ ・日本語を英語に**直す**。

| 162 | **なおる** | ガ**治る** | get better ／治愈／낫다, 치유되다／khỏi |

・なかなか頭痛が**治らない**。　・{けが／病気…}が**治る**。
　名 治り→__が早い⇔遅い、__が悪い

| 163 | **なおす** | ヲ**治す** | cure, recover ／治好／고치다, 치료하다／làm cho khỏi, chữa |

・「よく休んで早くかぜを**治して**ください」

| コラム | 4 | 学校 | Schools／学校／학교／Trường học |

例のように、（　　　）に言葉を書きましょう。

		学生・生徒の呼び方 terms for students／学生的叫法／학생을 부르는 법／cách gọi học sinh	入学年齢 age of entrance／入学年龄／입학 연령／tuổi nhập học	在学年数 number of years attended／在校年数／재학 연수／số năm học
大学院 だいがくいん	graduate school／研究生院／대학원／cao học	例（　（大学）院生　）	22歳～	2～5年
大学	university, college／大学／대학교／đại học	①（　　　　　）	18歳～	4年
短期大学（→短大） たんきだいがく	junior college／短期大学／전문대학／cao đẳng	②（　　　　　）	18歳～	2年
専門学校 せんもん	vocational school／专科学校／전문학교／trung cấp	例（　専門学校生　）	18歳～	2～4年
高等学校（→高校） こうとう こうこう	high school／高中／고등학교／trung học phổ thông	③（　　　　　）	15歳～	3年
中学校（→中学） ちゅうがく	junior high school／初中／중학교／trung học cơ sở	④（　　　　　）	12歳～	3年
小学校	elementary school／小学／초등학교／tiểu học	⑤（　　　　　）	6歳～	6年
幼稚園 ようちえん	kindergarten, preschool／幼儿园／유치원／trường mầm non	例（　幼稚園児　）	3歳～	1～3年
保育園 ほいくえん	nursery school／托儿所／어린이집／nhà trẻ	例（　保育園児　）	0歳～	～6年

※学年の言い方　1年生、2年生……　　解答　①大学生　②短大生　③高校生　④中学生　⑤小学生

164 なくなる ガ亡くなる　die／去世／돌아가시다／chết

・社長が90歳でなくなった。

165 なくす ヲ亡くす　lose (someone)／死了／여의다, 사별하다／mất

・彼は子どものとき、父親をなくした。

166 うまれる ガ生まれる　be born, be created／出生／태어나다, 출생하다／được sinh ra

・先月子どもが生まれた。　・1990年代に、多くのアニメの名作が生まれた。
関 ガ誕生する☞14
名 生まれ（・生まれは北海道ですが、3歳のときから大阪に住んでいます。）
→[名詞]＋生まれ（・○○年生まれ、○月生まれ、アメリカ生まれ）

167 うむ ヲ産む／生む　give birth, create／生, 下; 产生／낳다, 출산하다／đẻ ra

・妻が先日元気な女の子を産んだ。　・にわとりが卵を産む。
・彼の努力がこの新記録を生んだ。
関 ガ／ヲ出産する

168 であう ガ出会う　meet (by chance)／遇见, 遇到／마주치다, 만나다／gặp gỡ

・駅で偶然大学時代の友人{に／と}出会った。
・ここは両親が初めて出会った場所だそうだ。
名 出会い

169 たずねる ヲ訪ねる　visit／拜访／방문하다／đến thăm

・友人の家を訪ねた。　・「さっきあなたを訪ねて、お客さんがいらっしゃいましたよ」
関 ヲ訪問する

170 つきあう ガ付き合う　associate with, keep company with; date／交往; 作陪;（男女）交往／사귀다, 같이 하다／chơi, cùng làm, quan hệ

①・隣の家の人と親しく付き合っている。
②・先週の土曜日は上司のゴルフに付き合わされた。
　・「仕事終わった？　じゃ、食事付き合って」
名 付き合い→①＿がある⇔ない、①②＿がいい⇔悪い
③・彼らは付き合って5年目に結婚した。
類 ①③ガ交際する

__員		
	公務員 _{こう む いん}	civil servant／公务员／공무원／công chức
	会社員 _{かいしゃいん}	office worker／公司职员／회사원／nhân viên công ty
	教員 _{きょういん}	teacher／教员, 教师／교원／giáo viên
	店員 _{てんいん}	store clerk／店员, 售货员, 营业员／점원／nhân viên cửa hàng
	駅員 _{えきいん}	train station employee／站务员, 车站工作人员／역무원／nhân viên nhà ga
	銀行員 _{ぎんこういん}	bank employee／银行职员／은행원／nhân viên ngân hàng
	郵便局員 _{ゆうびんきょくいん}	post office employee／邮政人员, 邮局工作人员／우체국 직원／nhân viên bưu điện
	客室乗務員 _{きゃくしつじょう む いん}	flight attendant／包厢乘务员／객실 승무원, 스튜어디스／tiếp viên hàng không

__師		
	教師 _{きょうし}	teacher, educator／教师／교사／giáo viên
	医師 _{い し}	doctor／医师, 医生／의사／y sĩ, bác sĩ
	美容師 _{び ようし}	beautician, hairdresser／美容师, 美发师／미용사／nhân viên làm đẹp
	調理師 _{ちょうり し}	cook／厨师, 烹饪师／조리사／đầu bếp
	漁師 _{りょうし}	fisherman／渔夫／어부／ngư dân
	看護師 _{かん ご し}	nurse／护士／간호사／y tá

__士		
	弁護士 _{べん ご し}	lawyer／律师／변호사／luật sư
	介護士 _{かい ご し}	caregiver, carer／看护, 护理师／간병인／điều dưỡng viên
	保育士 _{ほ いく し}	nursery teacher／保育员／어린이집 교사／bảo mẫu
	運転士 _{うんてん し}	driver／司机, 驾驶员／운전사／người lái xe

__家		
	政治家 _{せいじ か}	politician／政治家／정치가／chính trị gia
	作家 _{さっ か}	writer, author／作家／작가／nhà văn
	画家 _{が か}	artist, painter／画家／화가／họa sĩ
	音楽家 _{おんがく か}	musician／音乐家／음악가／nhạc sĩ
	作曲家 _{さっきょく か}	composer／作曲家／작곡가／người soạn nhạc
	建築家 _{けんちく か}	architect／建筑家／건축가／kiến trúc sư

__官		
	警察官 _{けいさつかん}	police officer／警察, 警官／경찰관／cảnh sát

__者		
	医者 _{い しゃ}	doctor／医生, 大夫／의사／bác sĩ
	記者 _{き しゃ}	reporter, journalist／记者／기자／nhà báo, kí giả

__手		
	スポーツ選手 _{せんしゅ}	athlete／运动员／스포츠 선수／vận động viên
	歌手 _{か しゅ}	singer／歌手, 歌星／가수／ca sĩ
	運転手 _{うんてんしゅ}	driver／司机, 驾驶员／운전수／người lái xe

その他 _た		
	俳優（女優） _{はいゆう じょゆう}	actor/actress／演员（女演员）／배우(여자 배우)／diễn viên
	車掌 _{しゃしょう}	train/bus conductor／乘务员, 列车员／차장／nhân viên xe/tàu
	職人 _{しょくにん}	artisan, craftsman／手艺人, 工匠／직인／thợ thủ công, nghệ nhân
	大工 _{だい く}	carpenter／木匠／목수／thợ mộc
	詩人 _{し じん}	poet／诗人／시인／nhà thơ, thi nhân
	自営業 _{じ えいぎょう}	self-employment／个体经营者, 个体户／자영업／người kinh doanh cá thể
	ジャーナリスト	journalist／新闻工作者／저널리스트／nhà báo
	カメラマン	photographer／摄影师／카메라맨, 사진사／nhiếp ảnh gia
	アナウンサー	announcer／播音员, 广播员／아나운서／phát thanh viên
	エンジニア	engineer／工程师／엔지니어, 기술자／kỹ sư
	パイロット	pilot／飞行员, 飞机驾驶员／파일럿, 조종사／phi công
	ミュージシャン	musician／音乐家, 演奏家／뮤지션, 음악가／nghệ sĩ biểu diễn nhạc
	ピアニスト	pianist／钢琴家／피아니스트／nghệ sĩ piano
	ダンサー	dancer／舞蹈家／댄서／diễn viên múa/nhảy
	デザイナー	designer／设计师／디자이너／người thiết kế
	ウェーター／ウェートレス	waiter/waitress／男服务员, 女服务员／웨이터, 웨이트리스／nhân viên nhà hàng

Ⅰ （　　）に助詞を書きなさい。（「は」は使わないこと）

1．子ども （　　） 車 （　　） 乗せて送って行った。

2．きのう、先輩（せんぱい） （　　） 昼（ひる）ご飯（はん） （　　） おごってもらった。

3．「これ （　　） ノート （　　） 写（うつ）してください」

4．この歌は祖母（そぼ） （　　／　　） 教（おそ）わった。

5．「この日本語 （　　） 英語（えいご） （　　） 直（なお）してください」

6．銀行 （　　） お金 （　　） 預（あず）ける。

7．恋人（こいびと） （　　） 結婚（けっこん） （　　） 申（もう）し込（こ）んだ。

8．鈴木（すずき）さん （　　） 映画（えいが） （　　） さそいたいと思（おも）っている。

9．私は高校のころから山田（やまだ）さん （　　） 付（つ）き合っている。

10．父は昨年（さくねん）84歳（さい） （　　） 亡（な）くなった。

11．弟はみんな （　　／　　） しんちゃん （　　） 呼（よ）ばれている。

12．10年前（まえ）に夫（おっと） （　　） 亡（な）くしてから、一人暮（ぐ）らしです。

Ⅱ 下（した）の表（ひょう）を完成（かんせい）させなさい。

自動詞（じどうし）	他動詞（たどうし）	自動詞（じどうし）	他動詞（たどうし）
1．たおれる		5．	乗せる
2．起きる		6．	つかまえる
3．	うむ	7．なおる	
4．おりる		8．かわく	

Ⅲ 正（ただ）しいほうに○をつけなさい。

1．どこに旅行するか、みんなで話（はな）し合（あ）って〔 決（き）めた　決（き）まった 〕。

2．「この写真、よく〔 うつって　うつして 〕いますね。

3．引（ひ）っ越（こ）したいが、なかなかいいアパートが〔 見（み）つけない　見（み）つからない 〕。

4．薬を飲んだのに、頭痛（ずつう）が〔 治（なお）らない　治（なお）さない 〕。

5．うちのねこが6ぴきも子どもを〔 うまれた　うんだ 〕。

6．（タクシーの運転手（うんてんしゅ）に）「あそこで〔 おりて　おろして 〕ください」

7．（電車の中で）「あぶないですから、つりかわに〔 おつかまえ　おつかまり 〕ください」

8．「先生、この作文を〔 直（なお）って　直（なお）して 〕いただけませんか」

40

Ⅳ　いっしょに使うことばを下からえらびなさい。ことばは一度しか使えません。

1．においを（　　　　　　）。　　　2．じこを（　　　　　　）。
3．階段を（　　　　　　）。　　　　4．せんたく物を（　　　　　　）。
5．かずを（　　　　　　）。　　　　6．名前を（　　　　　　）。
7．赤ちゃんを（　　　　　　）。　　8．犬を（　　　　　　）。
9．ボールを（　　　　　　）。

```
おこす　　おりる　　かう　　かぐ　　かぞえる
　　　　　ける　　だく　　たたむ　　よぶ
```

Ⅴ　いっしょに使うことばをえらびなさい。（　）の数字はえらぶ数です。

1．〔　せんたく物　空気　雪　のど　〕がかわく。（3）
2．〔　名前　タクシー　電車　電話　〕を呼ぶ。（2）
3．〔　車　自転車　建物　木　花　人　〕がたおれる。（4）
4．〔　問題　目的　事故　計画　子ども　〕を起こす。（3）
5．〔　友人の家　質問　電話番号　道　〕をたずねる。（3）

Ⅵ　（　　　）に入ることばを下からえらんで、適当な形にして書きなさい。

1．「音楽に合わせて手を（　　　　　　）ください」
2．大声で（　　　　　　）が、だれも助けにきてくれなかった。
3．相手の名前をなかなか（　　　　　　）ことができなくて困った。
4．Aチームが1対0でBチームを（　　　　　　）。
5．授業中に教室を出るときは、先生に（　　　　　　）から出なければならない。
6．けんかで、相手を（　　　　　　）けがをさせてしまった。
7．何を聞いても、子どもは（　　　　　　）いるだけで答えなかった。
8．「ねえ、あした、買い物に（　　　　　　）くれない？」
9．私が出張でいないときは、友人にペットを（　　　　　　）もらう。
10．朝、家を出ようとしたとき、さいふがなかなか（　　　　　　）、遅れそう
　　になった。
11．「すみません、たなの上から荷物を（　　　　　　）ください」
12．あの医者と（　　　　　　）いなかったら、私は死んでいたと思う。

```
あずかる　　おもいだす　　おろす　　ことわる　　さけぶ　　たおす
たたく　　だまる　　つきあう　　であう　　なぐる　　みつかる
```

171	**きく**　　　　ガ**効く**	be effective, work right ／有効, 見効／듣다, 효력이 있다／có hiệu quả/hiệu lực

・この薬は頭痛（ずつう）によく**効く**。　・クーラーが**効いて**いないのか、この部屋はとても暑（あつ）い。
合 効（き）き目（め）→＿＿がある⇔ない、＿＿が強（つよ）い⇔弱（よわ）い（・この薬は**効き目**が強い。）

172	**はやる**　　　　ガ**はやる**	be popular, (disease) spreads ／流行; 蔓延／유행하다, 퍼지다／lưu hành

① ・この冬（ふゆ）は赤（あか）い色（いろ）が**はやって**いる。
　　名 はやり　　関 ブーム

② ・今、インフルエンザが**はやって**いる。
類 ①②ガ流行（りゅうこう）する ☞ 338

173	**たつ**　　　　ガ**経つ**	elapse, pass ／(岁月) 流逝／지나다／trôi qua

・日本へ来てから10年が**たった**。

・子どもがいつまで**たっても**帰って来なくて心配（しんぱい）だ。

174	**まにあう**　　　ガ**間に合う**	make it on time ／赶得上, 来得及／늦지 않다／kịp

・電車が遅れたが、駅から走（おく）って、なんとか授業（じゅぎょう）に**間（ま）に合（あ）った**。

175	**まにあわせる**　ヲ**間に合わせる**	finish on time ／赶上, 使……来得及／늦지 않게 하다／làm cho kịp

・レポートを、がんばって締（し）め切（き）りに**間（ま）に合（あ）わせた**。

176	**かよう**　　　　ガ**通う**	commute, go regularly; understand (someone's feelings) ／上 (学、班); (心意) 相通／다니다, 통하다／đi (học/làm), đi lại, tương giao

① ・{学校／会社／病院（びょういん）…}に**通（かよ）う**。　・毎週ピアノのレッスンに**通って**いる。
　　・うちには小学校（しょうがっこう）に**通（かよ）って**いる子どもが二人いる。
　　関 ガ通学（つうがく）スル、ガ通勤（つうきん）スル、ガ通院（つういん）スル

② ・いっしょに働（はたら）いている間（あいだ）に、彼女（かのじょ）と心（こころ）が**通（かよ）う**ようになった。
　　連 {気持（きも）ち／心（こころ）}が＿＿

177	**こむ**　　　　ガ**混む**	be crowded ／拥挤／붐비다／đông đúc

・{電車／店／道…}が**混（こ）む**。
合 人混（ひとご）み　　対 ガすく　　関 ガ混雑（こんざつ）スル ☞ 347、ガ渋滞（じゅうたい）スル

178	**すれちがう**　ガ**擦れ違う**	pass each other; miss ／交错; 擦肩错过／마주 지나가다, 엇갈리다／đi (ngược hướng) sát qua

① ・この道はせまいので、自動車（じどうしゃ）が**すれ違（ちが）う**のは大変（たいへん）だ。
　　・上（のぼ）り列車（れっしゃ）と下（くだ）り列車（れっしゃ）が**すれ違（ちが）った**。

② ・子どもを学校まで迎（むか）えに行ったが、**すれ違（ちが）って**、会（あ）えなかった。
名 ①②すれ違（ちが）い

179 **かかる**　ガ掛かる　be covered; take (time, money, etc.); be subjected to; (engine) starts ／浇上; 盖上; 花费 (金钱、时间等)；得 (病)；发动, 开始／얹히다, 걸리다, 끼치다／được tưới, phủ, tồn, mắc (bệnh), bật lên

① ・このサラダには何もかかっていないようだ。

② ・いすにきれいなカバーがかかっている。

③ ・この調査には{時間／費用／人手}がかかる。

④ ・病気にかかる。

⑤ ・{迷惑／エンジン／ブレーキ／音楽／橋…}がかかる。

180 **かける**　ヲ掛ける　cover; take (one's time); start (an engine), multiply ／浇; 盖; 花 (时间)；发动, 着手; 乘以／뿌리다, 치다, 씌우다, 덮다, 두르다, 들이다, 끼치다, 걸다, 얹다, 곱하다／tưới, trùm, dành (thời gian), bật lên

① ・料理にしょうゆをかけて食べる。

② ・ふとんをかけて寝る。　・〈本屋の店員が〉「カバーをおかけしますか」

③ ・このスープは時間をかけてゆっくり煮たほうがおいしい。

④ ・{迷惑／心配／世話／保険／音楽／エンジン／ブレーキ／アイロン／パーマ／橋／声…}をかける。

⑤ ・３に３をかけると９になる。☞コラム8「数字・計算」p.65

181 **うごく**　ガ動く　move; work; take action ／动;（位置）移动; 行动／움직이다, 이동하다／chuyển động, hành động

① ・「写真を撮るから動かないでください」

② ・スイッチを入れても機械が動かない。

③ ・いなくなった兄を捜してほしいと言っても、警察はなかなか動いてくれなかった。

④ ・今世界はすごいスピードで動いている。

名①②③④動き　（・その虫は動きが速くてつかまえられなかった。
　　　　　　　　・年を取ると、社会の動きについていくのは大変だ。）

182 **うごかす**　ヲ動かす　move; work (a machine); set in motion ／使……活动; 使……移动; 使……运转／움직이다, 옮기다／vận động, chạy, thay đổi

① ・ひどいけがをして、体を動かすこともできない。

② ・スイッチを入れて機械を動かす。

③ ・国民の力で政府を動かすことができる。

④ ・一人の人間が歴史を動かすこともある。

15

183 はなれる　　ガ離れる　　be away from, be apart (in age, etc.) ／离开; 间隔／떨어지다／cách xa, chênh lệch

① ・「危ないから、ストーブから**離れて**遊びなさい」　・今、家族と**離れて**暮らしている。

　・ふるさとを離れて、もう 10 年になる。

② ・姉とは 4 歳**離れて**いる。

184 はなす　　ヲ離す　　move apart; let go ／使……离开／떼다, 놓다／tách ra, rời ra

・テストのときは、机を**離して**並べる。

・子どもと歩くときは、手を**離さない**ようにしている。

185 ぶつかる　　がぶつかる　　collide; disagree; conflict ／撞; （意见）冲突; （计划）冲突／부딪치다, 겹치다／va chạm, bất đồng, trúng vào

① ・道で自転車に**ぶつかって**けがをした。

② ・どこへ旅行するか、友だちと意見が**ぶつかって**なかなか決まらない。

関①②が衝突する☞ 349

③ ・仕事とデートの予定が**ぶつかって**困っている。

186 ぶつける　　ヲぶつける　　crash into ／撞上, 碰上／부딪치다／va chạm

・運転していて、車を電柱に**ぶつけて**しまった。

187 こぼれる　　ガこぼれる　　be spilled; (tears) are shed ／洒, 洒落／넘쳐 흐르다, 흘러내리다／đổ/rơi ra

・手がふるえてお茶が**こぼれて**しまった。　・くやしくて涙が**こぼれた**。

188 こぼす　　ヲこぼす　　spill; shed (tears) ／把……弄洒, 弄漏／흘리다, 엎지르다／làm đổ/rơi ra

・コップを倒して水を**こぼして**しまった。　・祖母はうれしさに涙を**こぼして**いた。

・小さな子どもは、はしが上手に使えないので、すぐごはんを**こぼして**しまう。

189 ふく　　ヲ拭く　　wipe ／擦／닦다／lau

・汗を**ふく**。　・ふきんでテーブルの上を**ふく**。　　合 ヲふき取る

190 かたづく　　ガ片付く　　be tidied, be finished, be settled ／收拾整齐, 整理好; 得到解决, (工作) 完成／정돈되다, 끝나다／ngăn nắp, được giải quyết

① ・大掃除をして、やっと部屋が**かたづいた**。

② ・{仕事／宿題／事件／問題…}が**かたづいた**。

191 かたづける　　ヲ片付ける　　tidy, finish, settle ／整理, 收拾; 解决, 处理／치우다, 끝내다／dọn dẹp, giải quyết

① ・机の上を**かたづける**。　・洗った食器を食器棚に**かたづける**。

名 片付け☞ 228

② ・{仕事／宿題／事件／問題…}を**かたづける**。

| 192 | つつむ | ヲ包む | wrap ／包／싸다, 포장하다／bọc |

・プレゼントをきれいな紙{で／に}包む。　・残ったおかしを包んで持って帰る。
合 包み紙　　名 包み→＿＿を {開ける／開く}

| 193 | はる | ヲ貼る | put up (a poster); affix ／貼／붙이다／dán |

・壁にポスターを貼る。　・はがきに切手を貼る。
対 ヲはがす

| 194 | なくなる | ガ無くなる | be lost ／丢, 失去／없어지다／mất |

・部屋のかぎがなくなってしまった。　・{自信／やる気／記憶／食欲…}がなくなる。

| 195 | なくす | ヲ無くす | lose ／弄丢, 丢掉／잃다／làm mất |

・パスポートをなくして困っている。　・{自信／やる気／記憶／食欲…}をなくす。

| 196 | たりる | ガ足りる | be sufficient ／足够／충분하다／đủ |

・この収入では生活するのに全然足りない。
・きょうの試験は難しくて、時間が足りなかった。
・この仕事をするには、彼女は経験が足りない。

| 197 | のこる | ガ残る | be left over, remain ／剩, 留／남다／còn lại |

・料理を作りすぎて、たくさん残ってしまった。
・宿題は、あと漢字の練習だけが残っている。
・この地方には、まだ豊かな自然が残っている。
名 残り

| 198 | のこす | ヲ残す | not finish (eating); only (something) remains, leave behind ／剩下, 留下／남기다／để lại |

・ごはんを残してしまった。　・今年も、あと二日を残すだけになった。
・父は私たちに多くの財産を残してくれた。

| 199 | くさる | ガ腐る | rot ／坏, 腐烂／상하다, 썩다／hỏng |

・腐ったものを食べて、おなかを壊してしまった。
・生魚は腐りやすいから、早く食べたほうがいい。

16

200 **むける**　　　ガむける　　　peel off ／脱落／벗겨지다／bong ra

・海で日焼けをして、背中の皮が**むけた**。

201 **むく**　　　ヲむく　　　peel ／剥, 削／벗기다, 까다／gọt (vỏ)

・果物の皮を**むく**。

202 **すべる**　　　ガ滑る　　　skate; slip ／滑行, 滑动, 打滑／미끄러지다／trượt

① ・新しいスケート場はきれいで、楽しく**すべる**ことができた。

② ・雨の日は道が**すべり**やすいので注意してください。　・足が**すべった**。

・皿が**すべって**落ちた。　・手が**すべって**コップを割ってしまった。

203 **つもる**　　　ガ積もる　　　accumulate ／积, 堆积／쌓이다／tích lại

・きのう降った雪が**積もって**いる。

・全然そうじをしていないので、ほこりが**積もって**いる。

204 **つむ**　　　ヲ積む　　　pile; lay (bricks); load; accumulate ／堆, 垒／装载／쌓다, 싣다, 거듭하다／xếp lên, tích lũy

① ・机の上に本がたくさん**積んで**ある。　・レンガを**積んで**家をつくる。

② ・車に荷物を**積む**。

　対 ヲおろす☞159 ②　　類 載せる☞770

③ ・働いて経験を**積む**。　・もっと練習を**積ま**なくてはならない。

205 **あく**　　　ガ空く　　　(a hole) opens; be vacant; be available ／有洞, 有窟窿; 空着; 有空, 有时间／나다, 비다／thủng, trống, rảnh

① ・くつしたに穴が**空いて**しまった。

② ・「その席、**空いて**いますか」　・〈不動産屋で〉「**空いて**いる部屋はありませんか」

　合 空き部屋、空き地　　関 空席、空室　　名 空き→__がある⇔ない

③ ・平日は忙しいですが、土曜日なら**空いて**います。

　合 空き時間

　対 ①②③がふさがる

206 **あける**　　　ヲ空ける　　　open (a hole); vacate (a seat); keep open (a date) ／空开, 挖开; 空出 (空间); 留出 (时间)／뚫다, 비우다, 시간을 내다／đục (lỗ), để trống

① ・かべに穴を**空ける**。

　対 ヲふさぐ

② ・電車でお年寄りのために席を**空けた**。

③ ・「今度の土曜日、**空けて**おいてね」

207 さがる　　　　ガ下がる　　　go down; step back ／下降, 降低; 往后退／내리다, 떨어지다, 물러서다／hạ xuống, lùi xuống

① ・{熱／温度／値段／成績…}が下がる。

　　対 ガ上がる

② 「間もなく列車が参ります。白線の内側に下がってお待ちください」

208 さげる　　　　ヲ下げる　　　lower; take away ／使……降低; 撤下／떨어뜨리다, 내리다, 치우다／hạ xuống, mang đi

① ・{熱／温度／値段／音量…}を下げる。

　　対 ヲ上げる

② ・「お皿をお下げしてもよろしいですか」

209 ひえる　　　　ガ冷える　　　be chilled; feel chilly ／变冷, 冰镇; 感觉冷／차가워지다, 추워지다／lạnh (đi)

① ・寒いところに長くいたので、手足が冷えてしまった。

　・ジュースは冷えていないとおいしくない。

　　対 ガあたたまる　　名 冷え

② ・「今夜は冷えますね」「ええ、温かいものが食べたいですね」

210 ひやす　　　　ヲ冷やす　　　chill; calm down ／弄凉, 冰镇; 使……冷静／차게 하다, 식히다／làm lạnh

① ・この果物は冷やして食べたほうがおいしい。

　・体を冷やしすぎるのは健康によくない。

　　対 ヲあたためる

② ・「そんなに興奮するな。頭を冷やしてもう一度よく考えろ」

コラム	6	助数詞・順番	Numeral Classifiers, Order／量词; 顺序, 次序／양수사, 순서／Lượng từ, thứ tự

〈助数詞〉数えるとき、なんと言いますか？ （　）①～⑦に言葉を入れなさい。

パソコン	→ ① （　　　　）	家、建物	→ けん(軒)
CD	→ ② （　　　　）	手紙、書類	→ つう(通)
小さい動物	→ ③ （　　　　）	鳥	→ わ(羽)
大きい動物	→ ④ （　　　　）	スーツ	→ ちゃく(着)
くつ／くつした	→ ⑤ （　　　　）	回数	→ ど(度)／かい(回)
コップに入った水	→ ⑥ （　　　　）		
映画	→ ⑦ （　　　　）		

解答　①台　②まい　③ひき　④頭　⑤足　⑥杯　⑦本

※旅行、出張などで、泊まる日数→はく(泊)（例. ３泊４日の旅　関 日帰り）

〈順番〉

並んでいるもの、ランキング　→　１番　（第）１位

ゴールした順番　→　１着

くじ　→　１等

本　→　第１巻　　※２冊の場合は上巻⇔下巻と言うこともある。

211	**さめる**	ガ冷める	get cold; lose passion ／变凉；(热情) 降低／식다／nguôi đi, chán

①・この料理は**冷める**とおいしくない。

②・彼は熱しやすく**冷め**やすい性格だ。　・若いころの熱い気持ちが**冷めて**しまった。

212	**さます**	ヲ冷ます	allow (something) to cool ／弄凉, 冷却／식히다／để nguội

・お風呂のお湯が熱くなりすぎた。少し**冷まして**から入ろう。

213	**もえる**	ガ燃える	burn; be passionate ／燃烧／타다, 솟다／cháy

①・{火／紙…}が**燃える**。　・**燃える**ような太陽が沈んでいく。

②・希望に**燃えて**大学に入った。

214	**もやす**	ヲ燃やす	burn (something); burn with (passion, etc.) ／点燃／태우다, 불태우다／đốt cháy

①・{火／紙…}を**燃やす**。

②・メンバー全員が試合にファイトを**燃やしている**。

215	**わく**	ガ沸く	boil; (bath) is ready; become excited ／烧开, 沸腾; 激动, 兴奋／끓다, 열광하다／sôi, nóng

①・{湯／風呂}が**わく**。

②・歌手が登場して会場が**わいた**。

216	**わかす**	ヲ沸かす	boil; prepare (a bath); excite ／使……烧开; 使……兴奋／끓이다, 열광시키다／làm sôi, hâm nóng

①・{湯／風呂}を**わかす**。

②・おもしろいことを言って会場を**わかした**。

217	**なる**	ガ鳴る	rumble; ring ／鸣, 响／울리다／kêu

・雷が**鳴っている**。　・授業中に携帯電話が**鳴って**先生に怒られた。

218	**ならす**	ヲ鳴らす	sound (a buzzer) ／弄响, 使……出声音／울리다／làm cho kêu

・ブザーを**鳴らす**。

219	**やくだつ／やくにたつ**	ガ役立つ／ガ役に立つ	be helpful, be of use ／有用／도움이 되다, 쓸모가 있다／có ích, giúp ích

・インターネットの情報は、勉強や仕事{に**役立つ**／の**役に立つ**}。

・今度の新入社員はあまり**役に立たない**。

220	**やくだてる／やくにたてる**	ヲ役立てる／ヲ役に立てる	put to use ／使……有用／유용하게 쓰다, 활용하다／dùng ~ để giúp ích

・インターネットの情報を、勉強や仕事{に**役立てる**／の**役に立てる**}。

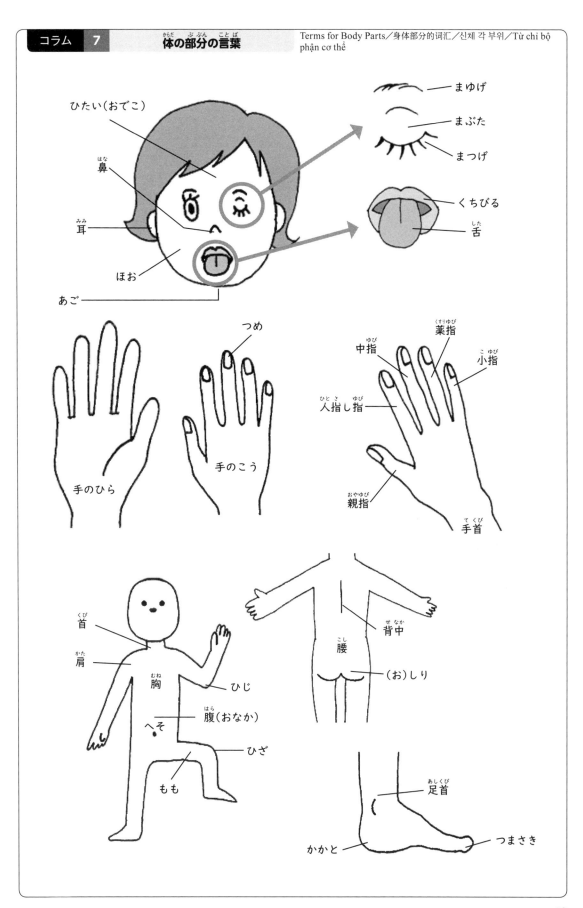

まゆげ
まぶた
まつげ
くちびる
舌（した）

ひたい（おでこ）
鼻（はな）
耳（みみ）
ほお
あご

つめ
手のこう
手のひら

薬指（くすりゆび）
中指（ゆび）
小指（こゆび）
人指し指（ひとさしゆび）
親指（おやゆび）
手首（てくび）

首（くび）
肩（かた）
胸（むね）
ひじ
腹（おなか）（はら）
へそ
ひざ
もも

背中（せなか）
腰（こし）
（お）しり

足首（あしくび）
かかと
つまさき

Ⅰ （　）に助詞を書きなさい。

1. この薬は腹痛（　　）よく効く。
2. 走れば8時の電車（　　）間に合うだろう。
3. この駅で、上り列車（　　）下り列車がすれ違う。
4. 「つくえ（　　）つくえ（　　）もう少し離して並べましょう」
5. 姉は今、家族（　　）離れて暮らしている。
6. 私は毎週英会話のレッスン（　　）通っている。
7. 「私は目が悪いので、よく物（　　）ぶつかるんです」
8. ふうとう（　　）切手（　　）貼らずに出してしまった。
9. 手（　　）すべって、コップを落としてしまった。
10. 時間（　　）たりなくて、作文を最後まで書けなかった。
11. 「この道具は、何（　　）役（　　）立つのですか」

Ⅱ 下の表を完成させなさい。

自動詞	他動詞	自動詞	他動詞
1. うごく		6.	あける
2.	かける	7. ひえる	
3. ぶつかる		8. さめる	
4. こぼれる―		9.	もやす
5.	むく	10. 鳴る	

Ⅲ 「ます形」が名詞になることばに○をつけなさい。　例：空く → 空き

片づける　　残る　　混む　　はやる　　足りる　　動く
すれちがう　　さめる　　冷える　　わく　　鳴る　　包む

Ⅳ 正しいことばを〔　　　〕の中から一つえらびなさい。

1. お湯を〔 もやす　あげる　わかす 〕。
2. ブザーが〔 うたう　鳴る　鳴く 〕。
3. 一歩後ろに〔 さがる　おりる　あける 〕。
4. 上からしょうゆを〔 かける　つける　つむ 〕。
5. 友だちと意見が〔 まちがう　はなれる　ぶつかる 〕。

Ⅴ　いっしょに使うことばを下から選びなさい。

1.（　　　　　）がかかる。　2.（　　　　　）がはやる。　3.（　　　　　）があく。

4.（　　　　　）がさめる。　5.（　　　　　）がもえる。　6.（　　　　　）をひらく。

7.（　　　　　）をはなす。　8.（　　　　　）をふく。　9.（　　　　　）をむく。

コーヒー　　あせ　　あな　　かぜ　　皮　　包み　　手　　火　　費用

Ⅵ　いっしょに使うことばをえらびなさい。（　　）の数字はえらぶ数です。

1.〔　時間　めいわく　テレビ　ストーブ　CD　〕をかける。（3）

2.〔　パスポート　犬　食欲　記憶　〕が無くなる。（3）

3.〔　時間　注意　記憶　数　経験　〕が足りない。（4）

4.〔　荷物　子ども　雪　練習　経験　〕を積む。（3）

5.〔　大きさ　温度　成績　人　値段　階段　〕が下がる。（3）

6.〔　レジ　家　道　バス　〕がこむ。（3）

Ⅶ　（　　　　）に入ることばを下からえらんで、適当な形にして書きなさい。

1. メールを出してもう3日も（　　　　　　　　）のに、まだ返事が来ない。

2. 車はブレーキを（　　　　　　　　）も、急には止まれない。

3. 兄と私は年が4歳（　　　　　　　　）いる。

4. 書類の上にジュースを（　　　　　　　　）よごしてしまった。

5. ガソリンスタンドでは、車のガラスを（　　　　　　　　）くれる。

6. 「やっと仕事が（　　　　　　　　）。さあ、帰ろう」

7. 3試合続けて負けてしまい、すっかり自信を（　　　　　　　　）。

8. この肉はへんなにおいがする。（　　　　　　　　）いるようだ。

9. 雪の日に道で（　　　　　　　　）ころび、けがをした。

10. 子どもがかべに頭を（　　　　　　　　）泣いている。

11. 「お会いしてお願いしたいことがあるのですが」「今度の土曜なら（　　　　　　　　）
いますよ」

あく　　かける　　かたづく　　くさる　　こぼす　　すべる たつ　　なくす　　はなれる　　ふく　　ぶつける

Ⅰ （　）に入れるのに最もよいものを、a・b・c・dから一つえらびなさい。

1．このアパートでは、犬やねこを（　　）ことはできない。
 a　くらす   b　飼う   c　入る   d　まもる

2．きのう書いた書類が（　　）。どこに行ったのだろう。
 a　さがさない   b　なおらない   c　つかまらない   d　見つからない

3．やけどをしたときは、すぐに水で（　　）ましょう。
 a　ひやし   b　さまし   c　あたため   d　さげ

4．遠くでかみなりが（　　）いる。雨が降りそうだ。
 a　ないて   b　なって   c　して   d　たたいて

5．学生のころ、よく学校で問題を（　　）、先生に怒られたものだ。
 a　生んで   b　といて   c　起こして   d　なぐって

6．荷物が多いので、タクシーを（　　）。
 a　かけた   b　乗せた   c　呼んだ   d　誘った

7．さっき駅前で（　　）人、どこかで会ったことがあるような気がする。
 a　すれ違った   b　付き合った   c　通った   d　見つけた

8．出張の日がいとこの結婚式と（　　）困っている。
 a　近づいて   b　出会って   c　役立って   d　ぶつかって

9．もう少しこの店で経験を（　　）、独立して自分の店を持ちたい。
 a　乗せたら   b　積んだら   c　上げたら   d　広げたら

10．私は希望に（　　）大学に入学した。
 a　わいて   b　わかして   c　もやして   d　もえて

Ⅱ 　　　に意味が最も近いものを、a・b・c・dから一つえらびなさい。

1．「小林先生に教わったことがありますか」
 a　勉強した   b　たずねた   c　聞いた   d　習った

2．早くこの仕事をかたづけて、ゆっくりしたい。
 a　終わらせて   b　始めて   c　なくして   d　残さないで

3．1対0で、イギリスチームがアメリカチームをたおした。
 a　に勝った   b　に負けた   c　にやぶれた   d　に起こされた

4．毎年正月には、親戚（しんせき）の家をたずねることにしている。
 a　質問する   b　訪問する   c　交際する   d　流行する

5．陸上の100メートル走で、世界新記録が生まれた。

　　　a　成長した　　　　b　成功した　　　　c　誕生した　　　　d　出産した

Ⅲ　つぎのことばの言い方として最もよいものを、一つえらびなさい。

1．はやる

　　　a　友だちの結婚がはやっているので、私も早くしたい。
　　　b　最近かぜをひく人が多く、病院はどこもはやって困っている。
　　　c　あの店はとてもはやっていて、いつ行ってもお客さんでいっぱいだ。
　　　d　大都市では、ラッシュアワーの電車はとてもはやっている。

2．はる

　　　a　ベッドに青いベッドカバーがはってある。
　　　b　「プレゼントなので、きれいな紙ではってください」
　　　c　教室の壁に、大きな時計がはってある。
　　　d　「申し込み用紙には、必ず３カ月以内にとった写真をはってください」

3．こぼれる

　　　a　食事をしているときに飛行機がゆれて、スープがこぼれてしまった。
　　　b　部屋の中から、娘のひくピアノの音がこぼれている。
　　　c　お湯を止めるのを忘れたので、おふろのお湯がこぼれてしまった。
　　　d　地震でガス管がこわれ、ガスがこぼれているようだ。

4．あく

　　　a　平日の昼間の電車はとてもあいている。
　　　b　あと５分あいているから、９時の電車に間に合うだろう。
　　　c　冷蔵庫の中があいている。あしたスーパーへ買い物に行こう。
　　　d　かぎを落としてしまった。ポケットに穴があいていたのだ。

5．決まる

　　　a　みんなで決まったことはかならず守ってください。
　　　b　この試合に勝てば、優勝が決まる。
　　　c　結婚の約束が決まったので、お知らせします。
　　　d　うちの朝食はご飯にみそ汁と決まる。

🔊 **18**

I　具体的なもの（ぐたいてき）　Concrete Objects ／具体的事物／구체적인 물건／ Vật cụ thể

221　かざり　　飾り（←ヲ飾る）　　decoration ／装饰品／장식／đồ trang trí

・クリスマスの**飾り**を買った。

II　ものごと、ことがら　Abstract Things ／事物 , 事态／사물 , 사항／ Sự vật, sự việc

222　あそび　　遊び（←ガ遊ぶ）　　game, play ／游戏, 玩耍／놀이／trò/cuộc chơi

・かくれんぼは子どもの**遊び**だ。
合 ［名詞］+遊び（・砂**遊び**、水**遊び**、人形**遊び**）

223　あつまり　集まり（←ガ集まる）　　gathering ／集会／모임／buổi họp

・あした、マンションの住人の**集まり**がある。

224　おしえ　　教え（←ヲ教える）　　teachings ／教诲／가르침／điều dạy

・母の**教え**を今でも思い出す。

225　おどり　　踊り（←ガ／ヲ踊る）　　dance ／舞蹈／춤／điệu múa

・留学生が各国の**踊り**を踊った。
類 ダンス

226　おもい　　思い（←ヲ思う）　　thoughts, feelings ／意愿, 思想／마음, 기분／tình cảm, suy nghĩ

・あの人に私の**思い**が届いた。
連 ニ__が届く、{いやな／楽しい…} __をする

227　かんがえ　考え（←ヲ考える）　　thought, idea ／想法, 意见／생각／suy nghĩ, ý tưởng

・私にいい**考え**がある。
連 ニ__がある、__が浮かぶ

228　かたづけ　片付け（←ヲ片付ける）　　tidying, disposal ／整理／정리, 정돈／việc dọn dẹp

・私は**片付け**が苦手だ。
合 後__　　関 片付ける☞ 191

229　てつだい　手伝い（←ヲ手伝う）　　help ／帮忙／도와줌／giúp đỡ

・引っ越しの**手伝い**をする。

54

230 はたらき　　働き（←ガ働く）　　function; action ／工作, 功能, 功劳／기능, 공적／chức năng, công sức

・血液の働きの一つは、体に栄養を運ぶことだ。
・彼の働きで計画が成功した。

231 きまり　　決まり（←ガ決まる）　　rule ／规定／규칙／quy định

・学校で新しい決まりが作られた。

232 さわぎ　　騒ぎ（←ガ騒ぐ）　　commotion, trouble ／吵闹, 喧哗／소동／chuyện to tiếng

・きのう、駅前で騒ぎがあった。

233 しらせ　　知らせ（←ヲ知らせる）　　notification, news ／消息, 通知／알림, 통지／tin

・父が入院したという知らせがあった。
　連 ＿がある、＿が届く

234 たのみ　　頼み（←ニ＋ヲ頼む）　　request ／请求, 要求／부탁／việc nhờ

・「あなたに頼みがあるんです」
　連 ニ＿がある、＿を聞く　　類 お願い

235 つかれ　　疲れ（←ガ疲れる）　　fatigue ／疲劳／피로／mệt mỏi

・仕事で疲れがたまっている。
　連 ＿がたまる、＿がとれる

236 ちがい　　違い（←ガ違う）　　difference ／不同, 区别／차이／sự khác nhau

・この二つの違いがわからない。

237 はじめ　　始め（←ヲ始める）　　beginning ／开篇, 开始／처음／đầu

・本を始めから終わりまで全部読んだ。
　対 終わり

238 つづき　　続き（←ガ続く）　　continuation, remainder ／后续, 下文／계속／phần tiếp

・早く本の続きが読みたい。

239 くれ　　暮れ（←ガ暮れる）　　end (of the year) ／日暮, 岁末／끝 무렵, 연말／cuối

・年の暮れは忙しい。

Ⅲ **動詞本来の意味が強く残っているもの** Expressions That Strongly Retain the Verb's Original Meaning／
动词的原意被强烈地保留着的词汇／동사 본래의 의미가 강하게 남아 있는 명사／Từ mang đậm nghĩa ban đầu của động từ

240	**いき**	行き（←ガ行く）	going／去, 往／가는 길, 행／đi
241	**かえり**	帰り（←ガ帰る）	returning／回来, 归途／돌아오는 길／về

・旅行は、**行き**は新幹線、**帰り**は飛行機だった。
・会社の**行き帰り**にコンビニに寄る。
　合 ［地名］＋行き（・横浜**行き**の電車）

242	**いそぎ**	急ぎ（←ガ急ぐ）	urgency／匆忙, 紧急／급함／gấp

・**急ぎ**の仕事が入った。

243	**おくれ**	遅れ（←ガ遅れる）	delay／迟到, 落后／늦음, 뒤떨어짐／chậm trễ

・電車に3分の**遅れ**が出た。
　連＿が出る　合時代＿、流行＿、［時間］＋遅れ（・10分**遅れ**）

244	**かし**	貸し（←ニ＋ヲ貸す）	loan, lending／借出的 (财物, 恩情)／빌려 줌, 받을 빚／cho vay/thuê/mượn
245	**かり**	借り（←ヲ借りる）	debt, borrowing／欠下的 (财物, 恩情)／빌림, 빚／vay/thuê/mượn

・あの人には10万円の**貸し**がある。　・**借り**は返さなければならない。
・試験中は、筆記用具の**貸し借り**は禁止されている。

246	**かち**	勝ち（←ガ勝つ）	victory／赢, 胜利／승리／thắng
247	**まけ**	負け（←ガ負ける）	defeat／输, 败／패배／thua

・きょうの試合はAチームの**勝ち**だった。　・**負け**が続いて、いやになった。
・**勝ち負け**を気にせず、力いっぱい戦おう。

248	**むかえ**	迎え（←ヲ迎える）	picking up／迎接／마중／đón

・**迎え**の車がなかなか来ない。
　合出＿、送り＿

249	**はじまり**	始まり（←ガ始まる）	beginning／开始／시작／bắt đầu
250	**おわり**	終わり（←ガ／ヲ終わる）	end／结束／끝／kết thúc

・映画の**始まり**に間に合わなかった。　・夏休みはもうすぐ**終わり**だ。

| 251 | もどり | 戻り（←ガ戻る） | return ／回来／돌아옴, 귀가／quay về |

・「きょうの**戻り**は３時ごろになります」

| 252 | わかれ | 別れ（←ガ別れる） | parting ／分別／이별／chia tay |

・日本では３月は**別れ**の季節だ。

Ⅳ　感情を表すもの　Expressions for Emotions ／表現感情的词汇／감정을 표현하는 명사／ Từ biểu cảm

| 253 | よろこび | 喜び（←ヲ喜ぶ） | joy ／喜悦, 高兴／기쁨／niềm vui |

・優勝できて、**喜び**でいっぱいだ。
合 ガ大＿スル

| 254 | たのしみ | 楽しみ（←ヲ楽しむ） | fun ／乐趣, 愉快／낙, 즐거움／điều vui |

・来週のパーティー{が**楽しみ**だ／を**楽しみ**にしている}。
連 ヲ＿にする

| 255 | わらい | 笑い（←ガ／ヲ笑う） | laughter ／笑／웃음／tiếng/nụ cười |

・歌手の冗談で会場に**笑い**が起きた。
合 ガ大＿スル

| 256 | おどろき | 驚き（←ガ驚く） | surprise ／吃惊／놀라운 일, 놀람／(điều) ngạc nhiên |

・この大きな家がたったの１００万円とは**驚き**だ。

| 257 | いかり | 怒り（←ガ／ヲ 怒 る） | anger ／愤怒／분노／(sự) tức giận |

・殺人のニュースに**怒り**を感じた。

| 258 | かなしみ | 悲しみ（←ヲ悲しむ） | sadness ／悲伤／슬픔／nỗi buồn |

・愛犬を亡くした**悲しみ**が消えない。

Unit 03 形容詞 A　259 〜 298

レベル ★☆☆

🔊 20

---

259 しあわせな　幸せな　　happy ／幸福的／행복하다／hạnh phúc

・**幸せ**な人生　・**幸せ**に暮らす。　　・いい家族や友だちがいて、私は**幸せ**だ。

対 不幸せな

名 幸せ（・**幸せ**を求める。）⇔不幸せ

---

260 とくいな　得意な　　strong, proud, smug ／拿手的; 得意洋洋地／잘하다, 자랑스러워하다／giỏi

① ・彼女は{ギター／作文／料理…}が**得意**だ。

・私の**得意**な教科は数学です。　・父は編み物を**得意**にしている。

連 ヲ得意にする　　対 苦手な、不__

② ・弟はテストで100点をとって**得意**になっている。

---

261 にがてな　苦手な　　weak; uncomfortable; unable to take ／不擅长的; 棘手的, 难对付的／서투르다, 벅차다, 질색이다／kém

① ・彼女は{ギター／作文／料理…}が**苦手**だ。　　・私の**苦手**な教科は数学です。

対 得意な

② ・私は山本さんが**苦手**だ。　・チーズは、あのにおいがどうも**苦手**だ。

---

262 ねっしんな　熱心な　　passionate ／热心的, 有热情的／열심이다／nhiệt tình, say mê

・**熱心**な仕事ぶりが認められて昇進した。　　・**熱心**にプロポーズされて結婚した。

・彼女は子どもの教育に**熱心**だ。

合 熱心さ　　対 不熱心な

---

263 むちゅうな　夢中な　　crazy, enamored ／入迷的, 着迷的／열중하다, 정신없다／mê, say sưa

・子どものころ、SF漫画に**夢中**になった。　　・彼は生まれたばかりの子どもに**夢中**だ。

・社会人になったばかりで、毎日{○**夢中**で／×夢中に}過ごしている。

×夢中する

---

264 たいくつな　退屈な　　boring ／无聊的／지루하다, 심심하다／buồn tẻ

・ほかの観客は笑いながら見ていたが、私には**退屈**な映画だった。

・きょうは、何もすることがなくて**退屈**だ。

合 退屈さ

名 ガ退屈スル（・校長先生の話が長くて**退屈**した。）

265 **けんこうな** 健康な   healthy ／健康的／건강하다, 건전하다／khỏe mạnh

・心も体も健康な子どもを育てたい。   ・毎日運動をしていたら、とても健康になった。
合 健康的な（・健康的な生活）   対 不＿
名 健康

266 **くるしい** 苦しい   rough; agonizing ／难受, 辛苦, 艰难, 为难／괴롭다, 힘겹다／khó nhọc,vất vả

・{息／胸／心／生活…}が苦しい。
・苦しい試合だったが、なんとか勝つことができた。
・その一家は、戦後の苦しい時代をがんばって生きてきた。
・経営がうまくいかず、社長は苦しい立場に置かれた。
合 苦しさ、苦しみ、寝　、聞き　、見　、息　　※「～苦しい」の場合は、ふつう「～ぐるしい」
と読む。
関 が苦しむ・ヲ苦しめる

267 **へいきな** 平気な   unfazed; brazen ／镇静, 不介意／태연하다, 예사롭다／bình thản, không sao

・彼女は、どんなに悪口を言われても平気な顔をしている。
・体力があるので、10キロぐらい歩くのは平気だ。
・あの人は{○平気で／×平気に}うそをつく。

268 **くやしい** 悔しい   frustrating ／后悔／분하다／bức xúc, tiếc nuối

・何度練習してもうまくできなくて、悔しい。
・たった１点差で試合に負けて悔しい思いをした。
合 悔しさ

269 **うらやましい** 羨ましい   envious ／羨慕／부럽다／ghen tị

・才能の豊かな人がうらやましい。
・弟はゲームをたくさん持っている友だちをうらやましがっている。
合 うらやましさ   関 ヲうらやむ

270 **かゆい**   itchy ／痒／가렵다／ngứa

・蚊に刺されて首がかゆい。
合 かゆさ、かゆみ

271 **おとなしい　大人しい**　　quiet, subdued ／老实, 规矩; 素雅／얌전하다, 수수하다／hiền lành, ngoan ngoãn

① ・彼は**おとなしい**人だ。　・うちの犬は**おとなしく**て、決して人にほえない。
　・私が買い物をしている間、子どもは**おとなしく**待っていた。
② ・この服はデザインが**おとなしい**ので、仕事に着て行ってもだいじょうぶだ。
合①②おとなしさ

272 **がまんづよい　我慢強い**　　perseverant ／耐心, 有忍耐力的／참을성이 많다／giỏi chịu đựng, kiên nhẫn

・**がまん強い**性格　・チャンスがやって来るのを**がまん強く**待つ。
合がまん強さ　　類しんぼう強い　　関ヲ我慢スル☞ 64

273 **しょうじきな　正直な**　　honest ／老实, 正直／정직하다／thật thà

・彼は**正直な**人だから、うそをつくことができない。
・「どうしていたずらしたの。**正直に**話しなさい」
・ごちそうしてもらったが、**正直(に)**言って、あまりおいしくなかった。
合正直さ　　対不正直な

274 **けちな**　　stingy ／小气的, 吝啬的／인색하다／keo kiệt

・あの人はとても**けち**だ。　・**けちな**人は嫌われる。
関がけちけちする

275 **わがままな　我がままな**　　selfish ／任性的／제멋대로이다, 버릇없다／ích kỷ, tùy tiện

・**わがままな**{人／性格／行動…}　・彼女は**わがまま**だ。　・**わがままに**ふるまう。
名わがまま（・**わがまま**を言う。　・彼の**わがまま**にはみんな困っている。
　・ペットに人間と同じような暮らしをさせるのは、人間の**わがまま**だと思う。)

276 **せっきょくてきな　積極的な**　　active, positive ／积极的, 主动地／적극적이다／tích cực

・**積極的な**{人／性格／行動…}
・日本語を身につけるため、**積極的に**日本人の友だちを作った。
・今の首相は、教育問題にあまり**積極的では**ない。
対消極的な　　関積極性→＿＿がある⇔ない

277 しょうきょくてきな 消極的な　　passive, negative ／消极的／소극적이다／tiêu cực

・**消極的な**{人／性格…}　・今の首相は、教育問題に**消極的**だ。
対 積極的な

278 まんぞくな　　満足な　　satisfying, contented ／满意的, 像样的; 令人满意的／충분하다, 만족하다, 온전하다／hài lòng, mãn nguyện

① ・アルバイトだけでは**満足**な収入は得られない。　・がんばったので2位でも**満足**だ。
対 不満な、不満足な
名 ガ満足スル（・今の生活に十分**満足**している。　・今の仕事からは**満足**が得られない。）
② ・インターネットは苦手で、メールも**満足**に打てない。

279 ふまんな　　不満な　　dissatisfying, discontented ／不满意／불만이다／không hài lòng, bất mãn

・この仕事に**不満**な点はない。
・彼は、彼女が忙しくてなかなか会えないのを**不満**に思っている。
・この小説はおもしろかったが、終わり方がちょっと**不満**だ。
対 満足な　類 不満足な
名 不満（・あのレストランの料理は、味に**不満**はないが量が少ない。
　　　　　・**不満**ばかり言っていても解決はできない。）
連 ニ＿＿がある⇔ない

280 ふあんな　　不安な　　worrisome, uneasy ／不安的, 不放心的／불안하다／bất an, lo lắng

・最近、体の調子がよくない。悪い病気ではないかと**不安**だ。
・新しい仕事がなかなか見つからず、**不安**な毎日を過ごしている。
対 安心な　類 心配な
名 不安（・長く続いた大雨がやんで、やっと洪水の**不安**がなくなった。）
連 ニ＿＿がある⇔ない

281 たいへんな　　大変な　　tough; awful ／够受的; 严重的, 糟糕的／힘들다, 대단하다／vất vả, kinh khủng

① ・子育て中のお母さんは**大変**だ。　・きのうは宿題が五つもあって**大変**だった。
合 大変さ
② ・きのう新宿で**大変**な火事があったらしい。
　・大事な面接に遅れたら**大変**だから、急いで行こう。
慣 大変な目にあう
③ ［副 大変（に）］ ☞592

22

282 むりな　　　　無理な

impossible, by force ／不讲理的, 不合理的; 勉强地／무리하다, 억지이다／vô lý, cưỡng ép

① ・たった 100 万円で家を建てるなんて**無理な**話だ。

・「**無理な**お願いとは思いますが、なんとかきいていただけないでしょうか」

・三日で 100 ページの論文を書くのはとても**無理だ**。

② ・子どもに**無理に**勉強させるのは逆効果だ。

合 無理やり

③ ［名 無理］・「そんなに**無理**をしていると病気になりますよ」

・「いろいろとご**無理**を言ってすみません」　　連 ＿をする

283 ふちゅういな 不注意な

careless ／不谨慎的, 粗心的, 不小心／부주의하다／bất cẩn

・**不注意な**人　　・疲れると**不注意な**ミスが多くなる。

・相手を傷つけるような言葉を**不注意に**言ってしまった。

合 不注意さ　名 不注意（・私の**不注意** ｛で／から｝ 事故を起こしてしまった。）

284 らくな　　　　楽な

easy ／舒服的; 轻松的／편안하다, 쉽다／dễ chịu, dễ dàng

① ・もう少し**楽な**暮らしがしたい。　　・肩こりがひどいのでマッサージをしてもらったら、**楽に**なった。　　・「失敗しても大丈夫だよ」と言われて、気が**楽に**なった。

② ・この仕事は、電話を受けるだけでいいのでとても**楽だ**。

・相手のチームはあまり強くないから、**楽に**勝てるだろう。

③ ［名 楽］・年をとったらもう少し**楽**がしたい。　　連 ＿をする

285 めんどうな　　面倒な

troublesome ／麻烦的／번거롭다, 귀찮다／phiền phức

① ・「ご入会には**めんどうな**手続きはいりません」　・最近忙しいので料理を作るのが

めんどうになった。　　・雨が降っているので、出かけるのが**めんどうだ**。

合 めんどうくさい

② ［名 めんどう］・「ご**めんどう**をおかけして、申しわけありません」

・出張するときは、母に子どもの**めんどう**を見てもらっている。

連 ニ＿をかける、＿を見る

286 しつれいな　　失礼な

rude ／没礼貌的; 对不起／무례하다, 실례이다／mất lịch sự, xin lỗi

① ・あいさつしても返事もしない。なんて**失礼な**人だろう。

名 失礼（・客に**失礼**のないようにする。）

② ・「**失礼**ですが、田中さんでいらっしゃいますか」

③ ［動 ガ 失礼する］☞コラム 1 「あいさつ」 p.15

287 **とうぜんな** **当然な**　　natural, expected ／理所应当的／당연하다／đương nhiên

・お金を借りたら、返すのが**当然だ**。　・「結婚しても仕事は続けるの?」「**当然よ**」

・あれだけ強いのだから、あのチームは勝って**当然だ**。
　名 当然（・不合格になった。勉強しなかったのだから、**当然**の結果だ。）
　　　類 あたりまえ☞ 400
　副 当然（・彼は弁護士だから、**当然**法律には詳しいだろう。）
　　　類 もちろん☞ 621

288 **いがいな** **意外な**　　unexpected, surprising ／没想到的; 出乎意料的／의외이다, 뜻밖이다／không ngờ

① ・事故を調査するうちに**意外な**事実がわかった。
　・彼が結婚していて子どももいるとは**意外**だった。
　　　合 意外さ、意外性→__がある⇔ない
② [意外{に／と}]・トマトは嫌いだったが、いま食べてみると**意外{に／と}**おいしい。
　　　※「意外と」は「意外に」の少しくだけた形。
　　　類 案外☞ 626

289 **けっこうな** **結構な**　　nice, fine; No, thank you. ／很好的; 可以, 能行; 不用, 不要／훌륭하다, 좋다, 충분하다／tốt, được, không cần

① ・「お味はいかがですか」「大変**けっこうです**」
　・「この前は、**けっこうな**品をいただき、ありがとうございました」
② ・「打ち合わせは月曜日の 14 時からでよろしいですか」「はい、**けっこうです**」
③ ・「コーヒーのお代わりはいかがですか」「いえ、もう**けっこうです**」
④ [副 けっこう] ☞ 597

290 **はでな** **派手な**　　flashy, fancy ／鲜艳, 华丽, 花哨／화려하다, 야단스럽다／sặc sỡ, lòe loẹt

・**はでな**{人／性格／服／化粧／デザイン／生活…}　・この服は**はで**すぎる。
・**はでに**騒ぐ。
　　　合 派手さ　　対 地味な

291 **じみな** **地味な**　　plain ／朴素, 普通, 不起眼／수수하다／bình dị, đơn sơ

・**じみな**{人／性格／服／化粧／デザイン／生活…}
・あの人は若いのに、**じみな**かっこうばかりしている。
　　　合 地味さ　　対 派手な

292 おしゃれな　　stylish, fashionable ／好打扮, 穿着讲究; 装修漂亮的／멋지다, 세련되다／thời trang, sành điệu

① ・彼女はとても**おしゃれ**だ。　・彼はいつもスーツを**おしゃれ**に着こなしている。

　　名 おしゃれ→＿＿をする

② ・「駅前に**おしゃれ**なレストランができたわよ」

　　類 しゃれた＋[名詞]、しゃれている

293 へんな　　変な　　weird ／奇怪的, 不对头的／이상하다／lạ, khác thường

・**変**なメールが届いたのですぐに消した。　・停電の後、テレビの画面が**変**になった。

・この牛乳は、少しにおいが**変**だ。

　　類 おかしい、おかしな

294 ふしぎな　　不思議な　　strange; mysterious; miraculous ／奇异的; 难以想象的; 意外的／이상하다, 희한하다／bí ẩn, lạ, không ngờ

① ・この村には**不思議**な話が伝わっている。

　・だれもいない部屋から声が聞こえてくるとは**不思議**だ。

　　合 不思議さ

② ・この車はタイヤが古くなっている。いつ事故が起きても**不思議**ではない。

③ [不思議{に／と}]・緊張しやすい性格なのに、きのうのスピーチは**不思議**{に／と}緊張しなかった。

　　※「不思議と」は「不思議に」の少しくだけた形。

295 ましな　　preferable, better ／比……好, 像样的／좋다, 낫다／tốt hơn

・せきがひどかったが、うがいをしたら前より**まし**になった。

・失敗するかもしれないが、何もやらないよりは**まし**だ。

・文章が間違いだらけだ。もう少し**まし**なものが書けないのだろうか。

296 むだな　　無駄な　　futile, wasteful ／徒劳的, 浪费的／헛되다, 쓸데없다／vô ích, lãng phí

・落ちるとわかっているのに試験を受けるのは、**むだ**なことだ。

・必要ないものを買ってお金を**むだ**に使ってしまった。

　　合 むだづかい、むだ話

　　名 むだ（・**むだ**のないように給料を使いたい。

　　　・生活から**むだ**をなくすよう心がけている。

　　　・休みの日に寝てばかりいるのは時間の**むだ**だ。）

　　　→＿＿がある⇔ない、＿＿をなくす

297 じゆうな　　自由な　　free ／任意的, 自由的; 自由／자유롭다／tự do

① ・赤ちゃんがいるので、**自由な**時間がほとんどない。

・「ここにあるパソコンはご**自由に**お使いください」

合 自由時間、自由席、自由行動

② ［名 自由］・政治についてどう考えるかは個人の**自由**だ。

・{表現／言論…}の**自由**

連 ＿＿があるⅨない　　合 ＿＿主義

298 ふじゆうな　　不自由な　　impaired; inconvenient; disadvantaged ／有残疾的; 不方便的／불편하다, 부자유스럽다／tàn tật, gò bó, thiếu thốn

① ・{目／耳／足／体…}が**不自由な**人

・地震でガスと電気が止まり、しばらく**不自由な**生活をした。

・パソコンがないと仕事をするのに**不自由**だ。

合 不自由さ

② ［名 が不自由スル］

・彼は、お金に**不自由**しているらしい。

・長い間海外に住んでいたので、英語には**不自由**しない。

・病気がちだが、生活に**不自由**はない。

| コラム | 8 | 数字・計算 | Numbers, Calculation／数字; 計算／숫자, 계산／Chữ số, tính toán |

なんと言いますか？　　なんと読みますか？

足し算　１＋１＝２　→　１　たす　１　は　２
引き算　５－３＝２　→　５　ひく　３　は　２
かけ算　４×５＝20　→　４　かける　５　は　20
割り算　10÷３＝３…１　→　10　わる　３　は　３　あまり　１
3.14　→　３　てん　いちよん
2／3　→　３　ぶんの　２
１：１　→　１　たい　１
「＋」：プラス　　「－」：マイナス　　「＝」：イコール　　「.」：小数点
２、４、６……：ぐうすう（偶数）　１、３、５……：きすう（奇数）
－１、１、２、10、100……：せいすう（整数）
0.05、0.1、0.2……：しょうすう（小数）
1／2、2／3、3／4……：ぶんすう（分数）
１、２、３……：一けたの数字　　10、11、12……：二けたの数字
8.05 → 8.1、8.04 → 8.0：ししゃごにゅう（四捨五入）
１／10　＝　１わり（割）　＝　10パーセント（%）

I （　）に助詞を書きなさい。

1. 彼女は子どもの教育（　　）熱心だ。
2. 彼は仕事（　　）とても積極的だ。
3. 弟は毎日ゲーム（　　）夢中だ。
4. 生活（　　）苦しい。
5. 今の生活（　　）とても満足している。
6. 会社の給料（　　）不満がある。
7. 英語（　　）は不自由しない。
8. 健康（　　）少し不安がある。
9. 平気（　　）悪いことをする人がいる。
10. 子どものころ親（　　）めんどう（　　）かけた。
11. いま私が親（　　）めんどう（　　）見ている。

II 正しいことばを〔　　　〕の中から一つえらびなさい。

1. 何があっても〔 健康な　平気な　楽な 〕顔をする。
2. 息が〔 いたい　くるしい　つらい 〕。
3. 私はあの人が〔 じょうずだ　とくいだ　にがてだ 〕。
4. 〔 大変な　不注意な　むりな 〕目にあった。

III 下からＡ・Ｂのことばをえらんですべて書きなさい。

A　人の性格やたいどを表す形容詞：

B　人の気持ちを表す形容詞：

| 意外　おとなしい　がまん　がまんづよい　くやしい |
| 苦しい　けち　高齢　失礼　じみ　消極的　正直 |
| 大変　努力　不注意　楽　わがまま |

66

Ⅳ 「不」のつくことばを四つえらんで○をつけなさい

意外な　　健康な　　幸せな　　積極的な　　退屈な　　大変な　　当然な

得意な　　熱心な　　派手な　　無理な　　楽な

Ⅴ （　　　　）に入ることばを下からえらび、適当な形にして書きなさい。Cは名詞の形
にしなさい。

A 1．私は歌のうまい人が（　　　　　　　　）。
　 2．がんばった彼が成功したのは（　　　　　　　　）。
　 3．この魚はなにか（　　　　　　　　）においがする。
　 4．申し込みには（　　　　　　　　）手続きはいらない。
　 5．「おかわりはいかがですか」「いえ、もう（　　　　　　　　）」
　 6．何もやらないよりは、やって失敗したほうが（　　　　　　　　）。
　 7．科学ではわからない（　　　　　　　　）ことがたくさんある。
　 8．全然練習していないのだから、試合に勝つのはとても（　　　　　　　　）。
　 9．この虫に刺されると、とても（　　　　　　　　）。

> うらやましい　　かゆい　　けっこう　　とうぜん
> ふしぎ　　へん　　まし　　むり　　めんどう

B 1．この仕事はやさしいから、（　　　　　　　　）できる。
　 2．子どもに（　　　　　　　　）勉強させるのはよくない。
　 3．まずそうだったが、食べてみると（　　　　　　　　）おいしかった。
　 4．「このパンフレットはご（　　　　　　　　）お持ちください」
　 5．試験の日が近づくにつれて、だんだん（　　　　　　　　）なってきた。

> いがい　　じゆう　　ふあん　　むり　　らく

C 1．この仕事は、（　　　　　　　　）が必要だ。
　 2．（　　　　　　　　）を言って、親にしかられた。
　 3．（　　　　　　　　）で交通事故を起こしてしまった。
　 4．お金の（　　　　　　　　）づかいをしないようにしよう。
　 5．1点差で負けてしまい、（　　　　　　　　）でいっぱいだ。
　 6．きょう、姉は（　　　　　　　　）をして出かけて行った。

> おしゃれ　　くやしい　　せっきょくてき　　ふちゅうい　　むだ　　わがまま

🔊 24

299 あたたまる　ガ暖まる／温まる　　become warm ／温暖, 暖和／따뜻해지다／ấm/nóng lên
・お風呂に入ると体が{暖／温}まる。

300 あたためる　ヲ暖める／温める　　warm, heat ／弄热, 烫温／따스하게 하다, 데우다／làm cho ấm/nóng lên
・エアコンをつけて部屋を暖める。　・スープを温める。

301 たかまる　ガ高まる　　rise ／变高, 高涨／높아지다／cao lên
・台風が近づき、波が高まっている。　・若者の政治への関心が高まっている。
・{期待／人気／感情／能力／教育水準…}が高まる。
　名 高まり

302 たかめる　ヲ高める　　raise ／提高／높이다／nâng cao
・若者はもっとコミュニケーション能力を高める必要がある。
・{評価／人気／やる気／教育水準…}を高める。

303 つよまる　ガ強まる　　strengthen ／变强／세지다／mạnh lên
・台風の勢力はますます強まっている。
・{雨／風／火／力／揺れ…}が強まる。
　対 ガ弱まる

304 つよめる　ヲ強める　　strengthen, confirm ／加强／세게 하다／làm cho mạnh lên
・{火／力／自信…}を強める。
　対 ヲ弱める

305 よわまる　ガ弱まる　　weaken ／变弱／약해지다／yếu đi
・疲れていると抵抗力が弱まって、かぜにかかりやすくなる。
・{雨／風／力／勢力／影響…}が弱まる。
　対 ガ強まる

306 よわめる　ヲ弱める　　weaken, reduce ／减弱／약하게 하다／làm cho yếu đi
・「材料がやわらかくなったら、火を弱めてゆっくり煮込んでください」
・{力／勢い…}を弱める。
　対 ヲ強める

307 ひろまる　　　ガ広まる　　　spread ／扩大, 传播／널리 퍼지다, 보급되다／được truyền bá

・そのうわさは１日で会社中に広まった。

・{～の技術／仏教／習慣／話…}が広まる。

308 ひろめる　　　ヲ広める　　　spread, popularize ／使……扩大, 增长, 推广／퍼뜨리다, 보급시키다／truyền bá

・明治時代に、ヨーロッパから帰国した留学生たちが、日本に西洋文化を広めた。

・{～の技術／～のやり方／仏教／習慣／話／うわさ…}を広める。

※ 307、308 は抽象的な意味で使うことが多い。

関 ガ広がる・ヲ広げる

309 ふかまる　　　ガ深まる　　　deepen ／加深, 变深／깊어지다／sâu đậm thêm

・子どもができて、二人の愛情はますます深まった。

・秋が深まり、紅葉の美しい季節になった。

・{交流／友情／理解／対立…}が深まる。

310 ふかめる　　　ヲ深める　　　deepen, cultivate ／深化, 加深／깊게 하다／làm sâu đậm thêm

・交流を深め、相手の国のことを理解することが大切だ。

・「オリンピックを通じ、世界各国との友好関係を深めたいと思います」

・{交流／友情／理解／対立…}を深める。

※ 309、310 は抽象的な意味で使うことが多い。

コラム	9	教科・科目	Subjects, Courses／课程; 科目, 学科／교과/과목／Khối học, môn học

しゃかい	（社会）	social studies ／社会／사회／xã hội
ちり	（地理）	geography ／地理／지리／địa lý
れきし	（歴史）	history ／历史／역사／lịch sử
こうみん	（公民）	civics ／公民／공민 , 사회／công dân
りか	（理科）	science ／理科／과학／khoa học
せいぶつ	（生物）	biology ／生物／생물／sinh vật
ぶつり	（物理）	physics ／物理／물리／vật lý
かがく	（化学）	chemistry ／化学／화학／hóa học
こくご	（国語）	national language, Japanese language ／国语, 语文／국어／quốc ngữ, ngữ văn
さんすう	（算数）	arithmetic ／算术／산수／số học
すうがく	（数学）	mathematics ／数学／수학／toán học
おんがく	（音楽）	music ／音乐／음악／âm nhạc
びじゅつ	（美術）	art ／美术／미술／mỹ thuật
ほけんたいいく	（保健体育）	health and physical education ／保健体育／보건 체육／thể dục và sức khỏe
かていか	（家庭科）	home economics, domestic science ／家政课／가정과／gia chính

🔊 25

311 せわ　　　　世話
care, support ／照料, 关照／보살핌, 신세／chăm sóc, giúp đỡ

・うちではペットの**世話**は私の仕事だ。　　・病人の**世話**をする。
・今度の仕事では、山本さんに大変お**世話**になった。
　連 __をする、__になる　　慣「お世話になり{ます／ました}」（あいさつ）

312 かてい　　　　家庭
home, household ／家, 家庭／가정／gia đình

・田中課長は仕事ではきびしいが、**家庭**ではやさしいお父さんだそうだ。
・早く結婚して、あたたかい**家庭**を持ちたい。
　連 __を持つ　　合 __的な　　関 主婦

313 きょうりょく　ガ協力スル
cooperation ／协助, 合作／협력／cộng tác

・家族で**協力**して祖母の介護をした。　　・「アンケート調査にご**協力**ください」
・友だちと**協力**して公園のごみ拾いをした。
　連 ニ __を求める　　合 __的な

314 かんしゃ　　　ニ＋ヲ感謝スル
gratitude, thank ／感谢／감사／cảm tạ

・アドバイスしてくれた先輩に、とても**感謝**している。
　連 深く __する

315 (お)れい　　　(お)礼
token of gratitude/ appreciation ／谢意, 谢礼／사례, 감사의 선물／cảm ơn

・お世話になった方に**お礼**をした。　　・入学祝いの**お礼**にお菓子を送った。
　連 お __をする、(お)__を言う

316 (お)わび　　　(お)詫び
apology ／道歉／사죄／xin lỗi

・迷惑をかけた人に**おわび**をした。　　・**おわび**の言葉を言う。
　連 お __をする、(お)__を言う　　動 ニ＋ヲわびる

317 おじぎ　　　　ガお辞儀スル
bow ／行礼, 鞠躬／절／cúi chào

・「お客様にはていねいに**おじぎ**をしましょう」
　連 {軽く／深く／ていねいに} __する

318	**あくしゅ**	ガ握手スル	handshake ／握手／악수／bắt tay

・コンサートで歌手と**握手**した。
<small>か しゅ・あくしゅ</small>

319	**いじわる**	ガ意地悪スル／ナ	spite ／捉弄, 坏心眼儿／심술궂음／trêu trọc, xấu tính

・好きな子にはつい**いじわる**してしまう。　・**いじわる**な人

320	**いたずら**	ガいたずらスル／ナ	prank, mischief ／淘气, 恶作剧／장난／nghịch ngợm

・**いたずら**をして、先生に怒られた。　・**いたずら**な子ども
<small>おこ</small>

321	**せつやく**	ヲ節約スル	saving (money, electricity, etc.) ／节约／절약／tiết kiệm, tẳn tiện

・生活費の**節約**　・電気や水を**節約する**。
<small>せいかつ ひ　せつやく　　　　　　　　　　　せつやく</small>
対 ヲ浪費スル　　類 ヲ倹約スル
<small>ろう ひ　　　　　　けんやく</small>

322	**けいえい**	ヲ経営スル	management ／经营／경영／kinh doanh

・父はスーパーを**経営**している。
<small>ちち　　　　　　　　　けいえい</small>
合__者
<small>しゃ</small>

323	**はんせい**	ヲ反省スル	reflection, remorse ／反省／반성／tự kiểm điểm

・１日の**反省**を日記に書く。
<small>にち　はんせい　にっき</small>

・「あなたのせいで、みんな迷惑したんですよ。少しは**反省し**なさい」
<small>めいわく　　　　　　　すこ　　　　はんせい</small>

324	**じっこう**	ヲ実行スル	implementation, practice ／执行, 实践／실행／thực hiện

・この計画は**実行**が難しい。　・作戦を**実行する**。
<small>けいかく　じっこう　むずか　　　　さくせん　じっこう</small>
合__力
<small>りょく</small>

325	**しんぽ**	ガ進歩スル	progress ／进步／진보／tiến bộ

・英語を勉強しているが、**進歩**がない。　・科学技術が**進歩する**。
<small>えい ご　べんきょう　　　　　　　しん ぽ　　　　　か がく ぎ じゅつ　　しん ぽ</small>
連__がある⇔ない、__が速い⇔遅い　　合__的な（・**進歩的な**考え）
<small>　　　　　　　　　　　はや　　おそ　　　　　　しん ぽ てき　かんが　　</small>

326	**へんか**	ガ変化スル	change ／变化／변화／thay đổi

・大きな**変化**　・社会が**変化する**。　・固体が液体に**変化する**。
<small>へん か　　　　しゃかい　へん か　　　　こ たい　えきたい・へん か</small>
連__がある⇔ない、__が起きる　　関 ガ変わる
<small>　　　　　　　　　　　　お　　　　　　　　　か</small>

---

26

327 **はったつ** ガ**発達**スル   development ／发育; 发达; 发展变大／발달／phát triển, lớn mạnh lên

① ・体や心が発達する。
   類 ガ発育スル
② ・文明が発達する。
   類 ガ発展スル
③ ・発達した台風が近づいている。

---

328 **たいりょく** **体力**   physical strength ／体力／체력／thể lực

・若者の体力が低下している。   ・「たくさん食べて、体力をつけてください」
   連 __がある⇔ない、__がつく・__をつける、__が落ちる、__が向上する⇔低下する
   関 気力、精神力

---

329 **しゅつじょう** ガ**出場**スル   participation (in athletic event) ／出场, 参加 (比赛)／출장／tham dự

・オリンピックへの出場が決まった。   ・全国大会に出場する。
   合 __者   関 ガ出る

---

330 **かつやく** ガ**活躍**スル   activity ／活跃／활약／đạt kết quả tốt

・田中選手の活躍を期待する。   ・友だちは運動会で大活躍した。
   合 ガ大__スル

---

331 **きょうそう** ガ**競争**スル   competition ／竞争／경쟁／cạnh tranh, ganh đua

・どちらがいい成績を取るか、友だちと競争した。
   連 __がきびしい、__が激しい   合 __率 （・あの大学は競争率が高い。）

---

332 **おうえん** ヲ**応援**スル   cheering, support ／支援; 声援／응원／cổ vũ

・自分の学校のチームを応援する。   合 __団

---

333 **はくしゅ** ガ**拍手**スル   applause ／拍手／박수／vỗ tay

・ステージの歌手に拍手をする。   ・ゲストを拍手で迎える。
   連 ニ__を送る、大きな__、盛んな__

---

334 **にんき** **人気**   popularity ／有人缘, 受欢迎, 博得好评／인기／được hâm mộ

・彼はクラスで一番人気がある。   ・新しいゲーム機が人気だ。   ・人気の映画を見る。
   連 __がある⇔ない、__が上がる⇔下がる、__が出る、__がなくなる、__が落ちる、__が高い、
     __を集める、__を呼ぶ   合 大__、__者

---

335 **うわさ**　　　ヲうわさスル　　　rumor／谈论, 流言／소문／lời đồn đại

・クラスメートの**うわさ**をしていたら、そこに本人が現れた。
・消費税が上がるという**うわさ**がある。
連　＿＿がある、＿＿が流れる・＿＿を流す、＿＿が立つ・＿＿を立てる

336 **じょうほう**　情報　　　information／信息, 资讯／정보／thông tin

・テレビからいろいろな**情報**を得る。
連　＿＿を得る、＿＿が入る、＿＿が流れる・＿＿を流す、＿＿を交換する
合　＿＿(化)社会、＿＿交換、＿＿源

337 **こうかん**　　　ヲ交換スル　　　exchange; replacement／交换; 更换／교환／trao đổi, thay

①・{プレゼント／名刺／情報／意見…}を**交換する**。
類　ヲやり取りスル☞671
②・時計の電池が切れたので**交換した**。
類　ヲ取り換える

338 **りゅうこう**　　　ガ流行スル　　　fashion, fad, spread (of disease)／流行; 蔓延／유행／lưu hành, lây lan

①・新しい**流行**　・**流行**の服　・若者の間でブログが**流行**している。
連　＿＿を取り入れる、＿＿を追う　　合　＿＿語、＿＿遅れ　　類　はやり、ブーム
②・インフルエンザが**流行する**。
合　①②ガ大＿＿スル　　関　①②がはやる☞172

339 **せんでん**　　　ヲ宣伝スル　　　publicity／宣传／선전／tuyên truyền

・バーゲンセールの**宣伝**が始まった。　・新商品をテレビで**宣伝する**。
連　＿＿が流れる・＿＿を流す　　関　広告、コマーシャル／CM、ダイレクトメール／DM

340 **こうこく**　広告　　　advertisement／广告／광고／quảng cáo

・{新聞／雑誌}に新製品の**広告**がのっていた。
連　＿＿が出る・＿＿を出す、＿＿が載る・＿＿を載せる　　関　宣伝、コマーシャル／CM

341 **ちゅうもく**　　　ガ／ヲ注目スル　　　attention／注目, 关注／주목／chú ý

・有名歌手の結婚が**注目**を集めている。　・新しいファッションに**注目する**。
連　＿＿を集める、＿＿を浴びる

27

342 **つうやく**　ヲ通訳スル　　interpretation, interpreter ／口语翻译; 翻译, 口译者／통역／thông dịch

① ・英語を日本語に**通訳する**。
　関 ヲ翻訳スル、ヲ訳す ☞ 467
② ・国際会議の**通訳**になる。　　・首相の**通訳**をつとめる。

---

343 **ほんやく**　ヲ翻訳スル　　translation ／翻译／번역／phiên dịch

・日本語の小説を英語に**翻訳する**。
・{○**翻訳者**／○**翻訳家**／×**翻訳**}になる。
　合 __者、__家　　関 ヲ通訳スル、ヲ訳す ☞ 467

---

344 **でんごん**　ニ+ヲ伝言スル　　message ／口信, 留言／전언／lời nhắn, thông điệp

・留守番電話に**伝言**を残す。　　・欠席した人に**伝言する**。
・かぜで欠席したら、先生から**伝言**があった。
　連 カラ+ニ__がある、__を残す

---

345 **ほうこく**　ニ+ヲ報告スル　　report ／报告／보고／báo cáo

・出張の**報告**　　・**報告**をまとめる。　　・学校に試合の結果を**報告する**。
　合 __書

---

346 **ろくが**　ヲ録画スル　　recording (a video) ／录像／녹화／ghi hình

・テレビ番組をビデオに**録画する**。
　合 __放送　　関 ヲ録音スル、ビデオ(デッキ)、DVD

---

347 **こんざつ**　ガ混雑スル　　crowd ／混乱, 拥挤／혼잡／hỗn độn

・デパートは、大勢の人で**混雑している**。
　関 ガ混む⇔ガすく ☞ 177、ガ渋滞スル

---

348 **じゅうたい**　ガ渋滞スル　　congestion ／交通堵塞, 堵车／정체／tắc đường

・道路が**渋滞していて**、会議に遅刻した。
　合 交通__　　関 ガ混む⇔ガすく ☞ 177、ガ混雑スル

---

349 **しょうとつ**　ガ衝突スル　　collision, conflict ／撞上; 冲突, 争吵／충돌／đâm, va chạm, xung đột

① ・電車の**衝突**の場面を見た。　　・バスがトラックと**衝突した**。
・車がへいに**衝突した**。
② ・クラスで意見の**衝突**がある。　　・部長と課長が**衝突して**、周囲が困っている。
　関 ①②ガぶつかる ☞ 185

350 **ひがい** 被害　　　damage／受害, 受灾／피해／thiệt hại

・台風の**被害**　・地震で大きな**被害**が出る。

連 ＿が大きい⇔小さい、＿を受ける⇔与える、＿にあう、＿が出る

---

351 **じこ** 事故　　　accident／事故／사고／tai nạn, sự cố

・**事故**の原因を調べる。

連 ＿が起きる・＿を起こす、＿にあう、＿が発生する　　合 交通＿

---

352 **じけん** 事件　　　incident, event／事件, 案件／사건／vụ án

・近所で子どもが次々といなくなるという**事件**があった。

連 ＿が起きる・＿を起こす、＿が発生する、＿を解決する

合 「名詞」＋事件（・殺人**事件**、盗難**事件**）

---

353 **こしょう** ガ故障スル　　　malfunction, breakdown／故障, 出毛病／고장／hỏng, trục trặc

・洗たく機が**故障**したので、コインランドリーへ行った。

関 ガ壊れる、ヲ修理スル、ヲ直す☞161

---

354 **しゅうり** ヲ修理スル　　　repair／修理／수리／sửa chữa

・パソコンがこわれたので、**修理**に出した。　　・父にエアコンを**修理**してもらった。

連 ヲ＿に出す　　関 ヲ直す☞161、ガ故障スル

---

355 **ていでん** ガ停電スル　　　blackout／停电／정전／mất điện

・雷が落ちて**停電**した。

---

356 **ちょうし** 調子　　　condition; tone／情况, 样子; 势头, 劲头; 语调, 口气／컨디션, 진행 상태, 어조／trạng thái, giọng điệu

① ・{体／機械…}の**調子**がいい。　　・あの選手は最近**調子**がいい。

連 ＿がいい⇔悪い、＿がくずれる・＿をくずす、＿が上がる⇔下がる・＿を上げる⇔下げる

関 好調ナ⇔不調ナ、体調

② ・仕事に慣れて**調子**が上がってきた。

連 ＿が上がる⇔下がる

③ ・強い**調子**で話す。

28

357 きんちょう ガ緊張スル — tension ／紧张／긴장／căng thẳng

・面接では**緊張して**、うまく答えられなかった。
・試合の前なので、みんな{○**緊張している**／×**緊張だ**}。
連 __がとける、__が高まる、__がゆるむ

358 じしん 自信 — confidence ／自信／자신／tự tin

・体力に**自信**がある。
・「この成績ならだいじょうぶですよ。もっと**自信**を持ってください」
連 __がある⇔ない、__を持つ、__がなくなる・__をなくす、__を失う、__がつく・__をつける

359 じまん ヲ自慢スル — pride, boast ／引以为豪, 炫耀／자랑／đắc ý, hãnh diện

・**自慢**の料理を作る。　・母親は皆に有名大学に入った息子を**自慢している**。
・私は体がじょうぶなのが**自慢**だ。
合 __話

360 かんしん ガ感心スル／ナ — admiration; praiseworthy ／佩服; 让人赞叹／감탄, 기특함／mến phục, đáng khen

①・チンさんの進歩の速さに**感心した**。
②・太郎君はよく親の手伝いをする、**感心な**子どもだ。

361 かんどう ガ感動スル — feeling moved, being touched ／感动／감동／cảm động

・パラリンピックを見て、とても{**感動した**／**感動させられた**}。
・私はピカソの絵に**感動し**、自分も画家になりたいと思った。
連 ニ__を与える、深く__する　合 __的な

362 こうふん ガ興奮スル — excitement ／兴奋, 激动／흥분／phấn khích

・試合を見ていた観客たちは、**興奮して**大声を出した。

363 かんそう 感想 — impression, feeling ／感想／감상／cảm tưởng

・「ご**感想**はいかがですか」「すばらしかったです」
連 __を述べる

364 よそう　　　ヲ予想スル　　　forecast／预测, 预料／예상／dự đoán

・選挙の結果を予想する。

連 ＿が当たる⇔外れる、＿を立てる、＿をうらぎる　　合 ＿どおり、＿外

類 ヲ予測スル

365 せんもん　　　専門　　　specialty／专业／전문／chuyên môn

・専門は言語学です。

合 ＿家、＿知識、＿分野、＿的な

366 けんきゅう　　　ヲ研究スル　　　research, study／研究／연구／nghiên cứu

・私は大学で日本の政治を研究している。

合 ＿者、＿所、＿会

367 ちょうさ　　　ヲ調査スル　　　investigation, survey／调查／조사／điều tra

・調査を行う。　　・学生の希望を調査する。

合 「名詞」＋調査（・アンケート調査）

368 げんいん　　　原因　　　cause／原因／원인／nguyên nhân

・今、警察が事故の原因を調べている。

合 ＿不明　　対 結果　　関 理由

369 けっか　　　結果　　　result／结果; 结局／결과／kết quả

①・1位になりたかったが、結果は3位だった。

②・経済の悪化が原因で、多くの会社が倒産する結果になった。

　　対 原因

③・努力した結果、初めはできなかったことが、できるようになった。

370 かいけつ　　　ガ／ヲ解決スル　　　solution／解决／해결／giải quyết

・大きな問題が解決した。

・トラブルを解決する。

I （　）に助詞を書きなさい。

1. 大学では高木先生（　）大変お世話（　）なった。
2. 優勝したチーム（　）拍手（　）送った。
3. こわれた自転車を修理（　）出す。
4. お見舞いのお礼（　）手紙を書いた。
5. スポーツ大会（　）活躍する。
6. スピーチ大会（　）出場する。
7. 中国語を日本語（　）通訳する。
8. アンケート調査（　）行う。
9. 新入社員が上司（　）出張（　）報告をした。
10. パーティーで知り合った人（　）名刺（　）交換した。
11. バイクがへい（　）衝突した。

II 「する」がつくことばに○をつけなさい。

おじぎ　　いじわる　　いたずら　　渋滞　　解決　　感謝　　感心　　原因　　興奮

混雑　　専門　　応援　　人気　　録画　　自信　　実行　　経営　　研究

III 正しいことばを〔　　〕の中から一つえらびなさい。

1. 体力を〔 あがる　つける　のぼる 〕。
2. 予想を〔 起こす　立てる　作る 〕。
3. 広告を〔 出す　つける　流れる 〕。
4. 事故が〔 あう　起きる　出す 〕。
5. 情報が〔 える　入る　もらう 〕。
6. うわさを〔 ある　立つ　流す 〕。
7. 注目を〔 集まる　浴びる　もらう 〕。
8. 競争が〔 きびしい　大きい　強い 〕。
9. 被害が〔 大きい　高い　広い 〕。
10. 進歩が〔 いい　高い　速い 〕。
11. 人気が〔 大きい　高い　深い 〕。
12. 調子が〔 いい　大きい　高い 〕。

Ⅳ （　）に下からえらんだ語を書いて、一つのことばにしなさい。

1．競争（　　　）　2．自慢（　　　）　3．流行（　　　　）　4．予想（　　　　）
5．翻訳（　　　）　6．情報（　　　）

家　外　源　語　話　率

Ⅴ 意味が近いことばを、下からえらんで書きなさい。

1．節約する（　　　　　　　　）　2．発達する（　　　　　　　　　）
3．交換する（　　　　　　　　）　4．変化する（　　　　　　　　　）
5．修理する（　　　　　　　　）　6．予想する（　　　　　　　　　）

かわる　　けんやくする　　なおす　　はってんする
やりとりする　　よそくする

Ⅵ （　　　）に入ることばを下からえらんで書きなさい。

1．迷惑をかけた相手に（　　　　　　　　）の品を送った。
2．新しい商品をテレビで（　　　　　　　　）する。
3．久しぶりに会った友だちと両手で（　　　　　　　　　）をした。
4．週末に見た映画の（　　　　　　　　）を述べた。
5．「アンケートにご（　　　　　　　　）をお願いします」
6．大事な試合の前なので（　　　　　　　　）している。
7．選挙の（　　　　　　　　）が発表された。○○党の勝利だった。
8．雷が落ちて（　　　　　　　）したので、真っ暗になった。
9．結婚してあたたかい（　　　　　　　　）をつくりたい。
10．家の近所で殺人（　　　　　　　）があった。
11．パソコンが（　　　　　　　　）して使えなくなった。
12．悪いことをしてしまい、心から（　　　　　　　　）している。

あくしゅ　　おわび　　かてい　　かんそう　　きょうりょく　　きんちょう
こしょう　　けっか　　じけん　　せんでん　　ていでん　　はんせい

29

371 かくにん　ヲ確認スル　　confirmation ／确认 ／확인 ／kiểm tra, xác nhận

・まちがいがないかどうか(を)**確認**する。
関 ヲ確かめる☞464

372 りよう　ヲ利用スル　　use, exploitation ／使用; 利用; 滥用 ／이용 ／dùng, lợi dụng

①・水不足なので、水道の**利用**を減らした。　・通学に電車を**利用**する。
合 ＿者、＿料(金)、＿量、＿法　　類 ヲ使用スル
②・トウモロコシは燃料にも**利用**される。
合 再＿　　類 ヲ活用スル
③・人をだまして**利用**する。　・地位を**利用**して金もうけをする。

373 りかい　ヲ理解スル　　understanding ／理解; 体谅, 谅解 ／이해 ／hiểu

①・意味の**理解**　・内容を深く**理解**する。
連 ＿が速い⇔遅い、＿が深い　　合 ＿力、＿不足
②・私の上司は、部下に**理解**があるので働きやすい。
・小さい子どもがいる女性が働くには周囲の**理解**が必要だ。
連 ニ＿がある、＿が深い、ニ＿を求める　　合 ＿者、＿不足

374 はっけん　ヲ発見スル　　discovery ／发现 ／발견 ／phát hiện

・大きな**発見**　・新しい種類の動物を**発見**した。
合 新＿、大＿

375 はつめい　ヲ発明スル　　invention ／发明 ／발명 ／phát minh

・ベルは電話を**発明**した。
合 新＿、大＿、＿家

376 かんけい　ガ関係スル　　relationship ／关系; 关联, 联系; 相关的 ／관계, 관련 ／quan hệ

①・「お二人の**関係**は」「{親子／兄弟…}です」
・あの二人は先輩・後輩の**関係**だ。
②・あの人がどうなっても、私{に／と}は**関係**(が)ない。
・部長は不正事件に**関係**して、会社を辞めさせられた。
連 ＿がある⇔ない　　合 ＿者
③・「ご職業は」「建設**関係**の仕事をしています」
合 ［名詞］＋関係

80

377 **だんたい** 　団体　　　　　group／团体／단체／đoàn thể, nhóm

・博物館で団体のチケットを買う。

合 __旅行、__割引、__行動、政治__、宗教__　　対個人

---

378 **せんきょ** 　選挙　　　　　election／选举／선거／bầu cử

・１月に選挙が行われる。　・選挙で市長を選ぶ。　・「あした、役員の選挙をします」

連 __をする　　合 __運動、__権、直接__⇔間接__

---

379 **ぜいきん** 　税金　　　　　tax／税, 税款／세금／thuế

・年度末に税金を払う。

連 __を納める、ニ__がかかる・ニ__をかける

関 消費税、所得税、関税、ガ／ヲ増税スル⇔ガ／ヲ減税スル、ガ／ヲ脱税スル

---

380 **せきにん** 　責任　　　　　responsibility／责任／책임／trách nhiệm

・「この失敗はあなたの責任ではない」　・社長は倒産の責任をとって辞めた。

・事故の責任を追及する。

連 ニ__がある⇔ない、__をとる、__を持つ、__を果たす、__が重い⇔軽い、__を感じる

合 __者、無__な、__感（・責任感がある⇔ない　・責任感が強い⇔弱い）

---

381 **しょるい** 　書類　　　　　form, document／文件, 资料／서류／hồ sơ, tài liệu

・留学の手続きに必要な書類を準備する。　・会議の書類を作る。

合 重要__、__審査

---

382 **だいめい** 　題名　　　　　title／题目, 标题／제목, 타이틀／tiêu đề

・コンクールに出す作品に題名をつける。

連 ニ__をつける　　類 タイトル☞818

---

383 **じょうけん** 　条件　　　　　condition／前提, 条件／조건／điều kiện

・運転免許を持っていることが採用の条件だ。　・このアルバイトは条件がいい。

連 __がある⇔ない、__が合う、__がいい⇔悪い　　合 必要__

---

30

384 しめきり　　締め切り　　deadline ／期限, 截止时间／마감／kỳ hạn

・レポートの**しめ切**りは 30 日です。　・申し込みはあしたが**しめ切**りだ。

連 __が延びる・__を延ばす

動 ヲ締め切る（・「この講座の申し込みは、30 人で**しめ切**ります」）

---

385 きかん　　期間　　period ／期间／기간／giai đoạn

・{申し込み／休業／工事…}**期間**は 12 月 1 日から 3 日までです。

合 ［名詞］＋期間

---

386 ばい　　倍　　double, ~ times ／倍／배／gấp đôi, lần

① ・値段が**倍**になる。　・薬の量を**倍**にする。

② ・太陽の大きさは地球の約 100 **倍**だ。

合 ［数字］＋倍

---

387 くじ　　(drawing a) lot ／签, 抽奖／제비, 추첨／bốc thăm

・スーパーで買い物をして**くじ**をひいたら、テレビが当たった。

連 __{に／が}当たる⇔はずれる、__をひく　　関 宝__、__びき

---

388 ちかみち　　ガ近道スル　　shortcut ／近路, 近道／지름길, 빠르게 질러감／đường tắt

・駅への**近道**を通る。　・遅刻しそうなので、**近道する**。

対 ガ遠回りスル　　関 ガ回り道スル

---

389 ちゅうしん　　中心　　center ／中心／중심／trung tâm

・街の**中心**　・仕事**中心**の生活　・月は地球を**中心**に回っている。

合 __的な、__人物

---

390 あたり　　辺り　　surroundings, around ／周围, 左右; 大约, 左右／근처, 쯤／xung quanh, chỗ

① ・**あたり**を見回す。　・この**あたり**（＝このへん）は、10 年前までは林だった。

　・なんだか心臓の**あたり**が痛い。

② ・7 月の終わり**あたり**に旅行したい。

　・「きょうはこの**あたり**（＝このへん）で終わりにしましょう」

---

391 まわり　　　周り／回り　　　circumference, (things/people) around someone/something ／附近; 周围, 旁边／주변, 둘레, 근처／vòng quanh, xung quanh

① ・池の**周り**を歩く。　　・腰(の)**回り**を測る。
　　類 周囲

② ・駅の**周り**にはビルが多い。　　・**周り**の人と仲良くする。　　・**周り**をよく見る。
　　連 身の＿＿　　類 周囲、周辺

392 あな　　　穴　　　hole ／洞／구멍／cái lỗ／hố

・地面に**あな**を掘る。　　・かべに**あな**をあける。　　・**あな**のあいたくつしたを捨てる。
　連 ＿＿を掘る、＿＿が空く・＿＿を空ける

393 れつ　　　列　　　line, row ／队, 行列／줄, 열／hàng

・入り口の前には長い**列**ができていた。　　・タクシーの**列**　　・１**列**に並ぶ。
　連 ＿＿を作る　　合 [数字]＋列　　類 ガ行列スル

394 はば　　　幅　　　width, range ／宽度; 幅度; 收缩性, 灵活性／폭, 너비／khổ, mức độ, phạm vi

① ・道の**はば**が広い。　　・**はば**を広げる。
　　連 ＿＿が広い⇔狭い　　合 横＿＿、肩＿＿、道＿＿

② ・値上がりの**はば**が大きい。
　　連 ＿＿が大きい⇔小さい

③ ・交際の**はば**が広い。
　　連 ＿＿が広い⇔狭い　　合 ＿＿広い　　類 範囲

395 はんい　　　範囲　　　scope, extent ／范围／범위／phạm vi

・試験の**範囲**　　・A社の携帯電話は、電波の届く**範囲**が広い。
・彼女は趣味の**範囲**が広い。　　・「わかる**範囲**で答えてください」
　連 ＿＿が広い⇔狭い、＿＿に入る⇔入らない、＿＿を超える
　合 広＿＿、＿＿内⇔＿＿外、交際＿＿、活動＿＿、行動＿＿

396 ないよう　　　内容　　　content ／内容／내용／nội dung

・{話／授業／本／ニュース…}の**内容**
・このレポートは**内容**はよいが、形式は少し直したほうがいい。
　連 ＿＿がある⇔ない、＿＿が濃い　　対 形式　　類 中身☞397

83

31

397 なかみ　中身 contents; gist ／里面的东西; 内容／내용물, 내용／phần bên trong, nội dung

① ・箱を開けて**中身**を見る。
② ・話の**中身**が理解できない。
　連 __がある⇔ない、__が濃い⇔薄い　　類内容☞ 396

398 とくちょう　特徴 feature, distinctiveness ／特征／특징／đặc điểm, đặc trưng

・商品の**特徴**を確かめる。　・彼女は**特徴**のある顔をしている。
　連 __がある⇔ない　合 __的な　類特色

399 ふつう　普通 ordinary, normal ／一般; 普通／보통, 대개／thông thường, bình thường

① ・パスポートの申請には１週間ぐらいかかるのが**ふつう**だ。
　副 ふつう（・私は**ふつう**、朝食にはパンを食べる。　・**ふつう**(は)、会社員は昼間に働く。)
② 「田中さんって、ちょっと変じゃない？」「そう？　**ふつう**の人だと思うけど」

400 あたりまえ　当たり前 natural ／当然, 应该, 理所应当／당연함／hiển nhiên

・そんなひどいことをされたら、怒るのが**あたりまえ**だ。
　類当然☞ 287

401 にせ　偽 fake ／假, 假冒／가짜, 모조／giả

・**にせ**(の)銀行員にだまされてお金を取られた。
　合 __物、__者、__札　関本物

402 べつ　別 difference, distinction ／不同, 有区别; 分开, 分别／다름, 별도, 별／khác

① ・「米」は「ごはん」とは**別**(の)ものだ。
　・恋愛と結婚は**別**だ。　・**別**の意見を述べる。
　合 __人、__物
② ・欠席者には**別**に連絡する。　・男性と女性を**別**に調査する。
　連 ヲ__にする　合性__、年齢__、国__　類別々

403 こくせき　国籍 nationality ／国籍／국적／quốc tịch

・私はずっとアメリカで暮らしているが、**国籍**は日本だ。
　連 __を取る

404	とうよう	東洋	the East, the Orient /亚洲, 东方/동양/phương Đông
405	せいよう	西洋	the West, the Occident /欧美, 西方/서양/phương Tây

・東洋の文化と西洋の文化を比べる。

合 __人、__風、__文化、__料理　　関 アジア、欧米

406	こくさい	国際	international /国际/국제/quốc tế

・日本企業の海外支社でのトラブルが国際問題に発展した。

合 __連合(→国連)、__結婚、__交流、__問題、__的な☞588、ガ/ヲ__化スル、
__性(・国際性豊かな学校)

407	しぜん	自然	nature /大自然; 自然; 当然/자연, 자연스러움/thiên nhiên, tự nhiên

① ・山や海へ行って、自然の中で過ごす。

　合 __環境、__保護　　対 人工

② [ナ形 自然な]・好きな人といっしょにいたいと思うのは、自然なことだ。

　対 不自然な

③ [自然に／と]・意地が悪い人は、自然{に／と}、友だちが少なくなる。

408	けしき	景色	scenery /景色/경치/phong cảnh

・初めて日本の山に行った。すばらしい景色だった。

類 風景　　関 光景

409	しゅうきょう 宗教	religion /宗教/종교/tôn giáo

・世界にはいろいろな宗教がある。

関 イスラム教、キリスト教、仏教、ユダヤ教、ヲ信じる☞740 ④

410	あい	ヲ愛スル	love /爱/사랑/yêu, tình yêu

・私は{家族／自然／国…}を愛している。　・神への愛

合 __情、__読書、__国心　　対 憎しみ　　関 ヲ憎む

I （　）に助詞を書きなさい。

1. 試験の手続き（　）必要な書類（　）準備する。
2. 地球は太陽（　）中心（　）まわっている。
3. 植物を燃料（　）利用する。
4. 駅（　）の近道（　）通る。
5. レポートのしめ切り（　）延びてよかった。
6. 私はあの事件（　／　）は関係ない。

II 「する」がつくことばに○をつけなさい。

愛　中心　確認　国際　国籍　発見　景色　特徴　普通

III 正しいことばを〔　〕の中から一つえらびなさい。

1. 理解が〔　長い　広い　深い　〕。
2. 幅が〔　長い　広い　深い　〕。
3. 中身が〔　こい　長い　深い　〕。
4. 税金が〔　かかる　かける　おさめる　〕。
5. 責任を〔　入れる　する　とる　〕。
6. くじを〔　足す　とる　ひく　〕。
7. あなを〔　あく　作る　ほる　〕。
8. 列を〔　する　作る　並べる　〕。
9. 題名を〔　おく　つける　はる　〕。

IV （　）に下からえらんだ語を書いて、一つのことばにしなさい。

1. 発明（　）　2. にせ（　）　3. 責任（　）
4. 選挙（　）　5. 国際（　）　6. 別（　）

人　家　権　感　化　札

V 「がある⇔がない」といっしょに使えることばに○をつけなさい。

関係　まわり　国際　責任　条件　確認　中身　特徴

VI 反対の意味の言葉を書きなさい。

1. 愛する ⇔ (   )　　　2. 西洋 ⇔ (   )
3. 団体 ⇔ (   )　　　4. 自然 ⇔ (   )
5. 内容 ⇔ (   )

VII 意味が近いことばを、下からえらんで書きなさい。

1. 景色 (   )　　2. 特徴 (   )　　3. 利用 (   )
4. まわり (   )　　5. あたりまえ (   )

> しよう　　とうぜん　　とくしょく　　ふうけい　　しゅうい

VIII (   ) に入ることばを下からえらんで書きなさい。

1. バーゲンの (   ) は 8 月 10 日から 15 日までです。
2. この (   ) は、以前は森だった。
3. こまっている人を助けるのは、(   ) のことだ。
4. チケットを (   ) で買うと、安くなる。
5. どんな (   ) を信じるかは個人の自由だ。
6. 試験の (   ) は 35 ページから 60 ページまでです。
7. 子どものころ、(   ) の国にあこがれていた。
8. クリスマスの夜は、レストランの料金が (   ) になります。

> あたり　　あたりまえ　　きかん　　しゅうきょう
> せいよう　　だんたい　　ばい　　はんい

Ⅰ （ ）に入れるのに最もよいものを、a・b・c・dから一つえらびなさい。

1．親の手伝いをよくする子どもを見て、（ ）した。
　　a　感想　　　　　b　予想　　　　　c　感心　　　　　d　興奮

2．警察が事故の原因を（ ）しているが、まだわからないことが多い。
　　a　研究　　　　　b　確認　　　　　c　理解　　　　　d　調査

3．スポーツ選手の筋肉は（ ）している。
　　a　発達　　　　　b　発展　　　　　c　発生　　　　　d　発想

4．（ ）の日は朝6時に起きている。
　　a　普通　　　　　b　当然　　　　　c　あたりまえ　　　d　もちろん

5．年末（ ）に選挙があるだろう。
　　a　まわり　　　　b　あたり　　　　c　へん　　　　　d　おわり

6．新聞記者が、他社の記者と事件の（ ）を交換している。
　　a　うわさ　　　　b　情報　　　　　c　広告　　　　　d　宣伝

7．「期末試験の（ ）がどこか、教えてください」
　　a　内容　　　　　b　幅　　　　　　c　範囲　　　　　d　中身

8．パスポートの写真と本人を比べると、まるで（ ）人だ。
　　a　別　　　　　　b　にせ　　　　　c　国際　　　　　d　西洋

9．この国は（ ）が高い。
　　a　税金　　　　　b　増税　　　　　c　減税　　　　　d　脱税

10．病院へ行ってから、足の（ ）がよくなった。
　　a　体調　　　　　b　好調　　　　　c　不調　　　　　d　調子

Ⅱ ＿＿＿に意味が最も近いものを、a・b・c・dから一つえらびなさい。

1．迷惑をかけた相手におわびをした。
　　a　おれいをした　　b　あやまった　　c　よろこんだ　　d　おじぎをした

2．インフルエンザが流行している。
　　a　行って　　　　　b　行って　　　　c　流れて　　　　d　はやって

3．英語を日本語に通訳する。
　　a　訳す　　　　　b　通す　　　　　c　訳する　　　　d　通じる

4．試合の前は、とても緊張した。
　　a　きびしくなった　b　おもくなった　c　かたくなった　d　つよくなった

5．<ruby>西洋<rt>せいよう</rt></ruby>の文化に興味がある。

a　外国　　　　　b　海外　　　　　c　国際　　　　d　<ruby>欧米<rt>おうべい</rt></ruby>

Ⅲ　つぎのことばの言い方として最もよいものを、一つえらびなさい。

1．発明

a　いなくなった子どもが<u>発明</u>された。

b　3,000 年前の動物の<ruby>骨<rt>ほね</rt></ruby>が<u>発明</u>された。

c　新しい星が<u>発明</u>された。

d　これは 20 世紀に<u>発明</u>された<ruby>通信技術<rt>つうしんぎじゅつ</rt></ruby>だ。

2．渋滞

a　レストランが<u>渋滞</u>しているので、入れそうもない。

b　映画館が<u>渋滞</u>するのは、夜の 6 時からだ。

c　高速道路が<u>渋滞</u>しているので、新幹線に乗ったほうがいい。

d　電車が<u>渋滞</u>しているときは、バスで行くことにしている。

3．自信

a　私は健康に<u>自信</u>がある。

b　この料理は私の<u>自信</u>だ。

c　彼は買ったばかりのさいふに<u>自信</u>を持っている。

d　彼女はいつも<ruby>息子<rt>むすこ</rt></ruby>のことを<u>自信</u>している。

4．応援

a　きのうはクラスメートの宿題を<u>応援</u>した。

b　友人のいるチームを<u>応援</u>したが、負けてしまった。

c　<ruby>同僚<rt>どうりょう</rt></ruby>の<ruby>残業<rt>ざんぎょう</rt></ruby>を<u>応援</u>した人が、社長にほめられた。

d　お年寄りが荷物を持つのを<u>応援</u>した。

5．解決

a　テストの問題はとても難しかったが、<u>解決</u>した。

b　アンケートの質問に<u>解決</u>して、プレゼントをもらった。

c　電気店へパソコンを持って行って、<ruby>故障<rt>こしょう</rt></ruby>を<u>解決</u>してもらった。

d　クラスでずっと話し合っていた問題が<u>解決</u>した。

Unit 05 動詞 B

411 〜 510

レベル ★ ★ ☆

🔊 32

411 とどく ガ届く
be delivered; reach ／寄到; 够得着／도착하다, 닿다／được gửi đến

① ・父から手紙が**届いた**。
② ・本棚の上のほうに手が**届かない**。

412 とどける ヲ届ける
deliver; notify ／寄, 送; 报告, 申报／보내다, 신고하다／gửi đến

① ・隣の家に旅行のおみやげを**届けた**。
② ・「住所が変わった場合は、すぐに学校に**届けて**ください」

名 届け→ニ＿＿を出す

413 かく ヲかく
scratch; emit (sweat/snores); suffer (humiliation) ／搔, 挠; 出 (汗) , 打 (呼噜) , 丢 (脸) ／긁다, 흘리다, 골다, 당하다／gãi, đổ (mồ hôi), bị (xấu hổ)

① ・頭を**かく**。　・かゆいところを**かいたら**血が出てきた。
② ・{あせ／いびき…}を**かく**。
③ ・はじを**かく**。

414 つかむ ヲつかむ
grab; grasp (opportunity, meaning, etc.); acquire (riches, etc.) ／抓住; 抓住 (机会) ／붙잡다, 손에 넣다, 파악하다／nắm lấy, giành được

① ・電車で突然腕を**つかまれて**びっくりした。
② ・コンテストで優勝して、歌手になるチャンスを**つかんだ**。
　・宝くじが当たって、大金を**つかんだ**。
　・この文章は難しくて、意味が**つかみ**にくい。

415 にぎる ヲ握る
grip, squeeze (one's hands) ／握住; 握／잡다, 쥐다／cầm, nắm

① ・子どもはこわがって母親の手を強く**にぎった**。
　・母はカラオケが大好きで、マイクを**にぎる**と離さない。
　関 にぎり(ずし)、おにぎり
② ・赤ちゃんがベッドの上で、手を**にぎったり**開いたりしている。

416 おさえる ヲ押さえる
put one's hands on ~; hold open ／按, 捂／누르다, 붙잡다／đè, ấn

・あの人はおなかを**押さえて**座っている。腹痛だろうか。
・後ろの人のために ドアを**押さえて**待った。

417 **ちかづく**　　ガ近づく　　approach ／接近; 临近／접근하다, 다가오다／tiếp cận, đến gần

① ・目的地{が／に}近づいてきた。　・台風が日本列島に近づく。

② ・春休みが近づいてきた。　・帰国の日が近づき、忙しい。

418 **ちかづける**　　ヲ近づける　　move (something) nearer ／接近, 靠近／가까이 대다, 접근시키다／chuyển đến gần

・車を道のわきに近づける。　・絵に顔を近づけてよく見る。

419 **あう**　　ガ合う　　(eyes) meet; coincide; match; suit; (calculation) is correct ／碰上; 合得来; 相配; 一致／맞다, 어울리다／bắt gặp, phù hợp, khớp

① ・ふと顔を上げると、先生と目が合ってしまった。

② ・彼女とは{意見／話／趣味／気…}が合わない。

③ ・このスーツに合うネクタイがほしい。

　・「お口に合わないかもしれませんが、どうぞめし上がってください」

④ ・何度やり直しても計算が合わない。

420 **あわせる**　　ヲ合わせる　　combine; adapt to; match with; set (a clock) ／和在一起; 使……合得来; 使……相配; 使……一致／모으다, 맞추다／hợp, điều chỉnh

① ・みんなで力を合わせてがんばりましょう。　・手を合わせて祈る。

② ・中年の私には、若い学生たち{と／に}話を合わせるのは難しい。
　合 答え合わせ

③ ・新しいスーツに合わせてくつとバッグも買った。
　合 組み合わせ

④ ・テレビを見て時計の時間を合わせた。

421 **あたる**　　ガ当たる　　be hit; prove true; win (a lottery); (sunlight) falls upon; go up against ／砸在, 撞到; 中奖; （光）照, 晒; 遇上／부딪히다, 맞다, 당첨되다, 들다／trúng, chiếu vào, gặp phải

① ・ボールが当たって窓ガラスが割れた。

② ・{天気予報／かん／宝くじ}が当たる。　・矢が的に当たる。
　対 がはずれる☞494　名 当たり→大＿＿

③ ・うちの南側に大きなビルが建ったので、日が当たらなくなった。

④ ・１回戦で去年の優勝チームと当たることになった。

422 **あてる**　　ヲ当てる　　hit with; get right; expose to; touch ／使……接触; 猜; 晒; 放／맞히다, 되다, 대다／đánh trúng, đoán, phơi, đặt lên

① ・相手選手のボールが速いので、ラケットに当てるのも大変だ。

② ・クイズの答えを当てる。
　対 ヲはずす☞495

③ ・洗たく物を日に当てて乾かす。

④ ・ひたいに手を当てて、熱がないかどうか確かめる。

33

423　くらべる　ヲ比べる　compare／比较／비교하다／so sánh
・東京と大阪の面積を**比べる**。　・去年{と／に}**比べ**て、10センチも背が伸びた。

424　にあう　ガ似合う　look good on, match／相称, 相配／어울리다／hợp
・彼女は着物がよく**似合う**。　・彼に**似合い**そうなネクタイをさがした。

425　にる　ガ似る　resemble／相像, 类似／닮다, 비슷하다／giống
・彼女は母親によく**似て**いる。　・彼女は弟とよく**似て**いる。
・英語と中国語の文法は少し**似て**いる。　・親子は声が**似る**ことが多い。

426　にせる　ヲ似せる　imitate／模仿, 学／흉내 내다, 모방하다／bắt chước
・アイドルに髪型を**似せる**。　・歌手に声を**似せ**て歌う。

427　わかれる　ガ分かれる　be divided／分开, 分歧／분리되다, 갈리다／phân chia, khác biệt
・トイレは、男性用と女性用に**分かれ**ている。
・クラスで二つのチームに**分かれ**てサッカーをした。
・喫煙については、人々の意見が**分かれ**ている。

428　わける　ヲ分ける　divide; push one's way through／分, 分开, 划开／나누다, 헤치다／phân chia, rẽ
・財産を3人の子どもに**分ける**。　・クラスでチームを二つに**分け**てサッカーをした。
・人ごみを**分け**て進む。

429　たす　ヲ足す　add／添加; 加／더 넣다, 더하다／thêm, cộng
①・味が薄かったので塩を**足した**。　・風呂の湯が少なくなったので、**足し**ておいた。
②・4に6を**たす**と10になる。　・4**たす**6は10だ。　☞コラム8「数字・計算」 p.65

430　ひく　ヲ引く　pull; lead; draw (a line); subtract; arouse (interest, etc.)／拉, 拉开; 划 (线) , 涂 (油等) ; 减; 感冒; 查 (词典) ; 引起 (兴趣)／당기다, 치다, 빼다, 찾다, 걸리다／kéo, dắt, kẻ, trừ, tra
①・「このドアは押すのではなく、**引い**て開けるんです」
　　対ヲ押す
②・カーテンを**引い**て寝る。　・子どもの手を**引い**て歩く。
③・レストランでウェイターがいすを**引い**てくれた。
④・わからない言葉に線を**引く**。　・フライパンに油を**引く**。
⑤・10から8を**ひく**と2になる。　・10**ひく**2は8だ。
　　　　☞コラム8「数字・計算」 p.65
⑥・{かぜ／辞書／興味…}を**ひく**。

431	ふえる	ガ増える	increase ／増加／늘다, 증가하다／tăng

・{貯金／体重／人口…}が増える。
　類 ガ増加する、ガ／ヲ増す　　対 ガ減る

432	ふやす	ヲ増やす	increase ／使……増加／늘리다, 불리다／tăng

・{貯金／体重／人口…}を増やす。
　類 ガ／ヲ増す　　対 ヲ減らす

433	へる	ガ減る	decrease ／減少／줄다／giảm

・{貯金／体重／人口…}が減る。
　類 ガ減少する　　対 ガ増える

434	へらす	ヲ減らす	decrease ／使……減少／줄이다／giảm

・{貯金／体重／人口…}を減らす。
　対 ヲ増やす

435	かわる	ガ／ヲ変わる	change ／変化／변하다, 바뀌다／thay đổi

自
・{季節／時代／場所／法律／性格…}が変わる。　　・信号が青から赤に変わった。

他
・「すみませんが、席をかわってくださいませんか」

436	かえる	ヲ変える	change ／改変, 変更／변경하다, 바꾸다／thay đổi

・{髪型／時間／場所／法律…}を変える。　　・今の人生を変えたい。
・彼女は最近髪の色を茶色から金色に変えた。

437	かわる	ガ／ヲ替わる／代わる／換わる	change, substitute ／代替, 更換／바뀌다, 대신하다／đổi, làm thay

自
・４月に店長がかわった。

他
・「ちょっと出かけてくるので、しばらく受付の仕事をかわってください」

438	かえる	ヲ替える／代える／換える	change, replace ／改成, 変更成／바꾸다, 갈다／đổi, thay

・千円札を百円玉にかえてもらった。　　・古くなった電球を新しいのとかえた。
　合 ヲ着＿（きがえる）、ヲはき＿、ヲ取り＿、ヲ乗り＿

439 **かえる**　　　ガ返る　　　return ／回; 归还／돌아오다／được trả lại

・友だちに貸したお金が**返って**きた。

440 **かえす**　　　ニ＋ヲ返す　　　return ／还给, 退还／돌려주다, 되돌리다／trả lại

・この本は２週間以内に図書館に**返さ**なければならない。

・使い終わったものはもとの場所に**返して**ください。

441 **ゆずる**　　　ニ＋ヲ譲る　　　give up (one's seat); let have; pass on ／让 (座) ; 让给, 转让／양보하다, 팔다, 물려주다／nhường, nhượng, để lại

① ・電車の中で、お年よりに席を**ゆずった**。

② ・帰国するので、家具を友だちに安く**ゆずった**。

③ ・財産を子どもに**ゆずる**。　・彼は社長の地位を息子に**ゆずって**、引退した。

442 **たすかる**　　　ガ助かる　　　survive; be helpful ／得救; 省力, 变轻松／살아나다, 도움이 되다／thoát nạn, giúp ích

① ・飛行機が落ちたが、３人が**助かった**。

② ・このへんは物価が安くてとても**助かる**。

・「その書類、コピーしましょうか」「ありがとう、**助かります**」

443 **たすける**　　　ヲ助ける　　　save (someone); help ／救助; 帮助, 帮忙／구하다, 돕다／cứu, giúp

① ・川に落ちた子どもを**助けた**。　・「だれか**助けて**ー」
　　類 ヲ救助する

② ・困っているとき、友だちが**助けて**くれた。

・お年よりがバスを降りるのを**助けて**あげた。

名①② 助け→＿を {呼ぶ／求める}

444 **いじめる**　　　ヲいじめる　　　bully ／欺负, 捉弄／괴롭히다／bắt nạt

・{弟／ネコ…}を**いじめる**。

　名 いじめ→＿がある⇔ない、弱いもの＿

445 **だます**　　　ヲだます　　　deceive ／欺骗, 哄骗／속이다／lừa gạt

・彼は「独身だ」と**だまして**５人の女性とつきあっていた。

・ブランド品だと思ったらにせものだった。**だまされた**。

446 **ぬすむ**　　　ヲ盗む　　　steal ／偷, 偷盗／훔치다／ăn trộm

・留守中にどろぼうに入られて、お金を**ぬすまれて**しまった。

　名 ぬすみ→＿を {する／はたらく}

447	**ささる**	が**刺さる**	be stuck in／扎上, 刺上／박히다, 꽂히다／đâm vào

・指にとげが**刺さって**痛い。　　・死体にナイフが**刺さって**いた。

448	**さす**	ヲ**刺す**	stick, stab／扎, 刺, 穿／찌르다／đâm

・指にとげを**刺して**しまった。　　・歩いていたら、いきなり知らない男に**刺された**。

449	**ころす**	ヲ**殺す**	kill／杀／죽이다, 살해하다／giết

・ゴキブリをスリッパでたたいて**殺した**。　　・戦争で、多くの人が**殺された**。

　　関 殺人、 が自殺スル　　名 殺し

450	**かくれる**	が**隠れる**	hide／躲, 躲藏／숨다／ẩn náu, nấp

・逃げた犯人は空き家に**かくれて**いた。　　・月が雲に**かくれて**見えなくなった。

451	**かくす**	ヲ**隠す**	hide／藏起, 藏在, 隐藏／감추다, 숨기다／giấu, che

・お金を引き出しの奥に**かくした**。

・子どもは恥ずかしがって、帽子で顔を**かくして**しまった。

452	**うまる**	が**埋まる**	be buried／(被) 埋上, 埋着／가득 차다, 메워지다／bị trôn vùi

・山がくずれて家が**うまって**しまった。

453	**うめる**	ヲ**埋める**	bury; fill (a hole/blank)／把……埋起来; 把……填上／묻다, 메우다／trôn, viết kín

① ・あなを掘ってごみを**うめた**。

② ・土を入れてあなを**うめた**。

　　・〈テストで〉解答欄はいちおう全部**うめた**が、自信がない。

454	**かこむ**	ヲ**囲む**	surround, circle／围, 围绕, 环／둘러싸다, 두르다／vây quanh, khoanh, bao bọc

・テーブルを**囲んで**座る。　　・「正しい答えを〇で**囲み**なさい」

・日本は周りを海に**囲まれて**いる。

コラム	10	単位	Units／(计算) 单位; (科目) 学分／단위／Đơn vị

読み方を書きましょう。

長さ　① km (　　　　　　) ② m (　　　　　　) ③ cm (　　　　　　) ④ mm (　　　　　　)
重さ　⑤ t (　　　　　) ⑥ kg (　　　　　) ⑦ g (　　　　　)
量　　⑧ l (　　　　　) ⑨ ml (　　　　　)
面積　⑩ ㎡ (　　　　　) 体積　⑪ ㎥ (　　　　　)

解答　①キロ (メートル)　②メートル　③センチ (メートル)　④ミリ (メートル)　⑤トン
　　　⑥キロ (グラム)　⑦グラム　⑧リットル　⑨ミリリットル　⑩平方メートル　⑪立方メートル

455 つまる　　　ガ詰まる　　　be packed; be clogged; be close together ／堵塞, 不通／가득 차다, 막히다, 줄다／nhét/lấp đầy, tắc, rút ngắn

① ・かばんにたくさん荷物がつまっていて重い。

　　・来月末まで予定がつまっている。

② ・トイレがつまった。　・かぜをひいて鼻がつまっている。

③ ・前の選手と後ろの選手の差がつまってきた。

456 つめる　　　ヲ詰める　　　pack, fill; reduce (distance), shorten ／填, 装入; 挨近, 缩短／담다, 좁히다, 줄이다／nhét/để vào, rút ngắn

① ・かばんに荷物をつめる。　・弁当箱にごはんをつめる。

　　合 ヲ詰め込む

② ・前の車との距離をつめる。　・ズボンの{ウエスト／丈}をつめる。

457 ひらく　　　ガ／ヲ開く　　　open; bloom; (gap) increases; hold (an event) ／开 (门等) ; (花) 开; (差距) 拉大; 打开, 开 (会等) , 开门营业／열리다, 피다, 벌어지다, 열다／mở, nở, tăng lên

自

① ・ドアが開く。

　　対 ガ閉まる、ガ／ヲ閉じる　　類 ガ開く

② ・花が開く。

③ ・１位と２位の差が、どんどん開いていった。

　　対 ガ詰まる☞ 455

他

① ・カーテンを開く。　・本を開いて読む。

　　対 ヲ閉じる　　類 ヲ開ける

② ・{会／パーティー／会議…}を開く。

③ ・父は駅前にクリーニング店を開いた。

458 とじる　　　ガ／ヲ閉じる　　　close ／关; 关上; 结束营业／닫히다, 닫다, 그만두다／đóng

自

・エレベーターのドアが閉じた。

　　対 ガ開く、ガ／ヲ開く　　類 ガ閉まる

他

① ・寒いのでドアを閉じた。　・公園の門は夜になると閉じられる。

　　・{本／目}を{○閉じる／×閉める}。

　　対 ヲ開ける、

② ・売り上げが減ったので、店を閉じることにした。

対 ①②ヲ開く　　類 ①②ヲ閉める

459 とぶ　　ガ飛ぶ　　fly; splash; rush; (pages) are missing, disappear／飞,飞翔;飞溅;飞跑;飞往；(号码等) 不衔接；(数据) 丢失／날다, 튀다, 달려가다, 날아가다, 없어지다／bay, bắn ra, đi ngay, biến mất

① ・鳥が空を飛んでいる。

② ・みかんの汁が飛ぶ。　　・ボールが飛んできて、頭に当たった。

③ ・子どもが事故にあったと聞いて、病院へ飛んで行った。

④ ・彼女は彼を追ってパリへ飛んだ。

⑤ ・資料のページが飛んでいないかどうか、確認してください。
　　類 が抜ける☞786

⑥ ・パソコンのデータが飛んでしまった。

460 とばす　　ヲ飛ばす　　fly; let fly, blow away; skip／放飞; 溅起,飞溅起; 跳过 (号码等)／날리다, 튀기다, 건너뛰다／phóng, thả, nhổ, bỏ qua

① ・紙飛行機を飛ばす。　　・風船を飛ばす。

② ・つばを飛ばして話す。　　・風で洗たく物が飛ばされてしまった。

③ ・文章を1行飛ばして読んでしまった。
　　・並んで待っていたのに、順番を飛ばされた。
　　類 ヲ抜かす

コラム　11　〜中 「ちゅう」と「じゅう」

1 「じゅう」 意味：〜の間ずっと（時を表す言葉に付く）
　　　1年中　夏休み中　1日中　一晩中　午後中

2 「ちゅう（／じゅう）に」 意味：〜の終わりまでに
　　　今年中に　今月中に　来週中に　明日中に　今日中に　夏休み中に

3 「ちゅう」 意味：今、〜しているところである
　　　食事中　電話中　使用中　仕事中　出張中　営業中　準備中　授業中　工事中

4 「じゅう」 意味：〜全部
　　　世界中　国中　町中　学校中

Ⅰ （　）に助詞を書きなさい。

1．バスで、お年寄り（　）席（　）譲る。
2．肉をくし（　）刺して焼いた。
3．庭にゴミ（　）埋めた。
4．日本は海（　）囲まれている。
5．自分の国の物価（　）日本の物価を比べる。
6．女の子は父親（　／　）似ることが多い。
7．千円札を細かいお金（　）替えてもらった。
8．クラスを二つのチーム（　）分けた。

Ⅱ　下の表を完成させなさい。

自動詞	他動詞	自動詞	他動詞
1．近づく		9．	分ける
2．とどく		10．ふえる	
3．合う		11．	へらす
4．当たる		12．	助ける
5．	変える	13．	返す
6．	かくす	14．飛ぶ	
7．	つめる	15．	うめる
8．似る		16．ささる	

Ⅲ　いっしょに使うことばを下からえらんで書きなさい。

1．（　　）を閉じる。
2．（　　）がささる。
3．（　　）が当たる。
4．（　　）がふえる。
5．（　　）が合う。
6．（　　）をうめる。
7．（　　）をかく。

とげ　穴　気　目　汗　予想　貯金

Ⅳ　いっしょに使うことばを〔　　　　〕の中から三つえらびなさい。

1.〔　プレゼント　花　話　手紙　子ども　〕がとどく。
2.〔　チーム　パートナー　仕事　体重　財産　〕を分ける。
3.〔　ねこ　バラ　ロボット　虫　鳥　〕をいじめる。
4.〔　パーティー　オリンピック　会議　結婚式　入学試験　〕を開く。
5.〔　本　点　油　線　辞書　〕を引く。
6.〔　足　丈　差　身長　距離　〕をつめる。

Ⅴ　つぎのことばの対義語を書きなさい。

1.へらす　⇔（　　　　　　）　　2.本をひらく　⇔本を（　　　　　　　）
3.足す　⇔（　　　　　　）　　4.くじが当たる　⇔くじが（　　　　　　　）

Ⅵ　（　　　　）に入ることばを下からえらんで適当な形にして書きなさい。

1.引っ越しをしたので、役所に（　　　　　　　）を出した。
2.夏になったので、髪型を（　　　　　　　）みよう。
3.悪い人に（　　　　　　）て、100万円とられた。くやしい。
4.子どもが川に落ちたので、（　　　　　　　）を呼んだ。
5.さっき虫をたたいて（　　　　　　　）。
6.うちにどろぼうが入ってお金を（　　　　　　　）しまった。
7.この作家の文章は意味が（　　　　　　）にくい。
8.強い風が吹いてきたので、ぼうしが（　　　　　　）ように、手で
　（　　　　　　　）。
9.父親は子どもの手を（　　　　　　）道路を渡った。
10.私の学校では、上級生から下級生への（　　　　　　）が多くて、問題になって
　いる。
11.料理人が（　　　　　　　）ら、客がへった。
12.「その着物、あなたによく（　　　　　　）いますね」

いじめる	おさえる	かえる	かわる	ころす
たすける	だます	つかむ	とどける	とぶ
にぎる	にあう	ぬすむ		

99

---

36

461 ふる ヲ振る　　wave; sprinkle; reject ／摇动; 撒; 拒绝／흔들다, 뿌리다, 차다／vẫy, lắc, từ chối

① ・手を**ふる**。　・「この飲み物は、よく**ふって**からお飲みください」
② ・肉に塩を**ふる**。
③ ・片思いの彼女に告白したが、**ふられて**しまった。

---

462 めくる ヲめくる　　turn over ／翻／넘기다／lật

・{カード／ページ／カレンダー…}を**めくる**。

---

463 みかける ヲ見かける　　see, come across ／看到, 看见／보다, 눈에 띄다／nhìn thấy

・街で偶然、昔の友だちを**見かけた**。　・最近、公衆電話を**見かけなく**なった。
名 見かけ（・このりんごは**見かけ**は甘そうだったが、食べてみるとすっぱかった。）

---

464 たしかめる ヲ確かめる　　check, confirm ／确认／확인하다／xác nhận

・ファックスが届いたかどうか、相手に電話して**確かめた**。
・飲み会の参加人数を**確かめた**。
類 ヲ確認する☞371　　関 確かな☞571

---

465 ためす ヲ試す　　try, test ／试, 尝试／시험하여 보다／thử

・洋服が似合うかどうか、着て**試して**みた。
・自分の実力を**試す**ために、テストを受けた。　・「どうぞお**試し**ください」
類 ヲ試みる　　関 試しに（・似合うかどうか、**試し**に着てみた。）

---

466 くりかえす ヲ繰り返す　　repeat ／重复, 反复／되풀이하다, 반복하다／lặp lại

・「同じ失敗を**くり返して**はいけません」
・この本は大好きなので、**くり返し**読みました。
名 繰り返し

---

467 やくす ヲ訳す　　translate ／翻译／번역하다／dịch

・英語を日本語に**訳す**。
類 ヲ翻訳する☞343、ヲ通訳する☞342
名 訳（・英語の文に日本語の**訳**をつける。）

---

468 おこなう ヲ行う　　hold (an event) ／实行, 进行, 执行／실행하다, 실시하다, 행동하다／tiến hành

・{試験／会議／スピーチ／イベント…}を**行う**。
※「する」より改まった言い方。
名 行い→＿がいい⇔悪い

| 469 | **まちがう** | ガ／ヲ間違う | be incorrect/wrong, make a mistake ／错, 不正确; 搞错／틀리다, 잘못되다／sai |

目

・この計算は**間違っている**。

・お金があれば幸せになれるというのは**間違った**考えだ。

他

・簡単な計算を**間違った**。

名 間違い

| 470 | **まちがえる** | ヲ間違える | get wrong, mistake for ／弄错, 搞错／틀리게 하다, 잘못 알다／sai, nhầm |

・テストの答えを**間違えた**。　　・塩とさとうを**間違えて**なべに入れてしまった。

| 471 | **ゆるす** | ヲ許す | forgive; allow ／宽恕, 饶恕; 允许, 准许／용서하다, 허락하나／tha thứ, cho phép |

① ・ひどいことを言われてけんかになったが、相手が謝ったので**許して**あげた。

　　・罪を**許される**。

② ・子どもには、１日１時間だけゲームをすることを**許して**いる。

類 ヲ許可する

名 許し→①②＿＿を与える⇔得る、②＿＿をもらう

| 472 | **なれる** | ガ慣れる | be accustomed; be tame ／习惯; 驯熟／익숙해지다, 길들다／quen |

① ・日本へ来て半年たって、生活にも**慣れた**。　　・生の肉を食べるのには**慣れて**いない。

合 使い＿＿、はき＿＿（・**はきなれた**くつ）、住み＿＿　　名 慣れ

② ・サーカスの動物は、よく人に**慣れて**いる。

| 473 | **ならす** | ヲ慣らす | warm up (one's body); tame ／使……习惯; 驯养／익숙하도록 하다, 길들이다／làm cho quen, thuần dưỡng |

① ・準備運動をして体を**慣らして**からプールに入ったほうがいい。

② ・象を**慣らして**芸をさせる。

| 474 | **たつ** | ガ立つ | stand, be put up ／站, 立; 竖立／서다／đứng, được dựng |

① ・「名前を呼ばれたら**立って**ください」　・授業中、先生はずっと**立って**話している。

② ・店の前に大きな看板が**立って**いる。　・丘の上に白いホテルが**立って**いる。

| 475 | **たてる** | ヲ立てる | put up, stand ／竖起, 竖立／세우다／đặt, dựng |

・屋根の上にアンテナを**立てる**。　・玄関にかさを**立てて**置く。

37

476 たつ　　　　　ガ建つ　　　be constructed ／建, 造／서다／được xây

・家の前に大きなマンションが**建っ**た。

477 たてる　　　　ヲ建てる　　construct ／盖, 建造／세우다, 짓다／xây

・都心に家を**建てる**のは大変だ。　・うちの会社は今年新しいビルを**建てた**。

478 そだつ　　　　ガ育つ　　　grow; be trained ／发育, 生长; 成长／자라다／sinh trưởng, trưởng thành

① ・雨が多い年は、米がよく**育つ**。　・親は子どもが元気に**育つ**のを望んでいる。
　　類 ガ成長する☞18

② ・あの大学では優秀な研究者がたくさん**育っ**ている。

479 そだてる　　　ヲ育てる　　raise (children); grow (flowers); train ／养育, 培育, 喂养; 培养／기르다, 키우다／nuôi dạy, trồng, đào tạo

① ・母は5人の子どもを**育てた**。　・朝晩水をやって草花を**育て**ている。

② ・あの会社は人材を**育てる**のが上手だ。

480 はえる　　　　ガ生える　　(hair, etc.) grows; (tooth) comes in ／生, 长, 发／나다, 자라다, 피다／mọc

・{髪／ひげ／歯／草／かび…}が**生える**。

481 はやす　　　　ヲ生やす　　grow (a beard) ／使……生长, 留长／기르다／nuôi, để (râu)

・ひげを**生やす**。

482 よごれる　　　ガ汚れる　　be dirty ／脏／더러워지다／bẩn, ô nhiễm

・空気の**汚れた**ところには住みたくない。
　　関 汚い　　名 汚れ→ニ__がつく・ニ__をつける、__が落ちる・__を落とす

483 よごす　　　　ヲ汚す　　　dirty, pollute ／弄脏, 污染／더럽히다／làm bẩn

・どろ遊びをして服を**汚した**。　・川の水を**汚さ**ないようにしよう。

484 こわれる　　　ガ壊れる　　break ／坏, 倒塌／부서지다, 고장 나다／hỏng

・{家／家具／電気製品…}が**壊れる**。　・**壊れた**時計を直してもらった。

485 こわす　　　　ヲ壊す　　　break, damage (one's health) ／弄坏, 毁坏; 伤害, 损害／고장 내다, 부수다, 망치다／làm hỏng

① ・{家／家具／電気製品…}を**壊す**。
　　・息子は新しいおもちゃをすぐに**壊して**しまう。

② ・飲み過ぎて体を**壊して**しまった。

486 **われる**　　　ガ **割れる**　　　break; be split ／破裂, 砕; 分散, 分裂／깨지다, 갈라지다／vỡ, tách

① ・{ガラス／皿／コップ…}が**割れる**。

② ・このスプーンは先が三つに**割れて**、フォークのようになっている。

・みんなの意見が**割れて**、なかなか決まらなかった。

487 **わる**　　　　ヲ **割る**　　　break; divide ／弄碎; 分, 切; 除／깨다, 쪼개다, 나누다／làm vỡ, chia

① ・{ガラス／皿／コップ…}を**割る**。　　・卵を**割って**ボウルに入れる。

② ・りんごを二つに**割って**二人で食べた。

③ ・10を5で**わる**と2になる。　　・10 **わる**5は2だ。

☞コラム8「数字・計算」 p.65

488 **おれる**　　　ガ **折れる**　　　break, snap ／折, 断／부러지다／gãy

・強い風で枝が**折れた**。

489 **おる**　　　ヲ **折る**　　　break; fold ／弄断; 折叠／부러뜨리다, 접다／làm gãy, gấp

① ・スキーをして、足の骨を**折った**。

② ・便せんを三つに**折って**封筒に入れた。

合折り紙

490 **やぶれる**　　　ガ **破れる**　　　be ripped ／破, 撕破／찢어지다／rách

・{紙／本／布／服…}が**破れる**。

491 **やぶる**　　　ヲ **破る**　　　rip; break (a promise/rule/record) ／弄破, 撕破; 违反; 打破 (记录) ／찢다, 깨다, 갱신하다／xé, không tuân thủ, phá vỡ

① ・{紙／ノート／布／服…}を**破る**。

② ・{約束／規則…}を**破る**。

対ヲ守る☞737

③ ・水泳の世界記録が**破られた**。

492 **まがる**　　　ガ **曲がる**　　　turn, curve ／弯, 弯曲／구부러지다, 돌다, 비뚤어지다／cong, rẽ

・**曲がった**道　・「この角を右に**曲がって**50mほど行くと、銀行があります」

・「ネクタイが**曲がって**いますよ」　・腰の**曲がった**おばあさん

493 **まげる**　　　ヲ **曲げる**　　　bend, curve ／弄弯, 折弯／구부리다, 굽히다／uốn cong

・{針金／ひざ／腰…}を**曲げる**。

---

38

494 はずれる　　ガ外れる　　come off; be wrong; drop out ／脱落; 不中, 不准; （被）除去／끌러지다, 빗나가다, 제외되다／tuột, chệch, bị rút tên

- ①・ボタンが**はずれる**。
- ②・天気予報が**はずれる**。　　・宝くじが**はずれた**。　　・矢が的を**はずれる**。
  - 対 ガ当たる☞421　　名 はずれ（⇔当たり）
- ③・けがをした選手は、チームのメンバーから**はずれた**。

---

495 はずす　　ヲ外す　　take off; get wrong; exclude ／脱下; 落空; 除去, 除名／벗다, 풀다, 빗나가게 하다, 제외하다／tháo, sai, rút tên

- ①・{メガネ／腕時計／ボタン…}を**はずす**。
- ②・予想を**はずす**。　　・的を**はずす**。
  - 対 ヲ当てる☞422
- ③・監督は、けがをした選手をチームのメンバーから**はずした**。

---

496 ゆれる　　ガ揺れる　　shake, waver ／摇, 摇晃, 动摇／흔들리다／dao động

- ・風で木の葉が**ゆれている**。　　・地震で、地面が大きく**ゆれた**。
- ・彼と結婚するかしないか、気持ちが**ゆれている**。
  - 名 揺れ→＿＿が大きい⇔小さい（・地震の**ゆれ**が大きい。）

---

497 ゆらす　　ヲ揺らす　　push (a swing) ／摇动, 使……摇晃／흔들다／đu đưa, lắc

- ・子どもの乗ったブランコを**ゆらして**遊ばせた。

---

498 ながれる　　ガ流れる　　flow; drift; be spread ／(液体) 流动; (汗, 血, 泪等) 流下; 漂流, 移动; 播放; 传播, 传开／흐르다, 떠내려가다, 퍼지다／chảy, trôi, bật, lan truyền

- ①・町の中心を大きな川が**流れている**。
  - 名 流れ
- ②・{汗／涙／血}が**流れる**。
- ③・川にたくさんのごみが**流れている**。
- ④・彼の部屋にはいつも音楽が**流れている**。
- ⑤・{うわさ／情報…}が**流れる**。

---

499 ながす　　ヲ流す　　flush; shed; wash away; play (music); spread ／冲, 冲走; 流(汗, 血, 泪等) ; 使……漂流, 移动; 播放; 传播, 使……传开／흘리다, 떠내려 보내다, 틀다, 퍼뜨리다／xả, đổ, cuốn trôi, bật, lan truyền

- ①・汚れた水を川に**流して**はいけない。　　・トイレの水を**流す**。
- ②・{汗／涙／血}を**流す**。
- ③・洪水で家が**流された**。
- ④・この喫茶店はいつもクラシック音楽を**流している**。
- ⑤・{うわさ／情報…}を**流す**。

| 500 | ぬれる | が濡れる | become wet ／湿, 淋湿／젖다／ướt |

・雨にぬれて、かぜをひいた。　・水がこぼれて、服がぬれてしまった。

| 501 | ぬらす | ヲ濡らす | wet ／弄湿／적시다／làm ướt |

・水をこぼして、服をぬらしてしまった。

| 502 | まよう | が迷う | become lost; vacillate ／迷, 迷失方向; 犹豫, 困惑／헤매다, 망설이다／lạc, phân vân |

① ・道に迷う。　・冬山で迷ってしまい、もう少しで死ぬところだった。

② ・日本で就職するか、国に帰るか、迷っている。

関 が悩む　名 迷い→＿＿がある⇔ない

| 503 | なやむ | が悩む | be troubled; suffer ／烦恼, 伤脑筋; (生病) 感到痛苦／고민하다, 고생하다／lo, buồn phiền, khổ |

① ・就職するか、進学するか、悩んでいる。　・彼女は苦しい恋に悩んでいる。

② ・父は腰痛で悩んでいる。　・若いときから頭痛に悩まされてきた。

名①②悩み→＿＿がある⇔ない、＿＿を打ち明ける

| 504 | あわてる | が慌てる | hurry; panic ／惊慌, 慌张／서두르다, 당황하다／vội, cuống |

・学校に遅れそうになって、あわてて家を出た。

・店でさいふが見つからなくてあわてた。

合 大慌て（・大あわてで家を出たので、さいふを忘れてしまった。）

コラム　12	駅・列車	Stations, Trains／车站・列车／역/열차／Ga, đoàn tàu
改札口	ticket gate ／检票口／개찰구／cửa soát vé	(例. 中央口、東口　など)
プラットホーム（→ホーム）	platform ／站台, 月台／플랫폼, 승강장／sân ga	(例. Ⅰ番線　など)
(自動)券売機	vending machine ／(自动) 售票机／(자동) 발매기／máy bán vé	
精算(機)	fare adjustment (machine) ／补票 (机) ／정산기／(máy) thanh toán tiền	
チケット／切符	ticket ／票／티켓／표／vé	
プリペイドカード	prepaid card ／预付卡／선불 카드／thẻ trả trước	
定期券	commuter pass ／月票／정기권／vé tháng	
回数券	coupon ticket ／回数券／회수권／vé ưu đãi đi nhiều	
乗りかえ	transfer ／换车／환승, 갈아탐／đổi chuyến	
乗りこし	going beyond one's destination ／坐过站／하차 역을 지나침／đi quá	
上り(列車)・下り(列車)	inbound/upbound (train), outbound/downbound (train) ／上行 (列车)・下行 (列车) ／상행 (열차)/ 하행 (열차) ／(tàu) xuôi, (tàu) ngược	
列車の種類	types of trains ／列车的种类／열차 종류／các loại tàu	
特別急行（→特急）	limited express ／特快／특급／tốc hành đặc biệt	
急行	express ／急行快车／급행／tốc hành	
快速	rapid ／快车／쾌속／nhanh	
各駅停車（→各停）	local ／各站停车／각 역 정차 , 일반 열차／dừng các ga	

505 **さめる**　　ガ**覚める**　　wake up; sober up ／醒, 醒来; 苏醒, 清醒／깨다, 정신을 차리다／tỉnh giấc, hết say/mơ

① ・昨夜は暑くて、夜中に何度も目が**覚めた**。

② ・酔いが**覚める**。　　・夢{が／から}**覚める**。

506 **さます**　　ヲ**覚ます**　　wake up; sober up ／弄醒; 使……清醒／깨다, 깨게 하다／tỉnh giấc, để hết say

① ・目を**覚ます**と、もう 10 時だった。

② ・少し酔いを**覚まして**から帰ろう。

507 **ねむる**　　ガ**眠る**　　sleep ／睡, 睡觉／잠들다／ngủ

・入試の前の日、緊張してよく**眠れ**なかった。

　類 ガ寝る　※「寝る」には「横になる」という意味もある。

　名 眠り→＿につく、＿に落ちる、＿が浅い⇔深い

508 **いのる**　　ヲ**祈る**　　pray ／祈祷／기도하다, 기원하다／cầu mong

・家族の健康を神に**祈った**。　　・私は別れても彼の幸せを**祈って**いる。

　名 祈り（・私の**祈り**が神に通じたのか、父の手術は成功した。）

509 **いわう**　　ヲ**祝う**　　celebrate ／庆祝, 祝贺／축하하다／chúc mừng

・{新年／誕生日／成功…}を**祝って**乾杯した。

　名 祝い（・結婚の(お)**祝い**にワイングラスをもらった。）

　　→ [名詞]＋祝い（・入学**祝い**、結婚**祝い**、誕生**祝い**）

510 **かんじる**　　ヲ**感じる**　　feel ／感觉, 感到, 感受／느끼다／cảm thấy

・{寒さ／痛み／空腹／甘み／ゆれ…}を**感じる**。

・私のミスで試合に負けてしまい、責任を**感じて**いる。

・子どもたちが独立し、両親は寂しく**感じて**いるようだ。

・あの父親には子どもへの愛情が**感じられ**ない。

　名 感じ→～＿がする（・彼女は少し冷たい**感じ**がする。

　　　　　　　　　　・きょうは何かいいことが起こりそうな**感じ**がする。）

　　　　＿がいい⇔悪い（・彼は**感じ**のいい人だ。）

～代　モノ・手間・サービスなどと引きかえに払うお金　⇒代金

【衣】　洋服代　clothing bill ／服装费／옷값／ tiền quần áo

【食】　食事代　food bill ／餐费, 饭钱／식대／ tiền ăn

【住】　部屋代　room charge ／房费, 房钱／방값／ tiền phòng、　**電気代**　electricity bill ／电费／전기 대금／ tiền điện、

　　　　ガス代　gas bill ／煤气费／가스 대금／ tiền ga、　**水道代**　water bill ／水费／수도 대금／ tiền nước、

　　　　電話代　phone bill ／电话费／전화 대금／ tiền điện thoại

【交通】　バス代　bus fare ／公交车费／버스 대금／ tiền vé xe buýt、

　　　　タクシー代　taxi fare ／出租车费／택시 대금／ tiền taxi、

　　　　電車代　train fare ／电车费／전철 값／ tiền vé tàu điện

【学校】　******

【その他】　チケット代　ticket charge ／票价／티켓 값／ tiền vé、　**本代**　book expenses ／买书钱, 书费／책값／ tiền sách、

　　　　薬代　charge for medicine ／药费, 药钱／약값／ tiền thuốc、

　　　　治療代　treatment fee ／治疗费／치료비／ tiền điều trị、　**修理代**　repair charge ／修理费／수리비／ tiền sửa

～料　モノ・設備などの利用に対して払うお金　⇒料金

【衣】　******

【食】　******

【住】　電気料金　electricity bill ／电费／전기 요금／ tiền điện、　**ガス料金**　gas bill ／煤气费／가스 요금／ tiền ga、

　　　　水道料金　water bill ／水费／수도 요금／ tiền nước

【交通】　バス料金　bus fare ／公交车费／버스 요금／ tiền vé xe buýt、

　　　　タクシー料金　taxi fare ／出租车费／택시 요금／ tiền taxi

【学校】　授業料　tuition ／学费, 课时费／수업료／ học phí

【その他】　使用料　usage fee ／使用费／사용료／ phí sử dụng、　**入場料**　admission fee ／入场费／입장료／ phí vào、

　　　　手数料　service charge ／手续费／수수료／ phí thủ tục、　**送料**　shipping fee ／运费／송료／ phí gửi、

　　　　郵送料　postage ／邮费, 运费／우송료／ phí gửi bưu điện、

　　　　レンタル料　rental fee ／租金／렌털료 , 임대료／ phí thuê

～費　ある目的のために使うお金　⇒費用

【衣】　衣料費　clothing expenses ／服装费／의복비／ tiền quần áo

【食】　食費　food expenses ／伙食费, 饭钱／식비／ tiền ăn

【住】　住居費　housing expenses ／房费／주거비／ tiền nhà、　**光熱費**　energy expenses ／煤电费／광열비／ tiền điện ga

【交通】　交通費　traveling expenses ／交通费／교통비／ tiền đi lại

【学校】　学費　school expenses ／学费／학비／ học phí

【その他】　生活費　living expenses ／生活费／생활비／ chi phí sinh hoạt、

　　　　医療費　medical expenses ／医药费／의료비／ chi phí y tế、

　　　　交際費　entertainment expenses ／应酬费, 交际费／교제비／ tiền vui chơi

～賃　仕事に対して／設備などの利用に対して払うお金

【衣】　******

【食】　******

【住】　家賃　house rent ／房租, 房钱／집세／ tiền thuê nhà

【交通】　電車賃　train fare ／电车费／전철비／ giá vé tàu điện、　**運賃**　fare ／运费, 车费／운임／ giá vé

【学校】　******

【その他】　借り賃　rent, rental fee ／租金, 租钱／세, 임차료／ tiền thuê、

　　　　貸し賃　rent, rental fee ／租金, 赁金／세, 임대료／ tiền cho thuê

I （ ）に助詞を書きなさい。

1．テストを提出する前に、答え（ 　　 ）よく確かめる。
2．英語の文章を日本語（ 　　 ）訳す。
3．彼女は今、恋（ 　　 ）悩んでいる。
4．父の 80 歳の誕生日（ 　　 ）祝う。
5．動物園のライオンは、人（ 　　 ）なれている。

II 下の表を完成させなさい。

自動詞	他動詞	自動詞	他動詞
1．立つ		8．われる	
2．育つ		9．	はずす
3．はえる		10．	覚ます
4．	まげる	11．こわれる	
5．ゆれる		12．やぶれる	
6．	ぬらす	13．	よごす
7．ながれる		14．おれる	

III いっしょに使うことばを下からえらびなさい。

1．（ 　　　　 ）がはえる。   2．（ 　　　　 ）が曲がる。
3．（ 　　　　 ）がはずれる。 4．（ 　　　　 ）がさめる。
5．（ 　　　　 ）が建つ。   6．（ 　　　　 ）をめくる。
7．（ 　　　　 ）を行う。   8．（ 　　　　 ）をいわう。
9．（ 　　　　 ）を感じる。   10．（ 　　　　 ）をまちがえる。

空腹　計算　こし　新年　スピーチ
ひげ　ビル　ページ　ボタン　酔い

Ⅳ （　　　）に入ることばを下からえらんで書きなさい。

1. （　　　　　）／（　　　　　）／（　　　　　）がおれた。
2. （　　　　　）／（　　　　　）／（　　　　　）がこわれた。
3. （　　　　　）／（　　　　　）がやぶれた。
4. （　　　　　）／（　　　　　）がわれた。

えんぴつ　　カメラ　　スカート　　パソコン　　まどガラス
本　　えだ　　ほね　　さら　　本だな

Ⅴ　いっしょに使うことばを〔　　　　　〕の中から三つえらびなさい。

1. 〔　くつした　ぼうし　めがね　ゆびわ　ボタン　〕をはずす。
2. 〔　うわさ　あせ　詩　話　音楽　〕を流す。
3. 〔　インターネット　カード　テーマ　ノート　パンフレット　〕をめくる。

Ⅵ　（　　　）に入ることばを下からえらんで適当な形にして書きなさい。

1. （　　　　　　　）よりも中身が大切だ。
2. 「さよなら」と手を（　　　　　　　）別れた。
3. 私は道に（　　　　　　　）やすい。
4. 友だちを怒らせたが、（　　　　　　　）もらった。
5. 外国語の勉強は、毎日の（　　　　　　　）が大切だ。
6. 家の前に高いビルが（　　　　　　　）、日当たりが悪くなった。
7. （　　　　　　　）が浅くて、つかれがとれない。
8. おいしいかどうか、（　　　　　　　）に食べてみた。
9. （　　　　　　　）家を出たので、さいふを忘れてしまった。
10. 「あなたの成功をお（　　　　　　　）います」
11. テストの答えに（　　　　　　　）がないかどうか、よく確認した。
12. けさ、地震の（　　　　　　　）で目を（　　　　　　　）。

あわてる　　いのる　　くりかえす　　さます　　たつ　　ためす　　ねむる
ふる　　まちがう　　まよう　　みかける　　ゆるす　　ゆれる

Unit 05 動詞 B 確認問題 411〜510

レベル ★★☆

I （　　）に入れるのに最もよいものを、a・b・c・dから一つえらびなさい。

1．スキーで足の骨を（　　）しまった。
 a　折って   b　割って   c　破って   d　壊_{こわ}して

2．上司と話を（　　）のは大変だ。
 a　合う   b　合わせる   c　当てる   d　当たる

3．父はいびきを（　　）寝ている。
 a　かいて   b　して   c　ひいて   d　たして

4．山がくずれて、家が（　　）。
 a　壊した   b　隠れた   c　詰まった   d　埋まった

5．風で桜_{さくら}の木の枝_{えだ}が大きく（　　）いる。
 a　飛んで   b　ゆれて   c　よごれて   d　流れて

6．毎日教会で神に平和を（　　）いる。
 a　いわって   b　いのって   c　たのんで   d　ねむって

7．地図がわかりにくくて、道に（　　）。
 a　悩んだ   b　あわてた   c　迷った   d　変わった

8．電車で赤ちゃんを抱_だいたお母さんに席を（　　）。
 a　譲_{ゆず}った   b　返した   c　かえた   d　助けた

9．電話番号が正しいかどうか、友だちに（　　）みた。
 a　頼んで   b　試して   c　見かけて   d　確かめて

10．新しい月になったので、カレンダーを（　　）。
 a　ふった   b　飛ばした   c　めくった   d　閉じた

II ＿＿＿＿に意味が最も近いものを、a・b・c・dから一つえらびなさい。

1．帰国する友人に自転車を安く譲_{ゆず}ってもらった。
 a　売って   b　もらって   c　あげて   d　おくって

2．学校でクリスマスパーティーが開かれた。
 a　された   b　行われた   c　行かれた   d　開けられた

3．会社が倒産_{とうさん}するかもしれないという、うわさが流れた。
 a　ぬれた   b　行った   c　広まった   d　届いた

4．進学するかどうか、悩んでいる。
 a　あわてて   b　感じて   c　迷って   d　困って

110

5．道を歩いていて、他の人と肩が<u>当たって</u>しまった。

    a　合って   b　届いて   c　つけて   d　ぶつかって

Ⅲ　つぎのことばの言い方として最もよいものを、一つえらびなさい。

1．見かける

    a　昨夜友だちと映画を<u>見かけた</u>。

    b　家へ帰る途中、選挙のポスターを<u>見かけた</u>。

    c　仕事のあと、美術館に寄って絵を<u>見かけた</u>。

    d　家へ帰ってから、テレビを<u>見かけた</u>。

2．育つ

    a　この 10 年間で財産がよく<u>育っている</u>。

    b　長く<u>育っている</u>髪を大切にしている。

    c　あの研究所では、多くの学者が<u>育っている</u>。

    d　地下鉄ができてから、この町の交通は便利に<u>育っている</u>。

3．破る

    a　友だちとの約束を<u>破って</u>しまったので、反省している。

    b　急に用事ができて、レストランの予約を<u>破って</u>しまった。

    c　私一人が反対して、みんなの意見を<u>破って</u>しまった。

    d　法律を<u>破って</u>しまったら、弁護士に相談したほうがいい。

4．つまる

    a　カップにコーヒーが<u>つまって</u>いる。

    b　夏休みなので、映画館が<u>つまって</u>いる。

    c　あのビルは窓ガラスが<u>つまって</u>いる。

    d　スケジュールが<u>つまって</u>いるので、大変だ。

5．足す

    a　本にカバーを<u>足した</u>。

    b　味がうすいので、塩を<u>足した</u>。

    c　パソコンに<u>足した</u>マウスが動かない。

    d　チームに新しいメンバーが<u>足した</u>。

🔊 40

511 クラスメート　classmate ／同学／반 친구／bạn cùng lớp

・クラスメートと仲よくする。

512 グループ　group ／小组, 团体; 组, 集合／그룹／nhóm

① ・3人のグループで旅行をする。
　　関 ペア
② ・形容詞は、イ形容詞とナ形容詞の二つのグループに分かれる。

513 チーム　team ／团队, 小组／팀／đội, nhóm

・私たちのチームが勝った。　・チームを組んで調査する。
連 __を組む　合 __プレー、__ワーク、__メート、{野球／サッカー…}＋チーム

514 プロ（←プロフェッショナル）　professional ／职业, 专业／프로／chuyên nghiệp

・プロのサッカー選手になりたい。　・彼女の料理はプロ並みだ。
合 プロ＋{野球／レスリング…}　対 アマ(チュア)　類 くろうと

515 アマチュア（→アマ）　amateur ／业余选手, 业余爱好者／아마, 아마추어／nghiệp dư

・この絵はアマチュアの作品とは思えないほどすばらしい。
合 アマチュア＋{野球／写真家…}　対 プロ(フェッショナル)
類 しろうと

516 トレーニング　ガトレーニングスル　training ／练习, 训练／트레이닝, 훈련／tập luyện

・勝つためには毎日のトレーニングが必要だ。
類 ヲ練習スル、ヲ訓練スル

517 マッサージ　ヲマッサージスル　massage ／按摩／마사지／mát-xa

・頭をマッサージしてもらうと気持ちがいい。

518 アドバイス　ニ＋ヲアドバイススル　advice ／劝告, 忠告, 建议／어드바이스, 조언／khuyên, lời khuyên

・後輩に仕事のやり方についてアドバイスをする。
・「何かアドバイスをいただけませんか」
連 ニ__を与える、ニ／カラ__をもらう、ニ／カラ__を受ける

519 アイデア／アイディア　　idea ／主意, 点子, 想法／아이디어／ý tưởng, sáng kiến

・いい**アイデア**が浮かんだ。

　連 ＿が浮かぶ、＿を思いつく　　合 グッド＿

520 トップ　　top; first ／最高, 最高級; 第一位, (报纸的) 首版头条／톱, 첫째／tốp đầu

① ・彼はクラスで**トップ**の成績だ。　　・日本の科学技術は、世界の**トップ**レベルにある。

　・高橋選手が**トップ**でゴールした。

　合 ＿クラス、＿レベル　　類 1位、首位、先頭

② ・「これからスピーチコンテストを始めます。**トップ**は中国のチンさんです」

　・新聞の**トップ**を見る。

　合 ＿バッター、＿ニュース　　類 最初、一番

521 スピード　　speed ／速度／스피드, 속도／tốc độ

・「運転手さん、もう少し**スピード**を上げてください」

・先生の話す**スピード**が速すぎて理解できない。

　連 ＿が速い⇔遅い、＿が出る・＿を出す、＿が上がる⇔落ちる、＿を上げる⇔落とす
　合 ＿違反、ガ／ヲ＿アップスル、＿オーバー

522 ラッシュ　　rush, rush hour ／热潮; 拥挤／혼잡, 러시(아워)／giờ/dịp cao điểm

① ・年末年始は、帰省**ラッシュ**でチケットがとりにくい。

　合 帰省＿

② ・**ラッシュ**(←ラッシュアワー)の時間帯に電車に乗るのは大変だ。

　合 通勤＿、通学＿

523 バイク　　motorcycle ／摩托车／오토바이, 자전거／xe máy

　類 オートバイ、原付(←原動機付き自転車)　　関 自転車

524 ヘルメット　　helmet ／头盔, 安全帽／헬멧／mũ bảo hiểm

・バイクに乗るときは、**ヘルメット**をかぶる。

　連 ＿をかぶる⇔ぬぐ、＿をとる

525 コンタクトレンズ(→コンタクト) contact lens ／隠形眼鏡／콘택트렌즈／kính áp tròng

連 __を {する／入れる／つける} ⇔ {はずす／とる}　　関 めがね

526 ガラス glass, pane ／玻璃／글라스, 유리／kính, thủy tinh

・ボールをぶつけて窓ガラスを割ってしまった。
合 窓__　　関 グラス

527 プラスチック plastic ／塑料／플라스틱／nhựa

・「プラスチック製品は生ごみの中に入れないでください」
合 __製品　　関 ビニール、ビニール袋、ポリエチレン、ポリ袋

528 ベランダ balcony ／阳台, 凉台／베란다／ban công

・ベランダに洗たく物を干す。
類 バルコニー

529 ペット pet ／宠物／애완동물／vật nuôi

・アパートなので、ペットが飼えない。　　・ペットの犬にかまれた。
連 __を飼う　　合 __ショップ、__フード

530 ベンチ bench ／长凳, 长椅／벤치／ghế dài

・公園のベンチで休む。　　・駅のホームのベンチにすわる。

531 デザイン ヲデザインスル　design ／设计, (图案) 制作／디자인／thiết kế, kiểu dáng

・あのドレスは色もデザインもいい。　　・おしゃれなデザインのブーツ
・私たちの学校の制服は、有名なデザイナーがデザインしたものだ。
合 グラフィック__、インテリア__　　関 デザイナー

532 バーゲンセール(→バーゲン／セール) sale ／大甩卖, 减价出售／바겐세일／giảm giá, khuyến mại

・デパートで今バーゲンセールをしている。　　・「このバッグ、バーゲンで買ったの」

533 パート part-time job; part ／钟点工, 零工; 声部／파트타임, 파트／làm thêm, phần

①・母は週三日、スーパーでパートをしている。　　・パートで働く。
　　合 __タイム、__タイマー
②・合唱でソプラノのパートを歌っている。

534 コンビニエンスストア(→コンビニ)　　convenience store ／便利店, 24小时店／편의점／cửa hàng tiện lợi

535 レジ(←レジスター)　　cash register ／收银台, 收银处／캐셔, 계산대／quầy thanh toán

・スーパーでレジのアルバイトをしている。　・レジに並ぶ。　・レジが混んでいる。
連＿を打つ

536 レシート　　receipt ／收据, 收条／영수증／hóa đơn

・レジでお金を払って、レシートを受け取る。
類 領収書

537 インスタント　　instant ／速食, 快速(食品)／인스턴트, 즉석／ăn liền

・インスタント食品は便利だ。
合＿ラーメン、＿コーヒー、＿食品

538 ファストフード　　fast food ／快餐／패스트푸드／ăn nhanh

・そばは江戸時代のファストフードだった。
合＿店　　関 ハンバーガー、フライドチキン

539 フルーツ　　fruit ／水果／과일／trái cây

・暖かいところには、いろいろなフルーツがある。
合＿ジュース、＿ケーキ　　類 くだもの

540 デザート　　dessert ／甜点／디저트／món tráng miệng

・デザートにアイスクリームを食べる。

541 インターネット　　Internet ／网络, 因特网／인터넷／In-tơ-nét

・(インター)ネットで世界の環境問題について調べた。
・きのうは1日中(インター)ネットをしていた。
連＿をする、＿につなぐ、＿に接続する　　合＿カフェ
関 パソコン(←パーソナルコンピューター)、ホームページ、ニ+ヲメールスル、ブログ

542 チャイム　　chime ／组钟, 铃／차임, 초인종／chuông

・授業が始まるとき、チャイムが鳴る。
連＿が鳴る・＿を鳴らす　　関 ベル、ブザー

---

42

543 **アナウンス**　ニ＋ヲアナウンススル　announcement／广播／방송／thông báo

・電車の中で**アナウンス**を聞く。　・緊急^{きんきゅう}ニュースを校内^{こうない}で**アナウンスする**。

合 場内^{じょうない}__、車内^{しゃない}__　関 アナウンサー

---

544 **メッセージ**　message／留言, 口信; 致辞／메시지, 성명／lời nhắn, thông điệp

①・留守番^{るすばん}電話に**メッセージ**をのこす。　・**メッセージ**といっしょに花束^{はなたば}を送^{おく}る。

連 ニ__を残す、__を頼む、__を伝える　類 ニ＋ヲ伝言^{でんごん}スル☞344

②・大統領^{だいとうりょう}は国民^{こくみん}に**メッセージ**を発表^{はっぴょう}した。

・この曲^{きょく}には、平和^{へいわ}への**メッセージ**がこめられている。

連 ニ__を伝^{つた}える、ニ__を送^{おく}る

---

545 **パンフレット**　pamphlet, brochure／册子／팸플릿／tập quảng cáo, sách giới thiệu

・旅行会社^{りょこうがいしゃ}で**パンフレット**をたくさんもらってきた。

関 カタログ、ちらし

---

546 **カード**　card／卡／카드／thẻ

合 {キャッシュ／クレジット／ポイント…}＋カード

---

547 **インタビュー**　ガ／ヲインタビュースル　interview／采访／인터뷰／phỏng vấn

・勝^かったチームの選手^{せんしゅ}に**インタビューする**。　・記者^{きしゃ}の**インタビュー**に答^{こた}える。

連 __を受^うける、__に答^{こた}える　合 __調査^{ちょうさ}

---

548 **アンケート**　questionnaire／调查／앙케트／bản câu hỏi điều tra

・「**アンケート**にご協力^{きょうりょく}ください」　・**アンケート**をして学生の生活^{せいかつ}を調^{しら}べる。

連 ニ__をする、__をとる、__に答^{こた}える　合 __調査^{ちょうさ}

---

549 **データ**　data／数据／데이터／số liệu

・研究^{けんきゅう}のために、**データ**を集^{あつ}めている。

連 __を集^{あつ}める、__をとる　合 __ベース、__バンク

---

550 **パーセント（%）**　percent／百分比／퍼센트／phần trăm

合 ［数字^{すうじ}］＋パーセント　関 割^{わり}（1割^{わり}＝10%）

| コラム | 14 | **パソコン** | Computers／电脑／컴퓨터／Máy vi tính |

◆パソコンの種類：

| デスクトップ（パソコン） | desktop computer ／台式电脑／데스크톱 컴퓨터／ máy vi tính để bàn |
| ノートパソコン | laptop computer ／便携式电脑，笔记本电脑／노트북 (노트북 컴퓨터) ／ máy vi tính xách tay |

◆パソコンの部分：

ディスプレイ	display, monitor ／显示器／디스플레이／ màn hình
キーボード	keyboard ／键盘／키보드 , 자판／ bàn phím
マウス	mouse ／鼠标／마우스／ con chuột
CD/DVD ドライブ	(CD/DVD) drive ／（CD ／ DVD）光驱／ (CD, DVD) 드라이브／ ổ CD/DVD
ハードディスク	hard disk ／硬盘／하드디스크／ ổ đĩa cứng
メモリー	memory ／存储器，内存／메모리／ bộ nhớ

◆周辺機器：

| プリンタ | printer ／打印机／프린터／ máy in |
| インク | ink ／墨水／잉크／ mực |

Ⅰ　（　　）に助詞を書きなさい。

1．バーゲンセール（　　）カーペットを買った。
2．仕事について後輩（　　）アドバイスする。
3．オリンピックの代表選手（　　）インタビューする。
4．母はパート（　　）働いている。
5．友だちと5人グループ（　　）旅行した。

Ⅱ　「する」がつくことばに○をつけなさい。

アナウンス　　カード　　スピード　　チャイム　　デザイン　　トレーニング

Ⅲ　（　　　）に下からえらんだ語を書いて、一つのことばにしなさい。

1．フルーツ（　　　　　　　　）　　2．ペット（　　　　　　　　　）
3．インスタント（　　　　　　　　）　4．パート（　　　　　　　　　）
5．チーム（　　　　　　　）　　　　6．データ（　　　　　　　　　）
7．（　　　　　　　　）カード　　　8．トップ（　　　　　　　　　）
9．ラッシュ（　　　　　　　）

| アワー　　クラス　　クレジット　　ケーキ　　タイマー |
| フード　　ベース　　ラーメン　　ワーク |

Ⅳ　意味が近いことばを、下からえらんで書きなさい。

1．プロフェッショナル（　　　　　　　）　2．ベランダ（　　　　　　　　　）
3．トップ（　　　　　　　　）　　　　　4．フルーツ（　　　　　　　　　）
5．レシート（　　　　　　　　　）　　　6．アマチュア（　　　　　　　　　）

| いちばん　　くだもの　　くろうと　　しろうと |
| りょうしゅうしょ　　バルコニー |

Ⅴ つぎのことばの短い形を書きなさい。

1. アマチュア （　　　　　　） 　　2. プロフェッショナル （　　　　　　　　）

3. コンタクトレンズ （　　　　　　） 　　4. バーゲンセール （　　　　　　　）

5. コンビニエンスストア （　　　　　　）

Ⅵ つぎのことばには「ー」や「ッ」が一つ入ります。適当なところに入れなさい。

A 「ー」

1. ク　ラ　ス　メ　ト 　　　　2. ア　ン　ケ　ト

3. ト　レ　ニ　ン　グ 　　　　4. パ　セ　ン　ト

B 「ッ」

1. ヘ　ル　メ　ト 　　　　　　2. プ　ラ　ス　チ　ク

3. マ　サ　ー　ジ 　　　　　　4. パ　ン　フ　レ　ト

5. メ　セ　ー　ジ

Ⅶ 正しいことばを〔　　　　〕の中から一つえらびなさい。

1. アイディアが〔 うかぶ　うく　出す 〕。

2. レジを〔 おす　なぐる　うつ 〕。

3. インターネットを〔 つなぐ　つける　むすぶ 〕。

4. コンタクトレンズを〔 つける　きる　かける 〕。

5. スピードを〔 おとす　下がる　切る 〕。

Ⅷ （　　　　）に入ることばを下からえらんで書きなさい。

1. ハンバーガーやフライドチキンは（　　　　　　　　　　　　　　）と呼ばれている。

2. 窓（　　　　　　　　　　）をふいて、きれいにする。

3. 家へ帰る途中、（　　　　　　　　　　）に寄って雑誌を買った。

4. このスカートは色も（　　　　　　　　　）もいい。

5. （　　　　　　　　　　）に乗って会社へ行く。

6. 公園の（　　　　　　　　　　）で休む。

7. 食事のあと、（　　　　　　　　　　）にアイスクリームを食べる。

8. （　　　　　　　　　）で花を育てる。

```
ガラス　　コンビニ　　デザイン　　デザート
バイク　　ファストフード　　ベランダ　　ベンチ
```

🔊 43

| 551 | こい | 濃い | dark (color), strong (flavor), thick, heavy (beard) ／浓, 厚／진하다, 짙다／đậm |

・{色／味／コーヒー／お茶／化粧／ひげ…}が濃い。
合 濃さ　対 薄い

| 552 | うすい | 薄い | light (color, flavor, makeup), weak (coffee), thin (beard) ／薄, 淡／연하다, 적다／mỏng, nhạt, nhẹ, thưa |

① ・薄い本
② ・{色／味／コーヒー／お茶／化粧／ひげ…}が薄い。
合 ①②薄さ　対 ①厚い、②濃い

| 553 | すっぱい | 酸っぱい | sour ／酸／시다, 시큼하다／chua |

・レモンはすっぱい。　・古い牛乳のパックを開けたら、すっぱい匂いがした。
合 酸っぱさ、甘酸っぱい

| 554 | くさい | 臭い | stinky ／臭, 难闻／냄새가 고약하다, 냄새가 나다／hôi, tanh, thối |

・なっとうはくさいから嫌いだという日本人も多い。
・魚を焼いたので台所がくさくなった。
合 臭さ、臭み、[名詞]＋くさい（・ガスくさい、かびくさい）
関 におい

| 555 | おかしい | | amusing; strange; ridiculous ／可笑, 滑稽; 奇怪, 不正常; 不恰当／우습다, 이상하다／buồn cười, khác thường, phi lí |

① ・山本君は、授業中にいつもおかしいことを言ってみんなを笑わせる。
合 おかしさ　類 おもしろい
② ・パソコンの調子がおかしい。　・彼女は朝からずっと様子がおかしい。
③ ・「うちの会社、子どもができたらやめなきゃいけないのよ」「そんなのおかしいよ」
類 ②③変な

| 556 | かっこいい（←かっこうがいい） | | cool, nifty ／帅, 棒, 酷／멋있다／đẹp, phong cách |

・あの先輩は、かっこいいので人気がある。　・サッカーでかっこよくゴールを決めた。
・年を取っても自分の夢を追いかけるのは、かっこいい生き方だと思う。
※会話的な言葉。　合 かっこよさ　対 かっこ悪い

557 **うまい**　　　　skillful; tasty; smooth, successful／高明, 好; 可口, 美味; 順利, 美好／훌륭하다, 맛있다, 잘되다／ngon, giỏi, tốt

① ・母は料理が**うまい**。　　・この前のスピーチコンテストでは、とても**うまく**話せた。

合 うまさ　　類 上手な

② ・仕事のあとのビールは**うまい**。

合 うまさ、うまみ　　類 おいしい　※「うまい」はくだけた言い方。

③ ・「面接は**うまく**いきましたか」「まあまあでした」
　・彼は恋人とあまり**うまく**いっていないようだ。

連 うまくいく

---

558 **したしい**　　　**親しい**　　　intimate／親密, 親近, 親切／친하다, 가깝다／thân

・私は田中さんと**親しい**。　　・彼とは留学した大学が同じで**親しく**なった。
・母親同士が親友なので、家族同士も**親しく**つき合っている。

合 親しさ、親しみ→ニ__を感じる、ニ__を持つ、ニ__がある　　動 ガ親しむ

---

559 **くわしい**　　　**詳しい**　　　detailed; knowledgeable／詳細; 熟悉, 精通／자세하다, 잘 알고 있다／chi tiết, tường tận

① ・この地図はとても**くわしい**。　　・「先生、もう少し**くわしく**説明してください」

合 詳しさ

② ・姉は映画にとても**くわしい**。

---

560 **こまかい**　　　**細かい**　　　fine; detailed; small (money)／細小, 輕微; 詳細; 零碎／작다, 잘다, 세심하다／nhỏ, tỉ mỉ, lẻ

① ・新聞の字は**細かくて**、お年よりには読みづらい。　　・玉ねぎを**細かく**きざんだ。

② ・この書類を書くときには、**細かい**注意が必要だ。

合 ①②細かさ

③ ・「130円です」「**細かい**お金がないので、1万円でおつりをください」

類 ①③小さい　　関 小銭☞ 88

---

561 **あさい**　　　**浅い**　　　shallow／浅, 淡; 不深, 浅薄／얕다, 깊지 않다／nông, ngắn, ít ỏi, nông cạn

① ・この川は**浅い**ので、子どもが泳いでも危なくない。
　・地震は地下の**浅い**ところで起こった。
　・ナイフで刺されたが、傷が**浅く**、命は助かった。　　・いすに**浅く**座る。

② ・{眠り／経験／知識／考え／関係／つき合い…}が**浅い**。

対 ①②深い

562 かたい　　　固い／硬い　　hard, firm, stiff ／硬, 顽固; 态度坚决; 僵硬, 坚硬; 生硬／딱딱하다, 굳다, 강하다／cứng, cứng nhắc, chặt, không tự nhiên

［固い］

① ・このパンはとても**固い**。

・私は頭が**固い**から、いいアイデアがなかなか浮かばない。
　合 **固**さ　　対 **柔**らかい　　慣 頭が固い、口が固い

② ・**固い**{握手／約束／決心…}　・びんのふたが**固くて**なかなか**開**かない。

・この室内で火を使うことは**固く**禁止されている。

・がんばれば夢は実現すると**固く**信じている。

［硬い］

① ・体が**硬い**。　　・ダイヤモンドは非常に**硬い**ので、工業用に使われている。

② ・{表情／文章／内容…}が**硬い**。
　合 ①②**硬**さ　　対 ①②{軟らかい／柔らかい}

---

563 ぬるい　　lukewarm ／温／미지근하다／không đủ ấm, nguội

・**ぬるい**コーヒーはおいしくない。

・冷やしたビールを冷蔵庫から出したままにしておいたら、**ぬるく**なってしまった。
　合 ぬるさ

---

564 まぶしい　　dazzling ／耀眼, 炫目, 光彩夺目／눈부시다／chói, rạng rỡ

・カーテンを開けたら、太陽が**まぶしかった**。

・彼女は、最近**まぶしい**ほど美しくなった。
　合 まぶしさ

---

565 むしあつい　　蒸し暑い　　sultry ／闷热／무덥다／oi

・日本の夏は、**蒸し暑い**。
　合 蒸し暑さ　　関 湿気 ☞ 76、湿度 ☞ 75

---

566 せいけつな　　清潔な　　clean ／干净的, 清洁的／청결하다／sạch sẽ

・**清潔な**服を身につける。　　・トイレはいつも**清潔**にしておきたい。
　合 清潔さ、清潔感→__がある⇔ない　　対 不潔な

567 **しんせんな**　　新鮮な　　　　fresh ／新鮮的; 崭新的／신선하다／tươi, trong lành, tươi mới

① ・**新鮮な**魚はおいしい。　・「この冷蔵庫は野菜を**新鮮**に保ちます」

② ・山で**新鮮な**空気を胸一杯に吸いこんだ。

③ ・**新鮮な**気持ちで新学期を迎えた。

　　・旅行で初めて行った沖縄は、何もかも**新鮮だ**った。

合 ①②③新鮮さ

568 **ゆたかな**　　　　豊かな　　　abundant, rich ／丰富的, 富裕的／풍부하다, 여유 있다／giàu có

・**豊かな**｛資源／自然／緑／財産／暮らし／心／才能／個性／表情…｝

・このあたりは、国でもっとも**豊かな**地方だ。　・人生を**豊か**に生きる。

・彼女は想像力が**豊か**だ。

合 豊かさ、｛個性／才能／緑…｝＋豊かな

569 **りっぱな**　　　立派な　　great, grand, full-grown, full-fledged (crime) ／出色的, 漂亮的; 出众的; 充分的, 完全的／훌륭하다, 어엿하다／xuất sắc, đàng hoàng, đủ tư cách

① ・**りっぱな**｛人／仕事／成績／建物…｝

　　合 立派さ

② ・「あなたも**りっぱな**大人なのだから、自分のことは自分で決めなさい」

　　・彼は最後まで**りっぱに**リーダーとしての役目を果たした。

③ ・いじめは、**りっぱな**犯罪だ。

570 **せいかくな**　　正確な　　exact, accurate, punctual ／正确的, 准确的／정확하다／chính xác

・**正確な**数はわからないが、この観客は 5,000 人ぐらいだろう。

・計算は答えを**正確**に出さなければならない。

・山本さんは時間に**正確**で、待ち合わせに絶対遅れない。

合 正確さ

571 **たしかな**　　　確かな　　definite, certain; probably ／准确无误的, 确凿的／肯定, 确实／확실하다／đúng, chắc, có lẽ

① ・新聞は**確かな**事実だけを伝えなければならない。

　　・**確か**にかばんにさいふを入れたはずなのに、いくらさがしても見つからない。

　　・「あの会社、倒産するらしいですよ」「それは**確か**ですか」

　　合 確かさ　　類 確実な　　関 ヲ確かめる☞ 464

② ［副 確か］・「レポートのしめ切りは、**確か** 15 日でしたね」

45

572 じゅうような 重要な — important ／重要的／중요하다／quan trọng

・きょうは午後から**重要な**会議がある。
・情報技術は、将来ますます**重要**になるだろう。
・食料問題は国にとってとても**重要だ**。
合 重要さ、重要性 　類 大事な、大切な

573 ひつような 　必要な — necessary ／必要的／필요하다／cần, cần thiết

・子どもに**必要な**のは、親の温かい愛情だ。
・海外の仕事でパスポートが**必要**になった。
・クレジットカードを作るには、銀行口座と身分を証明するものが**必要だ**。
合 必要性→＿がある⇔ない 　対 不必要な、不要な
名 必要→＿がある⇔ない（・小学校で英語を教える**必要**があるのだろうか。
　　　　　　　　　　・「**必要**があれば、このコピー機を使ってください」）

574 もったいない — What a waste!, regretful that something good is wasted ／可惜, 浪費／아깝다／phí phạm

・流行遅れでもまだ着られる服を捨てるのは**もったいない**。
・こんなつまらない会議ばかりしていては、時間が**もったいない**。
・せっかく留学したのだから、一生懸命勉強しないと**もったいない**。

575 すごい — ferocious; incredible, great ／厉害, 非常; 了不起, 惊人／굉장하다, 대단하다／ghê gớm, giỏi

① ・きのうの台風は**すごかった**。 　・演奏が終わると、**すごい**拍手だった。
　・「味、どう？」「うん、**すごく**おいしい」
② ・「コンテストで優勝したんです」「それは**すごい！**」
合 ①②すごさ

576 ひどい — despicable, terrible ／残酷, 过分; 严重, 差; 非常, 激烈／잔인하다, 못되다, 형편없다, 심하다／tồi tệ, tệ hại

① ・一人をおおぜいでいじめるとは**ひどい**。
　・二人の女性と同時につき合っていたなんて、**ひどい**男だ。
　慣 ひどい目にあう
② ・今学期の成績は**ひどかった**。
③ ・かくれてたばこを吸って、先生に**ひどく**怒られた。
　・「どうしたの、顔色が**ひどく**悪いよ」
合 ①②③ひどさ

577 **はげしい** **激しい**　violent, intense; considerable ／激烈, 猛烈; 厉害, 程度严重／심하다, 세차다／dữ dội, rất nhiều

① ・{雨／風／戦い／感情／痛み…}が**激しい**。

・入試に失敗して、今まで勉強しなかったことを**激しく**後悔した。

② ・{変化／差}が**激しい**。

合①②激しさ

578 **そっくりな**　look-alike ／一模一样的, 极像的／똑 닮다／giống hệt

・兄は父に顔も声も**そっくり**だ。　・髪を切ったら、母親と**そっくり**になった。

・有名な画家の絵をまねして**そっくり**に描いた。

・友だちだと思って声をかけたら、**そっくりな**別人だった。

名 そっくり（・本物そっくりの偽ブランドバッグ）

579 **きゅうな** **急な**　sudden, urgent; rapid; steep, sharp (curve) ／突然的, 忽然的; 速度快的; 转弯角度大的／갑작스럽다, 빠르다／đột nhiên, gấp, xiết, rất dốc

① ・**急に**歯が痛みだした。　・**急に**道路に飛び出しては危ない。

・**急な**用事ができて、国へ帰ることになった。

② ・この川は流れが**急だ**。

③ ・**急な**{坂道／階段／カーブ…}

対②③緩やかな

580 **てきとうな** **適当な**　suitable, proper; convenient (response), irresponsible ／合适的; 恰当的; 敷衍的, 马虎的／적합하다, 적당하다／phù hợp, thích hợp, qua loa

① ・家庭教師を探しているが、**適当な**人がなかなかいない。

・先生に手紙を書くときは、名前に「様」ではなく「先生」をつけるのが**適当だ**。

対 不適当な

② ・肉と野菜を**適当な**大きさに切ってカレーを作る。

・「途中で**適当に**休憩をとってください」

③ ・親が結婚しろとうるさくて、そのたびに**適当に**返事をしている。

・「あの人は**適当な**人だから、あまり信用しない方がいいよ」

合 適当さ　類 いいかげんな

46

581 とくべつな　特別な　　　special; particular ／特殊的; 特别 ／특별하다 ／đặc biệt

① ・彼女には音楽家としての**特別な**才能がある。

・合格祝いに母が**特別に**ごちそうを作ってくれた。

・わがままな人は、自分だけは**特別だ**と思っていることが多い。

② ［副 特別］・今年の冬は寒いが、きょうは**特別**寒い。　　類 特に☞ 859

582 かんぜんな　完全な　　complete, total ／完整的, 完全的; 圆满, 彻底 ／완전하다 ／nguyên vẹn, hết, hoàn toàn

① ・土の中から古代の器が**完全な**形で出てきた。

・準備は**完全だった**のに、結果はよくなかった。
対 不完全な

② ・試合は私たちの**完全な**勝利だった。　　・実験は**完全に**失敗してしまった。

583 さかんな　盛んな　　flourishing, big; frequent ／盛行; 热烈的; 频繁 ／왕성하다, 열렬하다, 한창이다 ／phát triển, thịnh hành, nhiều

① ・私のふるさとは農業が**盛んだ**。　・日本で海外旅行が**盛んに**なったのは 80 年代だ。

・観客は歌手に**盛んな**拍手を送った。

② ・今「グローバル化」ということが**盛んに**言われている。

・最近大学では公開講座が**盛んに**開かれるようになった。

584 さまざまな　様々な　　various ／各种各样的 ／여러 가지이다 ／nhiều, đa dạng, nhiều vẻ

・インターネットから**さまざまな**情報が得られる。　　・このガラスは光の当たり方で
さまざまに色が変わる。　　・何を幸せと思うかは、人によって**さまざまだ**。
類 いろいろな

585 かのうな　可能な　　possible ／有可能的, 可以做到的 ／가능하다 ／có thể

・科学が進歩して、今まで不可能だったことも**可能に**なった。

・この成績なら希望の大学に合格することは十分**可能だ**。

・成功のためには**可能な**かぎり何でもするつもりだ。

合 可能性→__が {ある／高い／大きい} ⇔ {ない／低い／小さい}
対 不可能な　　類 可(⇔不可)（・ペット可、辞書持ち込み可）

586 ふかのうな　不可能な　　impossible ／不可能的, 做不到的 ／불가능하다 ／không thể

・**不可能な**計画ならはじめから立てないほうがいい。

・１カ月でこの実験を終わらせるのは**不可能だ**。

対 可能な　　類 無理な、不可(⇔可)（・飲食不可）

587 きほんてきな　基本的な　　basic／基本的, 基础的／기본적이다／cơ bản

・パソコンの**基本的**な使い方はマニュアルに書いてある。
・うちの会社は、**基本的**に9時から18時までが勤務時間だ。
　名 基本☞663

588 こくさいてきな　国際的な　　international, cosmopolitan／国际化的, 国际性的／국제적이다／(mang tính) quốc tế

・東京で**国際的**なアニメフェスティバルが開かれた。
・あのピアニストは**国際的**に活躍している。
・「この大学は留学生が多くてとても**国際的**ですね」
　名 国際☞406

589 ばらばらな　　greatly divided, scattered／分散的, 零乱的／제각각이다, 따로따로이다／khác biệt, riêng rẽ

・みんなの意見が**ばらばら**で、なかなか結論が出ない。
・今は、家族が**ばらばら**に暮らしている。

590 ぼろぼろな　　ragged, dilapidated; worn out／破破烂烂的, 破烂不堪的／너덜너덜하다, 기진맥진하다／rách rới, tồi tàn, rã rời

・**ぼろぼろ**{な／の}{服／家…}
・ひどい目にあって身も心も**ぼろぼろ**になってしまった。

コラム 15	公共の施設　　Public Facilities／公共设施／공공시설／Cơ sở công cộng
都庁	Tokyo Metropolitan Government office／东京都政府／도청(도쿄)／trụ sở hành chính thành phố Tokyo
県庁	prefectural office／县厅, 县政府／현청／trụ sở hành chính tỉnh
府庁	prefectural office (Osaka, Kyoto)／府厅, 大阪府和京都府的政府／부청(오사카, 교토)／trụ sở hành chính tỉnh Osaka/Kyoto
道庁	prefectural office (Hokkaido)／北海道政府／도청(홋카이도)／trụ sở hành chính tỉnh Hokkaido
市役所	city office／市政府, 市政厅／시청／trụ sở hành chính thành phố thuộc tỉnh
区役所	ward office／区政府／구청／trụ sở hành chính quận
入国管理局	immigration bureau／入国管理局／입국관리국／cục quản lý nhập cảnh
警察署	police department／警察署, 公安局／경찰서／đồn cảnh sát
消防署	fire department／消防署, 消防站／소방서／trạm cứu hỏa
保健所	public health center／保健站／보건소／trung tâm sức khỏe
派出所	police box, substation／派出所, 驻地办事处／파출소／trạm
交番	police box／巡警岗亭／파출소／trạm cảnh sát
公民館	community center／文化馆, 文化宫／시민 회관, 구민 회관／nhà cộng đồng
図書館	library／图书馆／도서관／thư viện
博物館	museum／博物馆／박물관／bảo tàng
美術館	art museum／美术馆／미술관／bảo tàng mỹ thuật
劇場	theater／剧院, 戏院, 影院／극장／nhà hát
映画館	movie theater／电影院／영화관／rạp phim
(音楽)ホール	(concert) hall／(音乐)厅／(음악) 홀／hội trường (âm nhạc)

I （　　）に助詞を書きなさい。

1．私は田中さん（　　　）親しい。
2．彼女はアニメ（　　　）くわしい。
3．彼は時間（　　　）正確だ。
4．子ども（　　　）必要なのは、温かい愛情だ。
5．弟は父（　　／　　）顔がそっくりだ。

II 正しいことばを〔　　　〕の中から一つえらびなさい。

1．〔　こい　強い　ゆたかな　〕コーヒーが好きだ。
2．階段が〔　急で　ひどくて　はげしくて　〕のぼりづらい。
3．いじめは〔　ゆたかな　りっぱな　てきとうな　〕犯罪だ。
4．〔　少ない　小さな　細かい　〕お金がなかったので、両替えしてもらった。
5．口が〔　かたい　強い　動かない　〕人には、秘密を話してもいい。
6．台風は、関東地方に上陸する〔　意外　可能　積極　〕性が高い。
7．車を買うことになったので、お金を準備する〔　必要　重要　自由　〕がある。

III 〔　　　〕に入ることばを下からえらんで書きなさい。（　　）の数字はえらぶ数です。（二度使うことばもあります）

1．〔　　　　　　　　　　　〕があさい。（4）

2．〔　　　　　　　　　　　〕がうすい。（2）

3．〔　　　　　　　　　　　〕がかたい。（2）

4．〔　　　　　　　　　　　〕がはげしい。（2）

5．〔　　　　　　　　　　　〕がゆたかだ。（3）

色　痛み　化粧　海　考え　経験
自然　眠り　表情　文章　変化

Ⅳ （　　）に入ることばを下からえらんで適当な形にして書きなさい。

A 1. 太陽が（　　　　　　　　　　　）。
2. 梅雨の時期は（　　　　　　　　　　）。
3. 姉は、さっきから何か様子が（　　　　　　　　　　　　）。
4. あの先輩は（　　　　　　　　　　）ので人気がある。
5. 時間がたってお茶が（　　　　　　　　　　）なってしまった。
6. このオレンジは（　　　　　　　　　　）すぎて食べられない。
7. この部屋は長い間使っていないので、かび（　　　　　　　　　　　）。
8. 流行遅れでも、まだ着られる服を捨てるのは（　　　　　　　　　　）。
9. 最近、仕事が（　　　　　　　　　）いかなくて悩んでいる。

```
うまい    おかしい    かっこいい    くさい    すっぱい
ぬるい    まぶしい    むしあつい    もったいない
```

B 1. （　　　　　　　　　　）魚はさしみにできる。
2. この地方は農業が（　　　　　　　　　　）。
3. （　　　　　　　　　　）国から留学生がやって来る。
4. 事情があって家族が（　　　　　　　　　）暮らしている。
5. （　　　　　　　　　　）トイレは使っていて気持ちがいい。
6. 長い間使っているさいふが（　　　　　　　　　）なった。
7. 「3年の間に大地震が起こりそうです」「それは（　　　　　　　　　）ですか」
8. あの俳優は国内では有名だが、（　　　　　　　　）は無名だ。

```
こくさいてき    さかん    さまざま    しんせん
せいけつ    たしか    ばらばら    ぼろぼろ
```

C 1. 彼の話に（　　　　　　　　　　）だまされた。
2. （　　　　　　　　　　）帰国することが決まった。
3. 仕事の間に（　　　　　　　　　　）休憩をとった。
4. 15歳の子どもが（　　　　　　　　　）大学の入学を許された。
5. 彼は最後まで（　　　　　　　　）リーダーの責任をはたした。
6. お酒を飲んで運転することは（　　　　　　　　）禁止されている。
7. 「映画はどうだった？」「（　　　　　　　　）おもしろかったよ」
8. うちの会社は、（　　　　　　　　）9時から6時までが勤務時間だ。

```
かたい    かんぜん    きほんてき    きゅう
すごい    てきとう    とくべつ    りっぱ
```

Ⅰ　（　　　）に入れるのに最もよいものを、a・b・c・dから一つえらびなさい。

1．姉は（　　　　）趣味_{しゅみ}のダンスをやっている。

   a　得意に　　　　　　b　熱心に　　　　　　c　満足に　　　　　　d　夢中に

2．彼は友だちは多いが、恋愛_{れんあい}には（　　　　　）。

   a　おとなしい　　　　b　地味だ　　　　　　c　消極的だ　　　　　d　苦手だ

3．マッサージをしてもらったら、体が（　　　　　）なった。

   a　元気に　　　　　　b　しんせんに　　　　c　ゆるく　　　　　　d　楽に

4．「100 メートルを 9 秒_{びょう} 8 で走るとは、（　　　　）記録ですねえ」

   a　大きい　　　　　　b　すごい　　　　　　c　ひどい　　　　　　d　激しい

5．カラオケの嫌いな彼が、むかし歌手だったとは（　　　　　）。

   a　案外だ　　　　　　b　不可能だ　　　　　c　意外だ　　　　　　d　当然だ

6．地震_{じしん}で水が止まって、しばらく（　　　　）生活をした。

   a　不自由な　　　　　b　完全な　　　　　　c　不必要な　　　　　d　不満な

7．このカーブは（　　　　）ので、スピードを出すと危_{あぶ}ない。

   a　かたい　　　　　　b　きびしい　　　　　c　急な　　　　　　　d　強い

8．このオフィスで一番パソコンに（　　　　）のは、山本_{やまもと}さんだ。

   a　くわしい　　　　　b　細かい　　　　　　c　うまい　　　　　　d　得意な

9．先生は時間に（　　　　）、毎朝 9 時ちょうどに教室に入る。

   a　確実で　　　　　　b　正確で　　　　　　c　確かで　　　　　　d　正しくて

10．（店で）「一度使用した商品をお返しになることは、（　　　　）おことわりします」

   a　かたく　　　　　　b　きびしく　　　　　c　強く　　　　　　　d　はげしく

Ⅱ　＿＿＿＿に意味が最も近いものを、a・b・c・dから一つえらびなさい。

1．この子は正直だ。

   a　頭がいい　　　　　b　うそをつかない　　c　がまんづよい　　　d　まじめだ

2．私の仕事は楽だ。

   a　おもしろい　　　　b　少ない　　　　　　c　簡単だ　　　　　　d　楽しい

3．彼は高橋_{たかはし}さんと親しい。

   a　いつも一緒だ　　　b　近所どうしだ　　　c　親せきだ　　　　　d　仲がいい

4．ジュースがぬるくなった。

   a　温まった　　　　　b　熱くなった　　　　c　冷めた　　　　　　d　冷えた

5．こんな課題は学生には<u>無理だ</u>。

    a　いやがる   b　不可能だ   c　やさしくない   d　理由がない

Ⅲ　つぎのことばの言い方として最もよいものを、一つえらびなさい。

1．清潔な

    a　このタオルはとても<u>清潔だ</u>。

    b　彼は<u>清潔な</u>心を持っている。

    c　きょうは、空が<u>清潔に</u>晴れている。

    d　この川の水は<u>清潔で</u>、水の底まで見える。

2．ましな

    a　日本に住む外国人の数は、年々<u>まし</u>になっている。

    b　秋は食べものがおいしくて、食事の量が<u>まし</u>になる。

    c　ひどいせきが出ていたが、薬を飲んだら<u>まし</u>になった。

    d　彼女は昔からきれいだったが、最近さらに<u>まし</u>になった。

3．盛んな

    a　焼き肉の火が弱かったので、もっと<u>盛ん</u>にした。

    b　将来のために、お金を<u>盛ん</u>に貯金しようと決めた。

    c　二十歳（はたち）の誕生日に、<u>盛ん</u>にパーティーを開いた。

    d　大学で留学生と日本人学生の交流が<u>盛ん</u>に行われている。

4．うらやましい

    a　テストで1問（もん）だけできなくて、<u>うらやましい</u>。

    b　むかし一緒（いっしょ）に遊んだ友だちが、今でも<u>うらやましい</u>。

    c　あの人はいつも私のじゃまをするので、<u>うらやましい</u>。

    d　友人の会社は給料がよくて休みも多いそうで、<u>うらやましい</u>。

5．おとなしい

    a　彼女は、いつもと違ってきょうは<u>おとなしい</u>服を着ている。

    b　この子は、小学生とは思えない<u>おとなしい</u>考え方をする。

    c　友だちとけんかをして、つい<u>おとなしい</u>ことを言ってしまった。

    d　おいにひさしぶりに会うと、すっかり<u>おとなしい</u>年になっていた。

🔊 **47**

Ⅰ　**程度や量を表す副詞**　Adverbs for Expressing Degree/Quantity ／表示程度或量的副詞／정도나 양을 나타내는 부사／ Phó từ chỉ mức độ, lượng

---

591 ひじょうに　非常に　very; urgency ／非常, 特別; 緊急, 急迫／굉장히, 비상／vô cùng, bất thường

① ・これは**非常に**高価なものですので、気をつけて運んでください。

　 ・直接さわるのは**非常に**危険です。
　 　※改まった言葉。　　類 とても、大変(に)

② ［名 非常］・「**非常の**際は、この下のレバーを引いてください」
　 合 ＿口、＿階段、＿ベル

---

592 たいへん(に) 大変(に)　terribly, greatly ／非常, 厉害, 了不得／대단히／rất

① ・朝夕は電車が**大変**混むので疲れる。　・計画が中止になったのは**大変**残念だ。

　 ・「これまで**大変**お世話になりました」
　 類 とても、非常に

② ［ナ形 大変な］☞ 281

---

593 ほとんど　nearly; hardly ／大致, 大部分; 几乎／거의, 대부분／hầu hết, gần như

① ・準備は**ほとんど**できた。　・村上春樹の小説は**ほとんど**読んだ。

　 名 ほとんど(・この学校では、{**ほとんどの**子どもたちが／子どもたちの**ほとんどが**}携帯電話を持っているそうだ。)

② ・来日したとき、日本語は**ほとんど**わからなかった。

　 ・あの人とは**ほとんど**話したことがありません。
　 　※否定的な表現といっしょに使う。

---

594 だいたい　　大体　most; about ／大致, 大部分; 大约／대개, 대략／phần lớn, khoảng

① ・きょうの試験は**だいたい**できた。

　 ・**だいたいの**人がそのニュースを知っていた。

② ・１カ月の収入は**だいたい** 15 万円ぐらいです。
　 類 およそ

---

595 かなり　fairly, quite ／相当, 颇／꽤, 상당히／khá, tương đối

・頭痛の薬を飲んだら、30 分ぐらいで**かなり**よくなった。

・きのうの台風で、九州では**かなりの**被害が出たそうだ。

| 596 | **ずいぶん**　　随分 | considerably ／非常, 很, 相当, 相当厉害／몹시, 대단히／nhiều, quá |

・しばらく会わない間に、チンさんは**ずいぶん**日本語が上手になっていた。
・「けがの具合はどうですか」「**ずいぶん**よくなりましたが、まだ運動はできません」
　※「思った以上に」という気持ちが入る。

| 597 | **けっこう**　　結構 | pretty, very ／相当, 很好／제법／khá, tương đối |

① ・日曜日なので混んでいるかと思ったら、**けっこう**すいていた。
　・初めて作った料理だが、**けっこう**おいしくできた。
　※「予想していた以上に」という気持ちが入る。
② ［ナ形 結構な］ ☞ 289

| 598 | **だいぶ／だいぶん**　大分 | mostly, fairly ／相当, 很, ……得多／상당히, 많이／nhiều |

・病気は**だいぶ**よくなった。　・仕事がまだ**だいぶん**残っている。
　類 かなり

| 599 | **もっと** | more ／更, 更加, 再稍微／더, 좀 더／hơn, nữa |

・リンゴよりイチゴのほうが好きだ。でも、メロンは**もっと**好きだ。
・「**もっと**大きな声で話してください」　・これだけでは足りない。**もっと**ほしい。

| 600 | **すっかり** | completely, quite ／完全, 全部／몽땅, 완전히／hết, hoàn toàn |

・さくらの花はもう**すっかり**散ってしまった。　・友人との約束を**すっかり**忘れていた。
・「病気の具合はどうですか」「おかげさまで、**すっかり**よくなりました」
　類 完全に

| 601 | **いっぱい**　　一杯 | full ／很多; 满, 充满; 全, 全部／가득, 활짝, ～껏／rất nhiều, no, (mở) toang |

① ・会場には子どもたちが**いっぱい**いて、とてもにぎやかだった。
　※会話的な言葉。　　類 たくさん
② ・もう、おなかが**いっぱい**だ。　・姉の部屋は本で**いっぱい**だ。
③ ［いっぱいに］・窓を**いっぱい**に開く。
合①②③ ［名詞］＋いっぱい
　（・部屋**いっぱい**に日が差している。
　・{力**いっぱい**／精**いっぱい**} がんばるつもりだ。
　・きのうのテストは難しくて、時間**いっぱい**かかってしまった。
　・「おかわりは？」「もうおなか**いっぱい**だよ」）

48

602 ぎりぎり　barely, the last minute ／最大限度, 勉强／간신히, 직전／vừa, sát giờ, vừa đủ

・走れば、9時の電車に**ぎりぎり**間に合うだろう。

・**ぎりぎり**まで待ったが、田中君は来なかった。しかたなく、先に行くことにした。

・**ぎりぎり**で1級に合格することができた。

603 ぴったり（と）　exactly; closely; perfectly; suddenly ／正好, 准时; 紧密, 完全一致; 完全合适; 突然停止／딱, 꼭, 꼭 맞음, 뚝／vừa đúng, vừa vặn, (dừng, bỏ) hẳn

① ・7時**ぴったり**にめざまし時計をセットした。

　・高橋さんはいつも、約束の時間**ぴったり**にやってくる。

② ・二人は**ぴったり**とくっついて、離れようとしなかった。

　・窓を**ぴったり**閉めてください。　・二人の意見は**ぴったり**一致した。

③ ・「そのネクタイ、きょうのスーツに**ぴったり**だね」

　・このバッグは2〜3日の旅行に**ぴったり**の大きさだ。

④ ・子どもが生まれてから、夫は{**ぴったり／ぴたりと**}たばこをやめた。

　・薬を飲むとせきが**ぴたり**とやんだ。

※後ろに動詞があるときは、「ぴたりと」の形も使える。「ぴったり」のほうが会話的。

Ⅱ 時に関係のある副詞　Time-related Adverbs ／与时间相关的副词／시간과 관련된 부사／ Phó từ liên quan đến thời gian

604 たいてい　大抵　usually, mostly ／大部分, 大多; 一般, 大部分／대개, 대부분／thông thường, đại đa số

・日曜日は**たいてい**うちにいます。

・**たいてい**の人が田中さんの意見に賛成した。

類 ほとんど

605 どうじに　同時に　simultaneously; on the other hand ／同一时间, 立刻; 同时, 并且／동시에, ～면서도／cùng lúc, đồng thời

① ・二人は**同時に**ゴールした。　・電気が消えた。**同時に**非常ベルが鳴り始めた。

　・そのコンサートのチケットは、発売と**同時に**売り切れた。

　名 同時（・二人のゴールは**同時**だった。）

② ・駅から近いアパートは便利だが、**同時に**、家賃も高い。

　・彼女は私の妻であると**同時に**、仕事のパートナーでもある。

606 まえもって　前もって　in advance ／预先, 事先／미리／trước

・「もし欠席する場合は、**前もって**ご連絡します」

・デートするときは、いいレストランを**前もって**調べておくようにしている。

607 **すぐ(に)** immediate(ly); right ／立刻, 马上; 附近／바로／ngay

① ・チャイムを鳴らすと、**すぐに**ドアが開いた。　・「火事です。**すぐ**来てください」
② ・うちの**すぐ**近くで殺人事件があって、とても怖かった。

608 **もうすぐ** soon ／就要, 快要, 马上／곧, 머지않아／sắp

・日本へ来て、**もうすぐ**3年になる。　・**もうすぐ**夏休みだ。

609 **とつぜん**　　突然 suddenly ／突然, 忽然／갑자기／đột ngột

・子どもが**突然**飛び出して来たので、急ブレーキをかけた。
・友人が亡くなった。**突然**のことで、まだ信じられない。

610 **あっというま(に) あっと言う間(に)** in a flash ／一转眼, 一瞬间／순식간(에)／chẳng mấy chốc

・子どもの成長は早い。**あっという間に**、もう小学生だ。
・駅でかばんをとられてしまった。**あっという間**のできごとだった。
・楽しい時間が過ぎるのは、**あっという間**だ。

611 **いつのまにか いつの間にか** before one knows ／不知不觉间, 不知什么时候／어느새, 어느 덧／từ lúc nào

・**いつの間にか**、外は暗くなっていた。
・子どもは**いつの間にか**、私より背が高くなっていた。
※「いつの間に」は疑問文に使う。（・**いつの間に**こんなにお金を使ってしまったのだろう。）

612 **しばらく** for a moment, for a while ／一会儿, 暂时, 不久／잠시, 얼마 동안／một chút, một thời gian

・「ただ今窓口が混んでいますので、もう**しばらく**お待ちください」
・〈友人の子どもにひさしぶりに会って〉「**しばらく**会わないうちに大きくなったね」

Ⅲ **変化や経過に関係のある副詞** Adverbs for Change or Transition ／与变化／过程相关的副词／변화나 경과와 관련된 부사／Phó từ liên quan đến sự thay đổi, chuyển tiếp

613 **ずっと** by far; very; all the time ／更, ……得多; 很久; 一直／훨씬, 아주, 줄곧／hẳn, rất, liên tục

① ・バスよりも地下鉄で行くほうが**ずっと**速い。　・太陽は地球よりも**ずっと**大きい。
② ・あの人とは**ずっと**前に一度会ったことがある。　・**ずっと**遠くに船が小さく見える。
③ ・私は小さいころから**ずっと**ピアノを習っている。　・きのうは**ずっと**寝ていた。

614 **あいかわらず 相変わらず** as usual, unchanged ／照旧, 仍旧, 跟往常一样／여전히, 변함없이／vẫn (như trước)

・あの女優は、年を取った今も**あいかわらず**きれいだ。
・久しぶりに会ったが、彼女の気の強さは**あいかわらず**だった。

49

615 つぎつぎに／と 次々に／と

one after another ／一个接一个, 陆续, 连续不断地／잇달아, 계속하여／liên tục

・新しいタイプのインスタント食品が**次々に**発売されている。

・あの小説家は**次々と**新しい作品を発表している。

616 どんどん

steadily, farther and farther, more and more; bang ／接连不断地, 不停地, 一个劲地; 咚咚声／적적, 계속, 탕탕／nhanh, nhiều nữa, ầm ầm

① ・きょうは体調もよく、仕事が**どんどん**進んだ。

・「待って」と頼んでも、彼は**どんどん**先に行ってしまった。

・「おなかがすいてるでしょ。**どんどん**食べて」

② ・**ドンドン**とドアをノックする大きな音が聞こえた。

617 ますます

increasingly, more and more ／越发, 越来越……, 更加／더욱더, 점점 더／càng lúc càng, càng ngày càng

・朝から降っていた雨は、午後になると**ますます**強くなった。

・「彼女、子どものころからかわいかったけど、最近**ますます**きれいになったね」

618 やっと

finally, barely ／终于, 好不容易; 勉勉强强／겨우, 가까스로／cuối cùng, chỉ vừa đủ

① ・30分も待って、**やっと**バスが来た。

・ずいぶん探して、**やっと**(のことで)目的地に着くことができた。

② ・安い給料しかもらっていないので、生活が苦しく、食べていくのが**やっと**だ。

・うちの子はまだ小さくて、電車のつり革に**やっと**手が届くぐらいの身長です。

619 とうとう

finally, at long last, after all ／终于, 终究; 到底／마침내, 결국／cũng đến lúc, cuối cùng thì

① ・長い間使っていた洗たく機が**とうとう**壊れてしまった。

・**とうとう**人間が月へ行ける日がやって来た。

② ・3時間待ったが、彼は**とうとう**来なかった。
※否定的な表現といっしょに使う。

類①②ついに

620 ついに

at long last, in the end ／终于, 到底; 直到最后／드디어, 결국, 끝끝내／cuối cùng thì

① ・若いころの夢を**ついに**実現することができた。

・兄は土日も休まず働き続け、**ついに**過労で倒れてしまった。

② ・がんばって練習したが、**ついに**全国大会に出場することはできなかった。
※否定的な表現といっしょに使う。

類①②とうとう

Ⅳ 気持ちや主観を表す副詞
Adverbs That Express Feelings and Subjective Impressions ／表现心情与主观感受的副词／심정이나 주관을 표현하는 부사／
Phó từ chỉ tâm trạng, cảm nhận chủ quan

621　もちろん　　　　　　　　　　of course, naturally ／当然, 不用说／물론／tất nhiên

・マンションを買った。**もちろん**、ローンでだ。

・「あしたのパーティーに行く？」「**もちろん**」

・彼は中国に 10 年住んでいたから、**もちろん**中国語が話せるはずだ。
類 当然☞ 287

622　やはり　　　　　　　　as expected; still; after all ／毕竟, 还是; 照旧;（虽然……）还是……／역시／như dự đoán, như định lúc đầu

① ・**やはり**Aチームが勝った。予想通りだった。

　・「Bが犯人だったそうだ」「**やっぱり**ね」

② ・「私のふるさとでは、今でも**やはり**旧暦で正月を祝うんです」

③ ・「赤いのがいいなあ。あ、黒いのもいいかなあ……**やっぱり**赤いのにしよう」

※「やっぱり」は「やはり」の会話的な言葉。

623　きっと　　　　　　　　certainly; without fail ／肯定; 一定, 必定／어김없이, 반드시／nhất định

① ・田中さんはいつも遅刻するから、きょうも**きっと**遅れてくるだろう。

　・「あなたなら、**きっと**合格できますよ」

② ・〈お金を貸してくれた友人に〉「来週中には**きっと**返すよ」

　・〈帰国する友人に〉「今度日本へ来たら、うちに泊まってください。**きっと**ですよ」

類①②必ず

624　ぜひ　　　　是非　　　　really (want to do), by all means ／一定, 无论如何, 务必／꼭／rất, nhất định

・若いときに、**ぜひ**留学したいと思っている。

・「日本へいらっしゃったら、**ぜひ**私のうちに泊まってください」

※ふつう、「～たい」「～てほしい」「～てください」といっしょに使う。

625　なるべく　　　　　　　as much as possible ／尽量, 尽可能／가급적, 되도록／cố gắng

・「**なるべく**辞書を見ないで、この本を読んでみてください」

・かぜがはやっているときは、人の多いところへは**なるべく**行かないほうがいい。

626　あんがい　　　　案外　　　surprisingly ／意想不到, 出乎意料／의외(로), 뜻밖(에)／không ngờ

・きょうはくもっているが、**案外**暖かい。　　・道が混んでいたが、**案外**早く着いた。

※後ろに動詞が続くことは少ない。（×案外合格した、×案外来た）
類 意外に☞ 288

---

627 **もしかすると／もしかしたら／もしかして** maybe ／也许, 或许, 可能／어쩌면, 혹시／có thể, hay là

・体調が悪いので、**もしかすると**、あした休むかもしれません。

・このごろ成績が上がってきたから、**もしかしたら**Ｔ大学に合格できるかもしれない。

・「北村さん、**もしかして**河内さんのことが好きなんじゃない？」

　※「もしかすると→もしかしたら→もしかして」の順に会話的になる。

　　「ひょっとすると→ひょっとしたら→ひょっとして」は、より会話的になる。

---

628 **まさか** no way, never (dreamed of) ／怎么会, 怎么可能, 万没想到／설마／khó tin, không thể (nghĩ là)

・「あの二人、離婚するそうだよ」「**まさか！**　あんなに仲がよかったのに」

・あの成績のいい小林さんが、**まさか**Ｔ大学に落ちるとは思わなかった。

---

629 **うっかり**　　ガうっかりスル absentmindedly ／不留神, 不小心, 稀里糊涂／깜빡／quên khuấy

・**うっかり**して、さとうと塩を間違えて入れてしまった。

・買い物に行くのに、**うっかり**さいふを忘れて出かけてしまった。

---

630 **つい** in spite of oneself, involuntarily ／不由自主地, 不禁／무심코, 그만／không chủ định, theo thói quen

・禁煙しようと思うのだが、食事の後などに**つい**吸ってしまう。

・疲れていたので、会議中に**つい**居眠りしてしまった。

---

631 **おもわず**　　思わず instinctively, unconsciously ／禁不住, 不由得／엉겁결에／theo phản xạ tự nhiên

・夜道で急に肩をたたかれ、**思わず**「ワーッ」と叫んでしまった。

---

632 **ほっと**　　ガほっとスル relieved, to my relief ／放心, 松口气／한숨 놓다／nhẹ nhõm

・｛試験が終わって／ガンではないとわかって…｝**ほっと**した。

---

633 **いらいら**　　ガいらいらスル irritated ／着急, 情绪焦躁／안절부절못하다／bực tức

・急いでいるのにバスがなかなか来なくて**いらいら**した。

---

634 **のんびり**　　ガのんびりスル leisurely, laidback ／悠闲自在, 无拘无束／한가로이, 유유히, 느긋하게／thư thả, thong thả

・半年ほどとても忙しかった。温泉へでも行って**のんびり**したい。

・定年退職後はふるさとへ帰って**のんびり**(と)暮らしたい。

---

635 **じつは**　　実は to tell the truth, actually ／说真的, 说实在的, 事实上, 其实／실은, 사실은／thật ra

・「きのう言ったことは、**実は**うそなんです」

・「あら、鈴木さん。何かご用ですか」「ええ、**実は**、お願いがあって……」

Ⅰ. 空欄に適当な言葉をひらがなで入れなさい。

ふつうの表現	①	②	③	④	⑤
改まった表現	一昨日（いっさくじつ）	昨日（さくじつ）	本日（ほんじつ）	明日（あす）	明後日（みょうごにち）
ふつうの表現	⑥	⑦	⑧	来年（らいねん）	再来年（さらいねん）
改まった表現	一昨年（いっさくねん）	昨年（さくねん）	本年（ほんねん）	（明年）（みょうねん）	（明後年）（みょうごねん）

Ⅱ. 漢字の読みかたをひらがなで書きなさい。

① 早朝（　　　　　）
early morning ／早晨, 清晨／조조 , 이른 아침／ sáng sớm

正午（　　　　　）
noon ／中午, 正午／정오／ giữa trưa

深夜（　　　　　）
late night ／深夜／심야／ đêm khuya

真夜中（　　　　　）
middle of the night, midnight ／半夜, 三更／한밤중／ đúng nửa đêm

② 平日（　　　　　）
weekday ／平日／평일／ ngày thường

休日（　　　　　）
day off, holiday ／假日, 休息日／휴일／ ngày nghỉ

③ 年末（　　　　　）
end of the year ／年末／연말／ cuối năm

月末（　　　　　）
end of the month ／月末／월말／ cuối tháng

週末（　　　　　）
weekend ／周末／주말／ cuối tuần

④ 上旬（　　　　　）
early part of the month ／上旬／상순／ thượng tuần

中旬（　　　　　）
middle of the month ／中旬／중순／ trung tuần

下旬（　　　　　）
late part of the month ／下旬／하순／ hạ tuần

Ⅲ. 普通の表現を書きなさい。

① 先日（せんじつ）　the other day ／上次, 前几天／일전 , 요전 (날)／ mấy hôm trước　（　　　　　　　　）
② 最近（さいきん）　recently ／最近／최근 , 요즘／ gần đây　（　　　　　　　）
③ 今後（こんご）　hereafter ／今后／금후 , 앞으로／ sau đây　（　　　　　　　）

Ⅳ. 反対の意味の言葉を書きなさい。

① 以前（いぜん）　previously ／以前／이전／ trước đây　（　　　　　　）
② 直前（ちょくぜん）　immediately before ／眼看要 …… 之前／직전／ ngay trước đây　（　　　　　　）
③ 事前（じぜん）　beforehand ／事前／사전／ trước　（　　　　　）
④ 生前（せいぜん）　in life, before death ／生前／생전／ sinh thời　（　　　　　）
⑤ 食前（しょくぜん）　before eating ／饭前, 餐前／식전／ trước bữa ăn　（　　　　　）
⑥ 年末（ねんまつ）　end of the year ／年末／연말／ cuối năm　（　　　　　）
⑦ 前日（ぜんじつ）　the day before ／前一天／전일 , 전날／ ngày hôm trước　（　　　　　）

解答：Ⅰ. ①おととい　②きのう　③きょう　④あした　⑤あさって　⑥おととし　⑦きょねん　⑧ことし
　　　Ⅱ. ①そうちょう　しょうご　しんや　まよなか　②へいじつ　きゅうじつ　③ねんまつ　げつまつ　しゅうまつ
　　　　　④じょうじゅん　ちゅうじゅん　げじゅん
　　　Ⅲ. ①このあいだ／このまえ　②近ごろ／このごろ　③これから
　　　Ⅳ. ①以後（いご）　②直後（ちょくご）　③事後（じご）　④死後（しご）　⑤食後（しょくご）　⑥年始（ねんし）　⑦翌日（よくじつ）

139

Ⅰ　右の□の中から同じ意味のことばをえらび、例にならって（　　　）に書きなさい。

かたいことば

例　（　　いっぱい　　）―（　　多く　　　）
　　（　　　　　　　　）―（　　　　　　　）
　　（　　　　　　　　）―（　　　　　　　）
　　（　　　　　　　　）―（　　　　　　　）

~~いっぱい~~	およそ
だいたい	ついに
とても	非常に
やっと	~~多く~~

Ⅱ　正しいことばに○をつけなさい。答えは一つとはかぎりません。

1．「わかりましたか」
　「はい、〔　だいたい　ほとんど　非常に　〕わかりました」
　「いいえ、〔　だいたい　ほとんど　非常に　〕わかりませんでした」
2．「かぜのぐあいはどうですか」
　「ありがとう。〔　かなり　すっかり　だいぶ　〕よくなりました」
3．台風で〔　かなり　ずいぶん　たいへん　〕の被害が出た」
4．きょうの試験は〔　だいたい　けっこう　たいてい　〕できたと思う。
5．あの喫茶店に行けば、〔　たいてい　だいたい　〕北原さんに会える。
6．AチームとBチームを比べると、Aチームのほうが〔　ずっと　もっと　〕強い。
7．夜になると、雨は〔　次々に　とうとう　ますます　〕強くなった。
8．長い間はいていたくつに、〔　とうとう　やっと　〕穴があいてしまった。
9．このソファーは小さいから、3人座るのが〔　ついに　とうとう　やっと　〕だ。
10．何度もオリンピックに出場したが、〔　ついに　とうとう　やっと　〕メダルを取ることはできなかった。
11．祖父が入院すると、親せきが〔　次々と　だんだん　〕見舞いに来た。
12．久しぶりに温泉にでも行って〔　いらいら　のんびり　〕したい。
13．駅で、となりに立っていた人が〔　あっという間に　とつぜん　〕倒れたので、驚いた。
14．いつも遅刻する中村さんは、きょうも〔　きっと　やはり　〕遅れて来た。
15．「今度のパーティーには、〔　きっと　ぜひ　〕参加したいと思っております」
16．「あしたは〔　案外　なるべく　〕早く来てください」
17．電車の中できのう見たテレビ番組を思い出し、〔　うっかり　つい　〕笑ってしまった。
18．約束の時間〔　ぴったり　いっぱい　ぎりぎり　〕に着いた。

19.「急いでいるので、〔 すぐに　もうすぐ 〕持って来てください」
20. 西田さんが不合格になったのは〔 案外　意外 〕だった。

Ⅲ　つぎの表現やことばと、よくいっしょに使うことばはどれですか。下からえらんで記号を書きなさい。

A

1.（　　）〜てください　2.（　　）〜かもしれない　3.（　　）〜してしまった

4.（　　）〜とおりだった　5.（　　）〜なんて！　6.（　　）〜しておく

> a. うっかり　　b. ぜひ　　　　c. まえもって
> d. まさか　　　e. もしかすると　f. やっぱり

B

1. ぎりぎり（　　）　2. ぴったり（　　）（　　）

3. すぐ（　　）　　4. ずっと（　　）　　5.（　　）いっぱい

> a. 合う　　b. くっつく　　c. そば　　d. 力　　e. むかし　　f. 間に合う

Ⅳ　（　　　）に入ることばを下からえらんで書きなさい。

1. 最初はぜんぜん日本語ができなかったが、（　　　　　　　　）すると話せるようになった。

2. 心配していたことが（　　　　　　　　）うまくいき、（　　　　　　　　）した。

3. ゲームに夢中になっていたら、（　　　　　　　　）夕方になっていた。

4. 1番線と2番線に（　　　　　　　　）列車が入ってきた。

5.「ぐあいはどうですか」「（　　　　　　　　）です。なかなか熱が下がらなくて」

6.「入場ご希望の方は、（　　　　　　　　）整理券をお取りください」

7.「北野さん、どうしたんですか。顔色が悪いですよ」「（　　　　　　　　）、きのう、寝ていないんです」

8. 私は若いころから絵が大好きで、「パリへ行きたい」と（　　　　　　　　）思っていた。

9.「この仕事、やってもらえる？」「（　　　　　　　　）です。ぜひやらせてください」

10. あしたはもう卒業式だ。（　　　　　　　　）の3年間だった。

11. 暗いところで急に声をかけられ、（　　　　　　　　）大声を出してしまった。

> あいかわらず　　あっというま　　いつのまにか　　おもわず
> けっこう　　じつは　　しばらく　　ずっと　　どうじに
> ほっと　　まえもって　　もちろん

🔊 51

---

636 どくしょ ガ読書スル

reading ／读书, 阅读／독서／đọc sách

・趣味は**読書**だ。　・休日に**読書をする**。

---

637 えんそう ヲ演奏スル

playing (an instrument), musical performance ／演奏／연주／diễn tấu

・楽器を**演奏する**。

合 __者、__会

---

638 げいじゅつ　芸術

art ／艺术／예술／nghệ thuật

・美術、音楽、文学、演劇などは、みな、**芸術**の一種であると言える。

合 __作品、__家、__的な

---

639 けんさ ヲ検査スル

inspection, (medical) examination ／检查, 检验／검사／xét nghiệm, kiểm tra

・{胃／製品…}の**検査**　・空港では、必ず持ち物の**検査**がある。
・病院で脳の**検査**を{した／受けた}。

連 __を受ける　　合 身体__

---

640 けつえき　血液

blood ／血液／혈액／máu

・体の中を**血液**が流れている。

合 __型　　類 血__

---

641 ちりょう ヲ治療スル

treatment ／治疗／치료／chữa bệnh

・病気を**治療した**。　・虫歯の**治療**を{した／受けた}。

連 __を受ける　　関 ヲ治す

---

642 しょうじょう　症状

symptom ／病情, 症状／증상／triệu chứng

・かぜの**症状**は、熱、せき、鼻水などだ。

連 __が軽い⇔重い、__が出る

---

643 よぼう ヲ予防スル

prevention ／预防／예방／phòng ngừa

・かぜの**予防**　・災害を**予防する**。

合 __注射、__接種

---

644 **えいよう** 栄養　　　　　　　　　nutrition ／营养／영양／dinh dưỡng

・**栄養**のある食べ物　・健康のために、**栄養**に気をつけましょう。
連 ＿がある⇔ない、＿をとる、＿がつく・＿をつける　合 ＿不足、＿状態

645 **しゅじゅつ** ヲ手術スル　　　　　　surgery, operation ／手术／수술／phẫu thuật

・胃の**手術**を{した／受けた}。
連 ＿を受ける　合 外科＿、整形＿、移植＿

646 **しぼう** ガ死亡スル　　　　　　death ／死亡／사망／tử vong

・**死亡**の原因を調べる。　・事故で３名**死亡**した。
合 ＿者、＿率　　関 ガ死ぬ、ガ亡くなる

647 **いのち** 命　　　　　　　　　　life ／生命, 性命／생명, 목숨／tính mạng

・**命**は大切にしなければならない。
類 生命

648 **いっしょう** 一生　　　　　　　(whole) life; forever ／一生, 一辈子／일생, 평생／cuộc đời, cả đời

① ・ピカソの**一生**を調べる。　・幸せな**一生**を送る。
② ［副 一生］・あなたのことは、**一生**忘れません。

649 **ごかい** ヲ誤解スル　　　　　　misunderstanding ／误解, 误会／오해／hiểu lầm

・**誤解**がないようにするには、よく話し合うことが大切だ。
・テストで問題の意味を**誤解**して答えを間違えた。

650 **こうかい** ヲ後悔スル　　　　　　regret ／后悔／후회／hối tiếc

・私は若いころに勉強しなかったことを、とても**後悔**している。

651 **わけ** 訳　　　　　　　　　　reason; meaning ／理由, 原因; 意思, 意义／이유, 뜻／lí do, ý nghĩa

① ・遅刻した**わけ**を話す。　・二人が別れた**わけ**を知りたい。
　　連 深い＿　　類 理由、事情
② ・彼が言っていることは、**わけ**がわからない。
　　類 意味、理くつ

143

652 たいど　　態度　　attitude ／态度, 表现／태도／thái độ

・あの学生は、授業中の**態度**が悪い。　・あいまいな**態度**をとる。

・好きか嫌いか、**態度**をはっきりさせる。

　連 __がいい⇔悪い、{あいまいな／ふまじめな／きびしい／冷たい…} __をとる

653 くせ　　　癖　　habit ／癖性, 习惯, 毛病／버릇, 습관, 독특함／thói quen

・私の**くせ**は、困ったとき頭をかくことだ。

・正しい形を見て練習しないと、字にへんな**くせ**がつく。

　連 __がある⇔ない、__がつく、__になる、悪い__　　合 口__（くちぐせ）

654 れいぎ　　礼儀　　etiquette ／礼仪, 礼节, 礼貌／예의／phép lịch sự

・目上の人への**礼儀**　・あの人は**礼儀**を知らない。

　合 __正しい、__作法、__知らず　　類 エチケット、マナー☞815

　関 作法

655 もんく　　文句　　complaint; words, passage ／意见, 牢骚; 语句, 话语／불만, 문구／phàn nàn, lời hát, lời văn

① ・給料に**文句**がある。　・店に商品について**文句**を言う。

　連 ニ__がある⇔ない、ニ__を言う、ニ__をつける

② ・歌の**文句**　・小説の**文句**を引用する。

　合 名__

656 ひょうじょう 表情　　(facial) expression ／表情／표정／vẻ mặt

・顔の**表情**　・あの人は**表情**が豊かだ。　・**表情**を変える。

　関 笑顔、泣き顔

657 ひょうめん　表面　　surface ／表面／표면／bề mặt, bề ngoài

・水の**表面**　・あのビルは**表面**にタイルが貼ってある。

・あの人は**表面**はやさしそうだが、実はいじが悪い。

　合 __的な

658 きんえん　　ガ禁煙スル　　no smoking, quitting smoking ／禁烟, 戒烟／금연／cấm hút thuốc

・「この部屋は**禁煙**です」　・子どもが生まれるので、**禁煙**することにした。

　合 __席、__車　　対 ガ喫煙スル　　関 吸いがら

659 **きんし** ヲ禁止スル　　　prohibition ／禁止／금지／cấm

・美術館の中では、写真をとることは**禁止**されている。
・「館内への食べ物、飲み物の持ち込みは**禁止**です」
合 駐車＿＿、立入＿＿

660 **かんせい** ガ完成スル　　　completion ／完成／완성／hoàn thành

・{建物／作品…}が**完成**した。　・半年かけて論文を**完成**させた。

661 **かだい** 課題　　　issue; (school) assignment ／课题, 任务; 题目／과제／việc phải làm, bài tập

① ・現在の日本には、高齢化、ごみ問題など、多くの**課題**がある。
② ・鈴木先生の授業では、毎週**課題**が出される。
連 ニ＿＿を出す

662 **れいがい** 例外　　　exception ／例外／예외／ngoại lệ

・どんな規則にも**例外**がある。　・休むと試験は受けられないが、病気の場合は**例外**だ。
連 ヲ＿＿ {に／と} する、＿＿を認める　合 ＿＿的な、＿＿なく

663 **きほん** 基本　　　fundamentals, basis ／基础, 基本／기본／cái cơ bản

・何の練習でも、**基本**が大切だ。
合 ＿＿的な ☞ 587

664 **きろく** ヲ記録スル　　　record ／记载, 记录; (成绩等的) 记录／기록／biên bản, kỷ lục

① ・先週の会議の**記録**を読んだ。　・この事件を**記録**に残す必要がある。
連 ＿＿をとる、＿＿に残る・＿＿に残す
② ・北島選手は世界新**記録**で優勝した。　・きのうの雨量は過去最高を**記録**したそうだ。
連 ＿＿を破る　合 新＿＿、世界＿＿、＿＿的な（・**記録的な**大雨）

665 **じょうたい** 状態　　　condition, state ／状态／상태／tình trạng, trạng thái

・あの会社は、いま経営の**状態**がよくない。
合 健康＿＿、精神＿＿　類 状況

666 **できごと** 出来事　　　happening ／事情, 事件／사건, 생긴 일／sự việc

・大きな**できごと**　・毎日の**できごと**をブログに書く。

---

53

667 ばめん　　　　場面　　　　situation, sight; scene (of drama) ／場面; 场景, 情景 ／장면 ／cảnh

① ・目の前でトラックとバスが衝突した。その**場面**が夢に出てきた。

② ・ドラマの**場面**が変わる。

　　　合 名＿

類 ①② シーン

---

668 きかい　　　　機会　　　　opportunity ／机会 ／기회 ／cơ hội

・彼女と二人で話したいのだが、なかなか**機会**がない。

・バレンタインデーは愛の告白のいい**機会**だ。

　　連 ＿がある⇔ない、いい＿　　　類 チャンス

---

669 きょり　　　　距離　　　　distance ／距离 ／거리 ／cự li

・駅からの**距離**を測る。　　・ここから学校までは、かなり**距離**がある。

　　連 ＿がある　　　合 遠＿⇔近＿

---

670 ていあん　　　ニ+ヲ提案スル　　　proposal ／提案, 提议 ／제안 ／đề án

・会議で**提案**をする。　　・社長に新しい計画を**提案する**。

---

671 やりとり　　　ヲやり取りスル　　　exchange ／交换, 交谈 ／주고받음, 교환 ／trao đổi

・友だちとメールを**やりとりする**。　　・情報の**やりとり**

　　類 ヲ交換スル☞ 337

---

672 ちしき　　　　知識　　　　knowledge ／知识 ／지식 ／tri thức

・本を読んで**知識**を身につける。

　　連 ＿が豊富だ⇔乏しい、＿が身につく・＿を身につける、＿を得る　　　合 専門＿

---

673 じつりょく　　実力　　　　ability ／实力 ／실력 ／thực lực

・試合で**実力**を出す。

　　連 ＿がある⇔ない、＿がつく・＿をつける、＿を出す、＿を発揮する

---

674 しゅだん　　　手段　　　　means ／手段, 方法 ／수단 ／phương tiện, biện pháp

・問題を解決するために必要な**手段**をとる。　　・目的のためには**手段**を選ばない。

・手術は最後の**手段**だ。

　　連 ～＿をとる　　　合 交通＿　　　類 方法

---

675 だいひょう ヲ代表スル

representative, representation ／代表, 做代表; 有代表性的／대표／đại diện

① ・クラスの**代表**として会議に参加する。　　・結婚式で友人を**代表して**スピーチする。

・優勝して、日本の**代表**になった。

合［名詞］＋代表（・日本**代表**）

② ・富士山は日本を**代表する**山だ。　　・この映画はＡ監督の**代表**的な作品だ。

合__的な、__作

コラム	17	ジャンル	Genres／体裁／장르／Thể loại

文学	literature ／文学／문학／văn học
小説	novel ／小说／소설／tiểu thuyết
詩	poem, poetry ／诗人／시／thơ
エッセー（随筆）	essay ／小品文（随笔）／에세이（수필）／tùy bút
伝記	biography ／传记／전기／truyền kí
評論	review, critique ／评论／평론／bình luận, phê bình
音楽	music ／音乐／음악／âm nhạc
クラシック	classical music ／古典音乐／클래식／cổ điển
ジャズ	jazz ／爵士乐／재즈／jazz
ポップス	pop music ／流行乐，流行歌曲／팝／pốp
ロック	rock ／摇滚乐／록 , 로큰롤／rốc
演歌	enka (Japanese ballad) ／演歌／트로트／enka (ba-lát Nhật)
映画	movie ／电影／영화／phim
アクション	action ／动作片／액션／hành động
SF	science fiction ／SF（科幻）片／SF／khoa học viễn tưởng
ホラー	horror ／恐怖片／공포／kinh dị
コメディ	comedy ／喜剧片／코미디／hài
恋愛	romance ／爱情片／연애／lãng mạn
アニメ	animation ／动画片／애니메이션 , 만화 영화／hoạt hình
テレビ番組	TV program ／电视节目／텔레비전 프로그램／chương trình tivi
ニュース	news ／新闻报道／뉴스／tin tức
ドラマ	drama ／电视剧／드라마／phim truyền hình
ドキュメンタリー	documentary ／纪实／다큐멘터리／phim tài liệu
クイズ	quiz show ／竞猜／퀴즈／thi đố
バラエティ	variety show ／综艺／쇼 프로 , 오락 프로／tạp kỹ
スポーツ中継	sports telecast ／体育转播／스포츠 중계／tường thuật thể thao
天気予報	weather forecast ／天气预报／일기 예보／dự báo thời tiết
舞台	stage ／舞台／무대／sân khấu
演劇	play, drama ／戏剧／연극／kịch
ミュージカル	musical ／音乐剧／뮤지컬／ca vũ
歌劇／オペラ	opera ／歌剧／가극 / 오페라／ca kịch
バレエ	ballet ／芭蕾／발레／ba-lê

Ⅰ　（　　）に助詞を書きなさい。

1．やっと作品（　　）完成した。
2．彼は上司（　　）新商品の開発（　　）提案した。
3．私は外国の友人（　　）手紙（　　）やり取りしている。
4．肉が変なにおいがしたので、買った店（　　）文句（　　）言った。
5．「キャンセルはできませんが、事故・病気の場合は例外（　　／　　）します」

Ⅱ

A　「する」がつくことばに○をつけなさい。

栄養	演奏	課題	基本	記録	禁煙	禁止	芸術
検査	後悔	誤解	実力	死亡	手術	手段	状態
態度	代表	治療	読書	表面	予防	例外	礼儀

B　上から「的」のつくことばを六つえらんで（　　）に書きなさい。

（　　　　）（　　　　　）（　　　　　）（　　　　　）（　　　　　）（　　　　　）

Ⅲ　正しいことばを〔　　　〕の中から一つえらびなさい。

1．記録を〔　こわす　やぶる　わる　〕。
2．症状が〔　大きい　深い　重い　〕。
3．〔　大きい　深い　重い　〕わけがある。
4．駅まで距離が〔　ある　大きい　広い　〕。
5．適当な手段を〔　行う　する　とる　〕。
6．失礼な態度を〔　行う　する　とる　〕。

Ⅳ 正しいことばを〔 〕の中からえらびなさい。( ) の数字はえらぶ数です。

1.〔 栄養 記録 実力 礼儀 知識 〕がある。(3)
2.〔 課題 検査 誤解 手術 治療 〕を与える。(2)
3.〔 課題 検査 誤解 知識 治療 〕を受ける。(3)
4.〔 栄養 実力 場面 文句 例外 〕をつける。(3)
5.〔 栄養 記録 実力 状態 礼儀 〕をとる。(2)
6.〔 基本 芸術 知識 表情 礼儀 〕がゆたかだ。(2)

Ⅴ ( ) に下からえらんだ語を書いて、一つのことばにしなさい。

1. 栄養 ( )　2. ( ) 距離　3. ( ) 記録
4. 血液 ( )　5. 禁煙 ( )　6. 死亡 ( )
7. ( ) 場面　8. 礼儀 ( )

| 型 | 近 | 状態 | 新 | 席 | 正しい | 名 | 率 |

Ⅵ ( ) に入ることばを下からえらんで書きなさい。

1. 教師を ( ) の仕事にしたい。
2. 生き物の ( ) を大切にしよう。
3. 国を ( ) してオリンピックに出場した。
4. 美術館で写真を撮ることは ( ) されている。
5. 恋人とけんかしたことを、とても ( ) している。
6. 友だちは私の言ったことを ( ) して怒ってしまった。
7. 環境をどのようにして守るかは、世界全体の ( ) だ。
8. 父と母がひどいけんかをしている ( ) を見てしまった。
9. 今年は、私にとって大きな ( ) がつぎつぎに起こった。
10. 体の調子が悪いなら、病院で ( ) してもらったほうがいい。
11. どんなスポーツでも、( ) ができていなければうまくならない。
12. 「山は天気の ( ) が変わりやすいので、登山は注意してください」
13. 彼女には、考えているときに髪をさわる ( ) がある。

| いっしょう | いのち | かだい | きほん | きんし | くせ | けんさ |
| こうかい | ごかい | じょうたい | だいひょう | できごと | ばめん |

54

676 えいきょう　が影響スル　　influence ／影响／영향／ảnh hưởng

・両親の**影響**で、私も子どものころから絵をかき始めた。

・アメリカの経済が世界に**影響**を与えた。　・親の考え方は子どもに**影響**する。

連 ニ＿がある⇔ない、ニ＿を与える⇔ニ／カラ＿を受ける、ニ＿が出る

677 こうか　　効果　　effect ／效果／효과／hiệu quả

・この薬を飲んだら、すぐに**効果**が出た。

連 ＿がある⇔ない、＿が出る、＿が現れる、＿があがる・＿をあげる、＿が高い

合 ＿的な

678 いんしょう　印象　　impression ／印象／인상／ấn tượng

・彼女と初めて会ったとき、優しそうな人だという**印象**を受けた。

・彼は昔、よく先生に怒られていたという**印象**がある。

連 ニ〜＿を与える⇔受ける、＿に残る　　合 ＿的な

679 しるし　　印　　mark, sign, pledge ／记号, 标记; 标志, 象征／표시, 상징／ký hiệu, con dấu, biểu tượng

① ・地図の目的地に**しるし**をつける。　・「〒」は郵便局の**しるし**だ。

連 ＿をつける　　合 目印

② ・ハトは平和の**しるし**だ。　・愛の**しるし**に恋人に指輪を贈る。

680 あいず　　ガ／ヲ合図スル　　signal ／信号／신호／tín hiệu

・友だちに目で{**合図**する／**合図**を送る}。

連 ＿を送る

681 きょうつう　が共通スル　　common, shared ／共同, 共通, 相同／공통／chung

・二人の**共通**の趣味は音楽だ。　・横浜と神戸の**共通**点は、大きな港があることだ。

・少子高齢化は先進国に**共通**する問題だ。

合 ＿点

682 きょうちょう　ヲ強調スル　　emphasis ／强调／강조／nhấn mạnh

・大事な点を**強調**して説明する。

683 しょうりゃく　ヲ省略スル　　abbreviation, omission ／省略／생략／lược bỏ

・くわしい説明を**省略**して簡単に話す。

関 ヲ省く

684 ちょうせん　　ガ挑戦スル　　challenge ／挑战／도전／thử sức, thử thách

・{むずかしい課題／チャンピオン…}に挑戦する。　　・世界記録への挑戦

合 __者

685 やるき　　やる気　　motivation, willingness ／干劲／할 마음／lòng ham muốn, động lực

・やる気のある人　・ほめられてやる気になる。

連 __がある⇔ない、__が出る・__を出す、__になる、__がなくなる・__をなくす

関 意欲

686 ゆうき　　勇気　　courage ／勇气／용기／dũng khí

・困難に立ち向かう勇気　・勇気を出してプロポーズする。

連 __がある⇔ない、__が出る・__を出す

687 しかく　　資格　　qualification; being worthy ／资格; 条件; 身分／자격／chứng chỉ, điều kiện, tư cách

① ・弁護士の資格を取る。

連 __を取る、__を与える　　合 __試験

② ・彼女は奨学金をもらう資格が十分ある。

③ ・「あなたも同じことをしたのだから、あなたに彼を悪く言う資格はない」

連 ②③ __がある⇔ない

688 しんせい　　ニ＋ヲ申請スル　　application ／申请／신청／nộp đơn xin

・パスポートの申請　・大使館でビザを申請する。

合 __書類、__書

689 ほんにん　　本人　　the person in question, the said person ／本人／본인／bản thân

・通帳は貯金をする本人が作らなければならない。

合 __確認、［名詞］者＋本人（・申し込み者本人）

690 けいやく　　ヲ契約スル　　contract ／签约, 契约／계약／hợp đồng

・アパートを2年間借りる契約をした。

・わが社は今度、A社と契約を結ぶことになった。

連 __を結ぶ、__を{取り消す／キャンセルする}、__が切れる、__に違反する

合 __書、__違反　　関 ヲ約束スル

---

55

691 **しょうめい** ヲ証明スル　　　　　evidence／证明／증명／chứng minh

・銀行口座を開くときには、身分を**証明する**ものが必要だ。　・無実を**証明する**。
　合__書、身分__

---

692 **へんこう** ヲ変更スル　　　　　change／变更, 更改／변경／thay đổi

・{予定／計画／進路…}の**変更**を行う。　・旅行先を沖縄から北海道に**変更する**。
　合予定__、進路__　　関ヲ変える

---

693 **ほぞん** ヲ保存スル　　　　　preservation／储存, 保存／보존／bảo tồn lưu trữ

・食料の**保存**　・パソコンにデータを**保存する**。
　連__がきく　　合冷凍__、__食

---

694 **ほご** ヲ保護スル　conservation, protection; guardianship; (social) security ／（自然, 隐私等的）保护;
　　　　　　　　　　　　　　（安全等的）保护;（生活等的）保障／보호／bảo vệ, trông giữ, bảo đảm

① ・自然を**保護する**。　・プライバシーの**保護**
　合自然__、動物__、環境__、__者、過__
② ・迷子の**保護**　・警察に**保護される**。
③ ・病気で働けないので、生活**保護**を受けている。
　連__を受ける　　合生活__

---

695 **かんきょう** 環境　　　　　environment／环境／환경／môi trường

・都心より、**環境**のいい郊外に住みたい。
　連__を守る　　合自然__、__問題、__保護

---

696 **しげん** 資源　　　　　resources／资源／자원／tài nguyên, nguồn lực

・**資源**を有効に利用する。
　連__が{豊かだ／豊富だ}⇔乏しい　　合天然__、地下__　　関石油、石炭

---

697 **ふそく** ガ不足スル　　　　　shortage／不足, 不够／부족／thiếu

・野菜が**不足した**食事　・戦争で食料が**不足する**。
　合運動__、寝__、睡眠__、経験__　　※「～不足」の場合は、ふつう「～ぶそく」と読む。

698 **へいきん** ヲ平均スル　average; unvaried／平均; 差距不大／평균／bình quân, đồng đều

① ・テストの点を**平均する**。　・1日に**平均**1800キロカロリーの食事をとる。
合 __点、__寿命、平均＋[数量]、[数量]＋平均
② ・商品の質が**平均している**。
合 __的な（・私は**平均的な**サラリーマンだと思う。）

699 **わりあい** 割合　ratio, relatively／比例, 百分比; 比较起来／비율, 비교적／tỷ lệ, tương đối

① ・デパートの客は女性の**割合**が高い。　・年に10%の**割合**で売り上げが伸びている。
連 __が大きい⇔小さい、__が高い⇔低い　類 比率
② [副 割合(に)]・試験は**割合(に)**簡単だった。
類 わりに、比較的

700 **しょうばい** ガ商売スル　business／买卖／장사／kinh doanh

・父は衣料品の**商売**をしている。

701 **しょうひん** 商品　product／商品／상품／hàng hóa

・店に**商品**を並べる。

702 **しつ** 質　quality／质量, 品质／질／chất lượng

・このメーカーの製品は**質**がいい。
連 __がいい⇔悪い、__が高い、__が上がる⇔下がる・__を上げる⇔下げる、__が落ちる
合 品__、上__ナ　対 量

703 **かた** 型　model／型, 型号, 式样／형, 타입／mẫu, đời

・新しい**型**のパソコンを買った。
合 大__⇔小__、新__、薄__、髪__、血液__　※「～型」の場合は、ふつう「～がた」と読む。

704 **せいさん** ヲ生産スル　production／生产／생산／sản xuất

・日本は農作物の**生産**が少ない。　・工場でカメラを**生産する**。
合 __者、__量、__高、大量__　対 ヲ消費スル

705 **しょうひ** ヲ消費スル　consumption／消费／소비／tiêu dùng, tiêu thụ

・牛乳の**消費**が減っている。　・運動してカロリーを**消費する**。
合 __者、__税、__量　対 ヲ生産スル

---

56

706 ぶっか 　　物価　　　　prices ／物价／물가／vật giá

・東京は**物価**が高い。

連 ＿＿が高い⇔安い、＿＿が上がる⇔下がる　　関 ガ値上がりスル☞119 ⇔ ガ値下がりスル

---

707 とうさん 　　ガ倒産スル　　　bankruptcy ／倒闭, 破产／도산, 파산／phá sản

・会社が**倒産する**。

---

708 けいたい 　　ヲ携帯スル　　　carrying ／携带／휴대／mang theo người

・外国人はいつも在留カードを**携帯して**いなければならない。

・私はたばこを吸うので、いつも**携帯**用灰皿を持ち歩いている。

合 ＿＿電話、＿＿用

---

709 げんだい 　　現代　　　　the present age ／现代／현대／thời nay, hiện đại

・**現代**は情報の時代だと言われている。

合 ＿＿人、＿＿社会　　類 今日　　関 近代・中世・古代、現在

---

710 せいき 　　世紀　　　　century ／世纪／세기／thế kỷ

・21**世紀**が始まった。

---

711 ぶんか 　　文化　　　　culture ／文化／문화／văn hóa

・日本(の)**文化**　・**文化**が発達する。

合 ＿＿的な、異＿＿、＿＿交流、＿＿遺産、[名詞]＋文化(・日本**文化**)　　関 文明

---

712 とし 　　都市　　　　city ／都市, 城市／도시／đô thị

・**都市**に人口が集中する。　・新しい**都市**を建設する。

合 大＿＿、{工業／商業…}＋都市、＿＿部　　類 都会(⇔いなか)　　関 都心

---

713 ちほう 　　地方　　　　region; the provinces ／地方, 地区；(相对中央来说的) 地方, 外地／지방／địa phương

① ・雨が多い**地方**では、植物がよく育つ。

合 {東北／関東／熱帯…}＋地方　　類 地域

② ・**地方**から都会へ出て働く。

合 ＿＿都市、＿＿自治体　　対 中央　　類 いなか　　関 都会

714 せんそう　　　が戦争スル　　　　　　　war ／战争／전쟁／chiến tranh

・Ａ国とＢ国の間で**戦争**が起きた。　・**戦争**が終わって平和になった。
合受験＿＿　　対平和　　関が戦う、ヲ争う

715 へいわ　　　平和　　　　　　　　　peace ／和平; 和睦, 太平／평화／hòa bình

① ・世界の**平和**を守る。
合＿＿運動、＿＿的な（・争いを**平和的**に解決した）　　対戦争

② ［ナ形 平和な］・**平和な**家庭　・**平和に**暮らす。
類穏やかな

コラム 18	郵便	Mail ／邮政／우편／Bưu điện
封筒	envelope ／信封／봉투／ phong bì	
便せん	stationery, writing paper ／信笺，信纸／편지지／ giấy viết thư	
はがき	postcard ／明信片／엽서／ bưu thiếp	
切手	stamp ／邮票／우표／ tem	
速達	special delivery, express delivery ／快递，快信，快件／속달／ gửi nhanh	
書留	registered mail ／挂号（信）／등기 우편／ gửi có bảo đảm	
小包	parcel ／包裹，邮包／소포／ bưu kiện	
郵送(する)	mailing ／邮，寄，邮寄／우송／ gửi bưu điện	
郵送料	postage ／邮费，运费／우송료／ phí gửi bưu điện	
※船便	sea/surface mail ／海运／선박 우송／ đường biển	
航空便	air mail ／空运／항공 우송／ đường hàng không	
※宅配便	parcel delivery service ／送货服务／택배／ nhận và giao bưu kiện	
送料	shipping fee ／运费／송료／ chi phí gửi	

155

Ⅰ （ ）に助詞を書きなさい。

1. 水（　　　）不足している。
2. これは全員（　　　）共通する問題だ。
3. こちらから相手（　　　）合図した。
4. 引っ越しをして電話会社（　　　）契約した。
5. むずかしい数学の問題（　　　）挑戦した。
6. CD（　　　）音楽（　　　）保存した。
7. 大切な部分（　　　）しるし（　　　）つけた。
8. 試験が8日（　　　）9日（　　　）変更された。

Ⅱ

A 「する」がつくことばに○をつけなさい。

影響	印象	環境	強調	携帯	現代	効果	資格
資源	証明	商売	消費	省略	申請	戦争	地方
倒産	文化	平均	平和	物価	保護	勇気	

B 上から「的」がつくことばを六つえらんで（　　　）に書きなさい。

（　　　　　）（　　　　　）（　　　　　）（　　　　　）（　　　　　）（　　　　　）

Ⅲ 正しいことばを〔　　　〕の中から一つえらびなさい。

1. 勇気を〔 引く　あげる　出す 〕。
2. 資格を〔 とる　つかむ　つける 〕。
3. 契約を〔 つなぐ　むすぶ　かける 〕。
4. 影響を〔 やる　あげる　あたえる 〕。
5. 印象を〔 もらう　受ける　つけられる 〕。

Ⅳ （　　　　）に入ることばを下からえらんで書きなさい。

1．質が　　（　　　　　　　　　）。

2．やる気が（　　　　　　　　）／（　　　　　　　　）。

3．物価が　　（　　　　　　　）／（　　　　　　　　）。

4．割合が　　（　　　　　　　）／（　　　　　　　　）。

5．影響が　　（　　　　　　　）／（　　　　　　　）／（　　　　　　　）。

6．効果が　　（　　　　　　）／（　　　　　　）／（　　　　　　）／（　　　　　　）。

```
大きい    高い    安い    ある    出る
```

Ⅴ （　　　　）に下からえらんだ語を書いて、一つのことばにしなさい。

1．（　　　　）型　　2．（　　　　）文化　　3．（　　　　）環境　　4．（　　　　）保護

5．（　　　　）資源　6．生産（　　　　）　7．消費（　　　　）　8．寝（　　　　）

9．共通（　　　　）

```
異    過    髪    税    高    点    自然    天然    不足
```

Ⅵ つぎのことばの対義語を書きなさい。

1．質 ⇔ （　　　　）　2．平和 ⇔ （　　　　）　3．生産 ⇔ （　　　　）

Ⅶ （　　　　）に入ることばを下からえらんで書きなさい。

1．（　　　　　　　　）は情報化が進んでいる。

2．20年前、（　　　　　　　　）から東京に出てきた。

3．この手続きには（　　　　　　　）の写真が必要だ。

4．（　　　　　　　）用の灰皿をいつも持ち歩いている。

5．会社が（　　　　　　　）して、仕事を失ってしまった。

6．21（　　　　　　　）は、平和な時代になるようにしたい。

7．大事なところを（　　　　　　　）するために、大きな声で話した。

8．文章が長くならないよう、必要のない部分は（　　　　　　　）した。

9．子どものために、（　　　　　　　）のいい場所にうちを建てて住みたい。

```
かんきょう    きょうちょう    けいたい    げんだい    しょうりゃく
せいき    ちほう    とうさん    ほんにん
```

Ⅰ　（　　）に入れるのに最もよいものを、a・b・c・dから一つえらびなさい。

1．これは、経験が（　　　）していてはできない仕事だ。
　　a　満足　　　　　b　不満　　　　　c　不足　　　　　d　不満足

2．町で偶然、警官がどろぼうを追いかけている（　　　）を見た。
　　a　場　　　　　　b　場合　　　　　c　場所　　　　　d　場面

3．今年、わが家ではうれしい（　　　）がたくさん起こった。
　　a　事件　　　　　b　事故　　　　　c　できごと　　　d　ニュース

4．胃の調子が悪いので、病院で（　　　）をした。
　　a　検査　　　　　b　実験　　　　　c　体験　　　　　d　調査

5．A社とB社が取り引きの（　　　）を結んだ。
　　a　契約　　　　　b　条件　　　　　c　条約　　　　　d　約束

6．（　　　）を出して彼女にプロポーズしたら、OKの返事をくれた。
　　a　元気　　　　　b　平気　　　　　c　やる気　　　　d　勇気

7．メモの一部を（　　　）したいときは、赤のペンを使っている。
　　a　効果　　　　　b　印象　　　　　c　強調　　　　　d　しるし

8．うちから学校までは、けっこう（　　　）がある。
　　a　あいだ　　　　b　距離　　　　　c　長さ　　　　　d　はば

9．東京は、世界の都市の中でも（　　　）が高いほうだ。
　　a　値段　　　　　b　消費　　　　　c　契約　　　　　d　物価

10．新しいゲームの発売が、8月から10月に（　　　）された。
　　a　変更　　　　　b　交換　　　　　c　準備　　　　　d　変化

Ⅱ　　　　　に意味が最も近いものを、a・b・c・dから一つえらびなさい。

1．現代は情報の時代だ。
　　a　きょう　　　　b　現在　　　　　c　今日　　　　　d　最近

2．わけがあって日本へ来た。
　　a　手段　　　　　b　理由　　　　　c　目的　　　　　d　目標

3．私と田中さんには、共通の趣味がある。
　　a　ふつうの　　　b　そっくりな　　c　同じ　　　　　d　似た

4．文章の大事な部分にしるしをつけた。
　　a　データ　　　　b　デザイン　　　c　マーク　　　　d　ポイント

5．会議でさまざまな情報を<u>交換した</u>。

   a　<u>交流した</u>　　　b　<u>取りかえた</u>　c　<u>交ぜた</u>　　　d　<u>やり取りした</u>

Ⅲ　つぎのことばの言い方として最もよいものを、一つえらびなさい。

1．保護
   a　地震_{じしん}から家を<u>保護</u>する。
   b　警察_{けいさつ}が迷子_{まいご}を<u>保護</u>する。
   c　サッカーの試合でゴールを<u>保護</u>する。
   d　運転するときは交通ルールを<u>保護</u>する。

2．影響
   a　環境は子どもの性格に<u>影響</u>する。
   b　親は子どもに<u>影響</u>をやるものだ。
   c　世界経済の<u>影響</u>が日本に行っている。
   d　私は学校の先生からいい<u>影響</u>をもらった。

3．くせ
   a　最近、自転車で通勤するのが<u>くせ</u>だ。
   b　この村は、秋にお祭_{まつ}りをするのが<u>くせ</u>だ。
   c　私は、笑うとき手で口をかくすのが<u>くせ</u>だ。
   d　このシャツは、汚_{よご}れがすぐ落ちるのが<u>くせ</u>だ。

4．質
   a　この会社の製品は<u>質</u>が落ちてきた。
   b　この種類の犬は<u>質</u>がいいので飼いやすい。
   c　卵_{たまご}は60℃ぐらいで固まりはじめる<u>質</u>がある。
   d　妹は積極的な<u>質</u>で、どんなことでも挑戦_{ちょうせん}する。

5．課題
   a　「仕事は進んでいますか」「はい、何も<u>課題</u>はありません」
   b　進学したほうがいいか就職したほうがいいか、それが<u>課題</u>だ。
   c　インフルエンザの流行が<u>課題</u>になっている。
   d　社長から社員全員に<u>課題</u>が出された。

🔊 57

716 のぼる ガ上る — go up, reach (a number) ／上, 爬, 登, 上升; (数量) 达到, 高达／오르다, 이르다／lên

① ・{階段／坂／川…}を上る。 ・東京タワーに上る。 ・煙が空に上る。

対 ガ下る　名 上り→__列車

② ・地震の死者は、5,000人に上った。

717 くだる ガ下る — go down ／下, 下去／내려가다／xuống

・{坂／川／山…}を下る。 ・階段を{○降りる／×下る}。

対 ガ上る　名 下り→__列車

718 すすむ ガ進む — move forward; progress; advance ／往前, 前进; 进行, 进展; 发展, 进步; (钟, 表等) 快; 升学, 升级; (病情等) 发展, 进展／전진하다, 진행되다, 발달하다, 빨라지다, 진학하다／tiến lên, tiến triển, phát triển, nhanh, học lên

① ・出口に向かって進む。 ・「1歩前にお進みください」

対 ガ下がる☞207

② ・工事は予定通り進んでいる。

③ ・日本は科学技術が進んでいる。

④ ・この時計は5分進んでいる。

対 ②③④ ガ遅れる

⑤ ・4月から高校に進みます。 ・チームは決勝戦に進んだ。

⑥ ・病気はかなり進んでいる。 ・近視が進んだ。

719 すすめる ヲ進める — go ahead with…; set forward ／前进; 进行; (钟, 表等) 拨快／앞으로 나아가게 하다, 진행하다, 향상시키다／tiến lên, tiến hành, cho nhanh lên

① ・「もう少し車を前に進めてください」

対 ヲ下げる☞208

② ・会議の準備を進める。 ・オフィスのコンピュータ化を進める。

③ ・時計を10分進める。

対 ヲ遅らせる

720 **とおる** ガ通る　pass through; pass (exam), be accepted／通过, 走过; 通, 穿过; 透; 通过 (考试); (意见等) 得到承认／지나가다 , 통과하다 , 인정되다／đi qua, qua được

① ・この道は車がたくさん**通る**。

② ・改札を**通って**ホームに上がる。

③ ・私の町の真ん中に大きな道が**通っている**。
　　图 通り（・**通り**を歩く。）→大＿（おおどおり）

④ ・この肉はよく火が**通っていない**。

⑤ ・無事、試験に**通った**。　　图 ガ合格する、ガパスする、

⑥ ・会議で私の意見が**通った**。

721 **とおす** ガ/ヲ通す　pass through; let through; show (a guest) to／透过; 渗透; 穿过; 贯穿; 通; 通过; 让到里面; (提案等) 通过／통과시키다 , 통하게 하다 , 안내하다／đi qua, qua được

自

・カーテンを**通して**光が部屋の中に入ってくる。

他

① ・この布は、空気は**通す**が水は**通さない**。・ぶた肉はよく火を**通して**食べたほうがいい。

② ・針に糸を**通す**。

③ ・隣の県まで鉄道を**通す**。

④ ・〈混雑した所で〉「すみません、ちょっと**通して**ください」

⑤ ・客を応接室に**通す**。

⑥ ・この提案を会議で**通したい**。

722 **こえる** ガ越える／超える　cross; surpass／越, 越过, 超过／넘어가다, 넘다／vượt qua

・この{山／川}を**越える**と隣の県だ。　　・汽車は夜中に国境を**越えた**。

・テストの平均点は 80 点を**超えた**。　・最高気温が 30 度を**超える**日を真夏日という。
　　※一般的に、前が数字のときは「超」を使う。

723 **すぎる** ガ過ぎる　pass by, elapse／过, 经过; (时间) 逝去／지나가다, 지나다／đi qua, quá

① ・列車は広島駅を**過ぎた**。　・デモ行進が**過ぎて**行った。
　　合 ガ通り＿

② ・約束の時間{が／を}**過ぎても**友だちは来なかった。

・東京に来てから 10 年が**過ぎた**。

724 **すごす** ヲ過ごす　spend (time)／度, 度过／지내다, 보내다／sống qua, tiêu thời gian

・大学時代を東京で**過ごした**。　・日曜日は家でテレビを見て**過ごす**ことが多い。
　　合 ガ寝＿、ガ乗り＿

58

725 うつる ガ移る
move, relocate; (illness) is transmitted ／搬到, 移到, 挪到; 传染上／이동하다, 옮다／chuyển, lây

① ・黒板の字が見えにくかったので、前の席に**移った**。

・来月から営業部に**移る**ことになった。

・日本の首都は19世紀後半に京都から東京に**移った**。

② ・かぜをひいた。たぶん、田中さんから**うつった**のだと思う。

726 うつす ヲ移す
move, relocate; transmit (an illness) ／移, 移动, 迁移; 传染／옮기다／chuyển, làm lây

① ・本社を大阪から東京に**移した**。　・母をもっと設備のいい病院に**移したい**。

② ・田中さんにかぜを**うつされて**しまった。

727 つれる ヲ連れる
take/bring (someone) ／帯, 领／데리다, 동반하다／dẫn đi

[→ヲ連れて＋移動動詞]

・子どもを動物園へ**連れて**行った。　・犬を**連れて**散歩する。

・あした娘が恋人を家に**連れて**来ることになっている。

合 子連れ、親子連れ　　名 連れ→＿がいる⇔いない

728 よる ガ寄る
move closer; be one-sided; stop by ／挨近, 靠近; 偏, 靠; 顺路去／다가서다, 기울다, 들르다／đến gần, lệch, ghé qua

① ・窓のそばに**寄って**外を見た。

② ・「ポスターが左に**寄って**いますから、直してください」

合 ［名詞］＋寄り（・左**寄り**、西**寄り**、駅**寄り**）

③ ・会社からの帰りに、雑誌を買いに本屋へ**寄った**。

合 **寄り**道

729 よせる ヲ寄せる
move toward ／使……靠近／가까이 대다／ghé

・地震のときは、車を道の左側に**寄せて**止めなければならない。

730 あたえる ニ＋ヲ与える
provide, give, cause ／给, 给予, 授予; 导致, 使……蒙受／주다／cấp, cho, gây

① ・成績のよい学生に奨学金を**与える**。　・犬にえさを**与える**。

・{課題／時間／チャンス…}を**与える**。

② ・{影響／被害／印象…}を**与える**。

対 ①②ヲ受ける

731 える ヲ得る
obtain ／得, 得到; 获得／얻다, 받다／lấy, được

・{収入／情報／知識…}を**得る**。

・会議では、司会者{の／から}許可を**得て**からでなければ発言してはいけない。

732 むく　　　ガ/ヲ向く　　　face; be suited for ／面, 朝, 向; 适合／향하다, 적합하다／hướng, phù hợp

① ・私の部屋は、東南{を／に}向いている。　　・「こちらを向いてください」
　　合［方向／方角］＋向き（・左向き、南向き）　　**名** 向き（・向きを変える。）

② ・彼女は子どもが好きだから、幼稚園の先生に向いている。

　　・この新しいゲームは、子どもよりも大人に向いている。
　　合［名詞］＋向き（・子ども向き、夏向き）

733 むける　　　ガ/ヲ向ける　　　turn toward; aim at, target; in preparation for ／针对, 面向, 迎接, 朝向, 转向／을/를 대상으로 하다　향하게 하다, 향하다／nhắm vào, hướng ra/tới

自 ① ・化粧品会社が、女子高生に向けてリップクリームを発売した。
　　　　合［名詞］＋向け（・男性向けの化粧品、中国向けの輸出品）

　　② ・そのニュースは世界に向けて発信された。

　　③ ・オリンピックに向けて、新しいスタジアムの建設が進んでいる。

他 ① ・顔を右に向ける。

　　② ・カメラを向けると、子どもは恥ずかしがって下を向いてしまった。

734 すすめる　　　ヲ勧める　　　recommend; offer ／劝, 劝告; 提供／권하다／rủ, khuyên nhủ, chào hàng

① ・ダイエットしている友人に、いっしょにウォーキングをしようと勧めた。
　　名 勧め（・親の勧めで公務員になった。）

② ・客にお茶を勧めた。

735 すすめる　　　ヲ薦める　　　recommend, suggest ／推荐, 推举, 举荐／추천하다／giới thiệu, tiến cử

・先生にすすめられた本を買った。

・「議長にはだれがいいですか」「山田さんをすすめます」

・「おすすめの店があったら教えてください」

736 まかせる　　　ニ＋ヲ任せる　　　entrust, leave it to ／委任, 托付／맡기다／giao cho

・責任の重い仕事を新人に任せてみた。

・「パーティーの司会、よろしく頼むよ」「任せてください」

737 まもる　　　ヲ守る　　　respect; protect ／遵守; 保护, 保卫／지키다／tuân thủ, bảo vệ

① ・{法律／規則／ルール／約束…}を守る。

　・「順番を守って並んでください」
　　対{法律／規則／ルール}に違反する、{法律／規則／ルール／約束}を破る☞491

② ・環境を守る。　　・子どもを危険から守る。

163

59

738 あらそう　　ガ/ヲ争う

quarrel; compete ／吵架, 争吵; 争夺, 竞争／싸우다, 다투다／cãi cọ, tranh giành

① ・あの兄弟はいつも小さなことで**争って**いる。

② ・山田選手と高橋選手がトップを**争って**いる。

名 ①② 争い→激しい＿＿

739 のぞむ　　ヲ望む

wish ／希望, 愿望／바라다／mong muốn, hy vọng

・卒業後は、教師になることを**望んで**いる。　・**望んで**いたものが手に入った。

・あなたの未来が明るいものであるよう**望みます**。　・世界が平和になることを**望む**。

類 ヲ希望する☞66

名 望み（・私の**望み**は子どもが元気に育ってくれることだ。）
→＿＿がある⇔ない（・手術をすれば助かる**望み**がある。）

740 しんじる　　ヲ信じる

believe; believe in (a religion) ／相信; 坚信; 信任; 信仰／믿다, 확신하다／tin

① ・「きのう、ゆうれいを見たよ」「うそ！　**信じられ**ない！」

② ・がんばれば成功すると**信じて**いる。

③ ・友人を**信じて**お金を預けた。

　　類 ヲ信用する

対 ①②③ ヲ疑う

④ ・「私は仏教を**信じて**います」

　　類 ヲ信仰する　　関 宗教☞409

741 つうじる　　ガ通じる

be understood, lead to, get through ／懂, 理解; 通往, 通到; (电话等) 接通／통하다, 연결되다／được hiểu cho, dẫn đến, nối máy

① ・日本に来たとき、私の日本語が**通じる**かどうか心配だった。

　・何も言わなければ、気持ちは**通じ**ない。

　・山田さんはまじめすぎて、冗談が**通じ**ない。

② ・この地下道は駅に**通じて**いる。

③ ・コンサートチケット申し込みの電話がやっと**通じた**。

742 あきる　　ガ飽きる

be tired of ／腻烦, 厌烦／질리다, 싫증 나다／chán

・好きなものでも、毎日食べると**あきて**しまう。　・もうこのゲームには**あきた**。

743 おもいつく ヲ思いつく　　　think of ／(忽然) 想到, 想起／생각나다, 떠오르다／nghĩ ra

- {アイディア／考え／方法…}を**思いつく**。
- スピーチを頼まれたのだが、なかなかいい表現{が／を}**思いつかない**。
  名 思いつき

744 おもいやる ヲ思いやる　　　be considerate of ／体谅, 体贴／헤아리다, 염려하다／thương, quan tâm

- 父親の言葉は厳しかったが、その言葉には子どもを**思いやる**気持ちが表れていた。
  名 思いやり→＿＿があるⅠ ⇔ ない

745 ねっちゅうする ガ熱中する　　　be addicted to (a hobby), be absorbed in ／热衷于, 入迷／열중하다／mê, hút hồn

- 母は今カラオケに**熱中している**。
- テレビのボクシング中継に**熱中して**、つい大声を出してしまった。
  ×熱中になる

746 くらす ガ暮らす　　　live, get by ／生活, 过日子／살다, 살아가다／sống

- 都会で**暮らす**のは便利だが、お金がかかる。　・この給料では**暮らして**いけない。
  合 [名詞]＋暮らし（・一人暮らし、都会暮らし）　　類 ガ生活する☞27
  名 暮らし（・いい**暮らし**をする。）

747 まく ヲ巻く　　　wrap, wind up ／卷, 围, 裹／감다／quấn, cuốn

- マフラーを首に**巻く**。　・指に包帯を**巻く**。　・コードを**巻いて**片づける。

748 むすぶ ヲ結ぶ　　　tie (up); connect; enter into (a treaty/contract) ／系, 结, 扎; 连接; 缔结／매다, 잇다, 맺다／buộc, nối, ký (hợp đồng)

① ・くつのひもを**結ぶ**。　・ネクタイを**結ぶ**。　・髪をリボンで**結ぶ**。
  対 ヲほどく
② ・「東京とニューヨークを**結ぶ**飛行機は、１日何便ですか」
③ ・{条約／契約…}を**結ぶ**。

749 すむ ガ済む　　　finish; get by with/without ／完, 完成; 不用, 不必／끝나다, 충분하다／xong, là đủ

① ・仕事が**済んだ**らすぐ帰る。
② ・きょうは暖かいから、コートを着ないで**すんだ**。
  ・きょうの昼食は 300 円で**すんだ**。

750 すませる／すます ヲ済ませる／ヲ済ます　　　finish; make do with ／完, 做完; 将就, 凑合／끝내다, 때우다／xong, làm ~với

① ・お金の支払いを**済ませる**。　・仕事を**済ませて**早く帰ろう。
② ・朝はパンと牛乳で**すます**。

60

751 できる　　　ガ出来る　　　be built; arise; make; can do ／建成, 出現; 做出, 做好; 成绩好, 办得好; 做成／생기다, 완성되다, 잘하다, 만들어지다／được xây, phát sinh, làm được

① ・駅前に新しいスーパーが**でき**た。　　・「急用が**でき**たので、お先に失礼します」

・{友だち／子ども／にきび…}が**でき**る。
関 ガ／ヲ生じる、ガ／ヲ発生する

② ・2時間もかかって、やっと料理が**でき**た。
類 ガ完成する☞660

③ ・筆記試験は**でき**たのだが、面接で失敗してしまった。

・彼女は仕事も**でき**るし、性格もよい。

・このおもちゃの虫はよく**でき**ている。まるで本物のようだ。
名 でき→＿がいい⇔悪い(・今年の米は**でき**がいい。)

④ ・このいすは木で**でき**ている。

752 きれる　　　ガ切れる　　　cut well; expire; run down/out ／快, 锋利; 到期; 用完, 用光／잘 들다, 다 되다, 떨어지다／cắt được, hết

① ・このはさみはよく**切れ**る。
② ・{定期／賞味期限／有効期限／契約…}が**切れ**る。
③ ・電池が**切れ**て、ラジオが聞こえなくなった。　　・{インク／燃料}が**切れ**る。
④ ・料理を作ろうとして、塩が**切れ**ていることに気がついた。

753 きらす　　　ヲ切らす　　　run out of ／用完, 用光／다 없애다, 떨어지다／(để) hết

・うっかりしていて、{さとう／せっけん／トイレットペーパー…}を**切らし**てしまった。

・〈名刺交換で〉「申し訳ありません、名刺を**切らし**ておりまして……」
自 切れる☞752④

[横、となり、正面、向かい、ななめ]

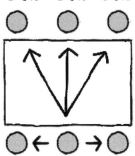

Dさん　Bさん　Cさん

Fさん　Aさん　Eさん

Aさんの {横／となり} にEさん、Fさんがいます。
Aさんの {向かい／正面} にBさんがいます。
Aさんの{ななめ前／ななめ向かい}にCさん、Dさんがいます。

[手前、向こう]

どんぶりの手前にはしがあります。
どんぶりの向こうにコップがあります。

[奥]

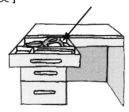

ひきだしの奥にはさみがあります。

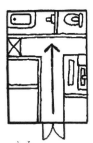

家の奥に風呂、トイレがあります。

たなの奥に人形があります。

[かど]

（つくえ）

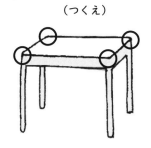

（道）

[すみ]

（箱／部屋）

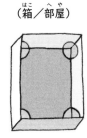

I　（　）に助詞を書きなさい。

1. 大学（　　　）進んだ。
2. 遊び（　　　）あきた。
3. 国境（　　　）越えた。
4. 趣味（　　　）熱中している。
5. 彼は医者（　　　）向いている。
6. 約束の時間（　　　／　　　）過ぎた。
7. ペット（　　　）えさ（　　　）与えた。
8. 首（　　　）マフラー（　　　）巻いた。
9. お客様（　　　）お茶（　　　）すすめた。
10. 先生（　　　／　　　／　　　）許可（　　　）得た。
11. 先生が学生（　　　）試験日（　　　）伝えた。
12. A 選手は B 選手（　　　）1 位（　　　）争った。
13. 私は子ども（　　　／　　　）かぜ（　　　）うつされた。
14. 上司は部下（　　　）仕事（　　　）まかせた。
15. 仏教は中国（　　　）日本（　　　／　　　）伝わった。
16. 事務所が東京（　　　）横浜（　　　／　　　）移った。
17. 赤ちゃんは音のするほう（　　　／　　　）顔（　　　）向けた。

II　下の表を完成させなさい。

自動詞	他動詞	自動詞	他動詞
1. うつる		4. 通る	
2. よる		5. 進む	
3. 向く		6. 過ぎる	

III　正しいことばを〔　　　〕の中から一つえらびなさい。

1. 友だちが〔　できる　作られる　生まれる　〕。
2. 子どもが〔　できた　生んだ　生まれた　〕。来年の 1 月 8 日が予定日だ。
3. 契約が〔　やむ　切れる　なくす　〕。
4. いい考えを〔　感じる　うかべる　思いつく　〕。
5. 多くの知識を〔　える　とる　つける　〕。

6．条約を〔 つなぐ　むすぶ　通す 〕。

7．ガソリンを〔 なくして　落として　切らして 〕車が運転できない。

Ⅳ 〔 　 〕の中から正しいことばをえらびなさい。( )の数字はえらぶ数です。

1．〔 影響　環境　電話　話　熱 〕が伝わる。（2）

2．〔 影響　環境　電話　話　熱 〕が通じる。（2）

3．〔 影響　冗談　法律　被害　約束 〕を与える。（2）

4．〔 影響　環境　話　法律　約束 〕を守る。（3）

Ⅴ つぎのことばの対義語を書きなさい。

1．時計が進む　⇔　時計が（　　　　　　　）

2．階段をあがる　⇔　階段を（　　　　　　　）。

3．人を信じる　⇔　人を（　　　　　　　）

4．影響を与える　⇔　影響を（　　　　　　　）。

5．ひもをむすぶ　⇔　ひもを（　　　　　　　）

6．規則を守る　⇔　規則を（　　　　　　　）。

Ⅵ （　　　　　　　）に入ることばを下からえらんで、適当な形にして書きなさい。

1．きのうの朝ごはんは、ヨーグルトだけで（　　　　　　　　）。

2．（　　　　　　　　　）のない平和な世界をつくりたい。

3．この国は、ロボット研究が（　　　　　　　　）いる。

4．日本に来て、もう20年が（　　　　　　　　）。

5．彼女は（　　　　　　　　）のあるやさしい人だ。

6．きのう、学校からの帰りに友だちのうちに（　　　　　　　　）。

7．定年退職したら、海外で（　　　　　　　　）たい。

8．あきらめずに勉強すれば、合格の（　　　　　　　　）がある。

9．台風で、1,000万円に（　　　　　　　　）被害が出た。

10．救急車が来たので、車を道のはしに（　　　　　　　　）止めた。

11．このカーテンは、光を（　　　　　　　　）ない。

12．熱が出たので、子どもを病院へ（　　　　　　　　）行った。

13．店員に（　　　　　　　　）、このパソコンを買った。

あらそう	おもいやる	くらす	すぎる	すすむ
すすめる	すませる	つれる	とおす	のぞむ
	のぼる	よせる	よる	

169

754 つたわる　　　ガ伝わる　be spread; be handed down; be introduced; be transmitted ／传, 流传; 传说; 传播; 传导／알려지다, 전해지다／được truyền đi, lan truyền

① ・彼が結婚するといううわさが**伝わって**きた。

② ・この地方には昔から**伝わる**不思議な話がある。

③ ・漢字は中国から**伝わって**きた。

④ ・空気がないと音は**伝わらない**。

755 つたえる　　　ヲ伝える　tell; teach; introduce; conduct ／转达, 转告; 传授; 传播; 导, 传导／알리다, 전하다／truyền đạt/dạy

① ・電話で用事を**伝える**。　　・〈あいさつ〉「みなさんによろしくお**伝え**ください」

② ・ふるさとの料理を若い人に**伝える**。

③ ・ザビエルがキリスト教を日本に**伝えた**。

④ ・金属は熱をよく**伝える**。

756 つづく　　　ガ続く　continue, occur repeatedly, follow ／继续, 连续; 接连发生／계속되다, 뒤따르다／liên tục, nối liền

① ・雨の日が**続く**。　　・美しい砂浜が**続いて**いる。

② ・地震が**続いて**起こる。　　・〈駅で〉「前の人に**続いて**お乗りください」

　名 **続き**（・このまんがの**続き**が早く読みたい。）

757 つづける　　　ヲ続ける　continue, happen in a row ／继续, 持续不断; 连续, 接连／계속하다／tiếp tục, liền

① ・もう3時間も会議を**続けて**いる。

　・「国へ帰っても日本語の勉強を**続けて**ください」

② ・3回**続けて**遅刻して、先生に怒られた。

758 つながる　　　ガつながる　be connected; lead to; extend; (call) gets through ／连接; 通往, 导向; 排列, 排队; (电话等) 接通／이어지다, 연결되다／nối liền, dẫn đến

① ・本州と四国は橋で**つながって**いる。

② ・この道は駅に**つながって**いる。　　・努力が合格に**つながった**。

③ ・渋滞で車が1キロも**つながって**いる。

④ ・やっと電話が**つながった**。

　名 **つながり**（・人と人の**つながり**を大切にしたい。）

759 つなぐ　　　ヲつなぐ　connect, join ／系, 接, 连接; 拉 (手); 接 (电话)／잇다, 연결하다／nối liền, nắm (tay)

① ・この橋は本州と四国を**つないで**いる。　　・パソコンにプリンターを**つなぐ**。

　関 ヲ結ぶ☞748

② ・恋人と手を**つないで**歩く。

③ ・「もしもし、102号室をお願いします」「はい、お**つなぎ**します」

760 つなげる　　　ヲつなげる　　　tie to／接, 连接／잇다, 연결하다／nối tiếp

・このチャンスをぜひ成功につなげたい。

自 つながる☞758 ②

---

761 のびる　　ガ伸びる　　grow; straighten; increase; become soggy; lose elasticity／长长; 舒展; 增长, 提高; 失去弹性／자라다, 펴지다, 늘다, 퍼지다, 늘어나다／dài ra, cao lên, giãn

① ・{背／髪／ひげ…}が伸びる。

② ・体操をしたら、腰が伸びた。

③ ・{記録／売り上げ…}が伸びる。

　　名 伸び→＿＿が大きい⇔小さい

④ ・ラーメンがのびる。　　・下着のゴムがのびてはけなくなった。

---

762 のばす　　ヲ伸ばす　　let grow; increase; smooth out; stretch; extend／拉长, 使……变长; 使……伸展; 使……提高／기르다, 키우다, 펴다, 늘리다／để dài ra/cao lên, làm phẳng, kéo dài

① ・{髪／ひげ／身長…}を伸ばす。

② ・アイロンをかけてしわを伸ばす。　　・腰を伸ばす体操

③ ・練習して、水泳の記録を伸ばす。

---

763 のびる　　　ガ延びる　　be postponed; be prolonged; become longer; be extended／推迟; 延长; 延伸／연기되다, 길어지다, 늘어나다, 이르다／(được) kéo dài

① ・レポートのしめ切りが延びてよかった。

② ・2時間の予定だった会議が延びて3時間になった。

　　・日本では、平均寿命が延びている。

③ ・鉄道が、となりの市まで延びた。

---

764 のばす　　　ヲ延ばす　　postpone; extend／推迟, 延后; 使……延长; 使……延伸／연장하다, 끌다／kéo dài

① ・チケットが取れなかったので、帰国の日を延ばした。

　　類 ヲ延期する

② ・みんなが終わらないので、先生がテストの時間を10分延ばしてくれた。

③ ・道路を20キロ先まで延ばした。

類 ②③ヲ延長する

---

765 かさなる　　　ガ重なる　　be on top of another; fall on same day, clash／重叠; (时间) 赶在一起／포개어지다, 겹치다／chập vào nhau, trùng

① ・印刷したら、紙が2枚重なって出てきた。

② ・日曜日と祝日が重なると、次の月曜日が休みになる。

---

766 かさねる　　　ヲ重ねる　　stack, put on top of another; accumulate, do over and over／叠, 码, 摞; 反复, 累积／겹치다, 거듭하다／chồng lên, tích lũy

① ・皿を重ねて置いておく。　　・寒かったので、セーターを2枚重ねて着た。

② ・{練習／経験／無理／苦労…}を重ねる。

62

767 ひろがる　　　ガ広がる　widen; flare; spread; stretch across ／变宽, 差距变大; 蔓延; (面积) 扩大／넓어지다, 확대되다, 펼쳐지다／được mở rộng, lan rộng

① ・道幅が**広がって**、歩きやすくなった。　・１位と２位の選手の差が**広がっている**。

　・最近、すそが**広がった**デザインのズボンがはやっている。

　対 ガ狭まる

② ・強風のため、火事がどんどん**広がっている**。　・長雨の被害が**広がっている**。

③ ・{空／海／砂漠／森林／草原…}が**広がっている**。

768 ひろげる　　　ヲ広げる　open more (stores), widen, broaden, open up ／扩大, 拓宽; 展开, 摊开／넓히다, 펼치다, 펴다／mở rộng

① ・お客さんが増えているので、もっと店を**広げ**たい。

　・{道路／勢力／視野／スペース…}を**広げる**。

② ・机の上に新聞を**広げて**読む。　・{両手／羽／かさ／本…}を**広げる**。

769 のる　　　ガ載る　fit in (a car); be published ／装, 载; 登载, 刊登／실리다／được cho lên, được đăng

① ・この荷物は大きすぎて、私の車には**のらない**だろう。

② ・新聞に、私の書いた記事が**載った**。

770 のせる　　　ヲ載せる　put on; publish ／搭运, 载运; 刊登／얹다, 싣다／cho lên, đăng

① ・たなに荷物を**のせる**。

　対 ヲおろす② ☞ 159

② ・「いい作品は文集に**載せます**から、がんばって書いてください」

771 そろう　　　ガそろう　gather; be collected together; match ／齐, 到齐; 相同, 整齐; 一致／빠짐없이 모이다, 갖추어지다, 일치하다／đông đủ, đủ bộ, hòa đồng

① ・「全員が**そろったら**出発しましょう」

　・このまんがのシリーズは、全部は**そろっていない**。

　・この本屋にはパソコン関係の本が**そろっている**。

② ・カーテンとカーペットの色が**そろっている**と、部屋がきれいに見える。

　名 (お)**そろい**(・くつと**そろい**のバッグ)

③ ・みんなの意見がなかなか**そろわない**。　・声が**そろった**美しいコーラス

772 そろえる　ヲそろえる　bring together; get everything ready; match ／使……到齐, 使……齐备, 使……一致／채우다, 갖추다, 맞추다, 가지런히 하다／tập hợp đủ, làm cho ngay ngắn

① ・マージャンをするため、メンバーを**そろえた**。　・料理の前に材料を**そろえて**おく。

② ・カーテンとカーペットの色を**そろえる**。

③ ・脱いだくつは**そろえて**おくのがエチケットだ。

773 **まとまる**　ガまとまる　reach (consensus), be sorted out, be well organized, be united ／（意見）统一, 有条理, 有系统／통합되다, 정리되다, 완성되다／thống nhất, hợp nhất, có hệ thống

・3時間話し合って、やっとクラスの意見が**まとまった**。

・あしたスピーチをしなければならないのに、なかなか考えが**まとまらない**。

・{話／文章／チーム…}が**まとまる**。

图 まとまり→＿がある⇔ない

774 **まとめる**　ヲまとめる　gather together, sort out, unify, write up, organize ／集中, 汇总, 总结, 归纳, 使……一致／합치다, 정리하다, 완성하다／gom lại, sắp xếp, hoàn thành

・引っ越しの前に、いらなくなったものを**まとめて**捨てた。

・話す前に考えを**まとめて**おく。　・小学校の先生は、クラスを**まとめる**のが大変だ。

・来月までに論文を**まとめ**なければならない。

・{話／考え／文章／チーム／荷物…}を**まとめる**。

图 まとめ（・会議の最後に司会者が内容の**まとめ**をした。）

775 **つく**　ガ付く　be stained with, ; be gained; come with ／附着, 沾上; 长进, 增加; 附带, 附加, 随从; 有味道／묻다, 붙다, 따르다, 나다／dính, có được, kèm theo

① ・けがをしてシャツに血が**ついた**。　・新しいバッグにすぐきずが**ついて**しまった。

② ・ウォーキングを毎日したら体力が**ついた**。

　・日本へ来ていろいろな知識が身に**ついた**。

　連 身に＿

③ ・このおかしにはおまけが**ついている**。　・この本には英語の訳が**ついている**。

　・最近は子どもの受験に親が**ついて**いくことが多い。

④ ・このスープには味が**ついて**いない。

776 **つける**　ヲ付ける　put on; gain; assign; attach (conditions) ／涂上, 抹上; 增长; 派, 使……随从; 添加, 附带; 写, 记／바르다, 익히다, 붙이다, 내다, 쓰다／bôi, giành được, bố trí

① ・パンにジャムを**つける**。　・口紅を**つける**。

② ・日本へ来ていろいろな知識を身に**つけた**。

　連 身に＿

③ ・英語ができない人には通訳を**つけます**。

④ ・塩でスープに味を**つける**。　・採用のとき、いろいろと条件を**つけられた**。

⑤ ・毎日日記を**つけて**いる。

| 777 | たまる | ガたまる | (money) is saved up, accumulate, build up ／积, 存, 积累, 积攒／모이다, 괴다, 쌓이다／tích tụ |

・{お金／水／ごみ／ストレス…}が**たまる**。

| 778 | ためる | ヲためる | save (money), pile up ／存, 积存, 存储／모으다, 미루어 두다／tích lũy, để tồn đọng |

・{お金／水／ごみ／ストレス…}を**ためる**。

・宿題を**ためて**しまい、休みの最後の日にまとめてやった。

| 779 | まじる | ガ交じる／混じる | be mingled with ／夹, 加入; 搀杂, 混有／섞이다／lẫn vào, xen lẫn |

①・女の子が男の子に**交じって**サッカーをしている。

　　合 ［名詞］＋交じり（・白髪**交じり**、英語**交じり**、冗談**交じり**）

②・合格発表の前は、期待に不安が**混じって**落ち着かなかった。

※　一般的にとけ合わないまじり方のときは「交」、とけ合ったまじり方のときは「混」を使う。

| 780 | まざる | ガ交ざる／混ざる | be mixed together ／混合; 混杂, 搅和／섞이다／trộn lẫn |

①・男女が**交ざって**サッカーをした。

②・材料が十分**混ざって**いないと、おいしいケーキはできない。

　・白いペンキに青が**混ざって**、水色になってしまった。

| 781 | まぜる | ヲ交ぜる／混ぜる | mix, stir ／混杂; 搀和, 混合／섞다／trộn lẫn |

①・お米に豆を**交ぜて**たいた。　・彼は日本語と中国語を**交ぜて**話す。

②・赤と黄色を**混ぜる**とオレンジ色になる。　・「さとうを入れてよく**混ぜて**ください」

　　合 ヲかき＿＿

※漢字の使い方は 779 と同じ。

| 782 | とける | ガ解ける／溶ける | be solved; melt; dissolve ／解开; 融化; 溶化／풀리다, 녹다／được giải (quyết), tan ra |

①・3時間かかって、やっと問題が**解けた**。　・長い間の疑問が**解けた**。

②・春になって雪が**とけた**。

③・この洗剤は冷たい水に**溶け**にくい。

| 783 | とく／とかす | ヲ解く／溶く／溶かす | solve; melt; dissolve ／解开; 使……融化; 使……溶化／풀다, 녹이다／giải (quyết), làm tan |

①・数学の問題を**解く**。

②・電子レンジでバターを**とかす**。

③・コーヒーにさとうを**溶かす**。

④・卵を**といて**フライパンに流す。

784 **ふくむ** ヲ含む | contain, include ／含, 包含, 包括／함유하다, 포함하다／có, bao gồm

・レモンはビタミンCを多くふくんでいる。　・この値段には消費税がふくまれている。

785 **ふくめる** ヲ含める | include ／包括, 包含／포함하다／bao gồm

・うちの家族は、私をふくめて5人です。

・毎日の昼食代は、飲み物もふくめると 1000 円ぐらいだ。

786 **ぬける** が抜ける | fall out, come out, leak out; be missing, leave ／脱落; 跑气; 遗漏, 不在／빠지다, 누락되다／rụng, hết, thiếu mất

① ・髪の毛が**抜ける**。

② ・タイヤの空気が**抜けた**。

③ ・この書類は3ページ目が**抜けている**。

・中村選手が**抜けて**、チームが弱くなった。

　類 ガ飛ぶ☞ 459

787 **ぬく** ヲ抜く | pull out, remove; relax (one's body); skip; overtake ／拔掉; 抽去; 省略; 超过／뽑다, 따다, 빼다, 거르다, 앞지르다／nhổ, tháo, thư giãn, bỏ qua

① ・虫歯を**抜く**。　　・ビールのせんを**抜く**。

② ・体の力を**抜く**。

③ ・朝食を**抜く**。

④ ・マラソンで、前の3人を**抜いて**、トップになった。

788 **あらわれる** が現れる | appear; (signs) are shown ／出现; 显现／나타나다／xuất hiện, hiện ra

① ・犯人は金を取りに**現れた**ところを逮捕された。　・雲の間から月が**現れた**。

② ・新しい薬の効果がすぐに**現れた**。

789 **あらわす** ヲ現す | appear; show (signs) ／现出; 表现出／나타내다／ló, lộ, cho thấy

① ・雲がなくなって、富士山が姿を**現した**。

② ・新しい薬がすぐに効果を**現した**。

790 **あらわれる** が表れる | show (on one's face) ／表现／나타나다／biểu hiện

・彼の顔には合格した喜びが**表れて**いた。

791 **あらわす** ヲ表す | express; represent ／表现, 表达; 标明, 标志／나타내다／biểu thị

① ・気持ちを{言葉／絵／態度…}で**表す**。

② ・地図では「〒」は郵便局を**表す**。

64

792 **ちる**　　　ガ散る　　　fall; be scattered ／落, 谢, 凋谢／떨어지다, 지다／rơi rụng

・風で桜が**散って**しまった。

合 ガ飛び＿

793 **ちらす**　　　ヲ散らす　　　spread, scatter ／弄散, 吹散／흩뜨리다, 흩어 놓다／làm rơi rụng

・風が桜を**散らして**しまった。

794 **あける**　　　ガ明ける　　　(dawn) comes, (new year) starts, (rainy season) ends ／天亮, 过, 完／새다, 밝다, 끝나다／hết (đêm, mùa mưa), sang (năm mới)

・{夜／年／梅雨}が**明ける**。

合 ［名詞］＋明け（・夜**明け**、年**明け**、梅雨**明け**）

795 **さす**　　　ガ／ヲ差す　　　(sun) shines, open up (an umbrella), apply (eye drops) ／照射／비치다, 쓰다, 넣다／chiếu, che (ô), tra (thuốc mắt)

自

・雨がやんで、日が**差して**きた。

他

・かさを**さす**。　　・目薬を**さす**。

◆身につけるもの：

「着る」もの…

シャツ　Tシャツ　ブラウス

上着／ジャケット　スーツ　ワンピース　コート

「はく」もの…　ズボン／パンツ　ジーンズ　スカート　くつした／ソックス　ストッキング

スニーカー　パンプス　ハイヒール　サンダル

「巻く／する」もの…　マフラー　スカーフ　　「しめる／する」もの…ネクタイ　ベルト

「はめる／する」もの…手袋　指輪　「つける／する」もの…アクセサリー　「かぶる」もの…帽子

※「下着」は「着る」「つける」「はく」を使う。

◆衣服の部分：

えり　　　　　　　　　　ボタン
そで　　　　　　　　　　ファスナー
すそ　　　　　　　　　　ポケット
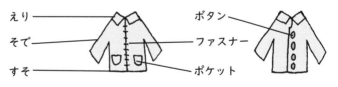

◆衣服のもよう：

無地　花もよう／花がら　水玉もよう　しまもよう／しまがら／ストライプ　チェック

◆衣服の材質：

綿／コットン	絹／シルク	毛／ウール	麻	ナイロン	ポリエステル
cotton	silk	wool	hemp	nylon	polyester
棉布／棉	丝织品／丝绸	毛织品／羊毛	麻	尼龙	涤纶
면／코튼	견／실크	모／울	삼베	나일론	폴리에스테르
bông	lụa	len	gai dầu	ni-lông	pô-li-ét-sờ-te

Ⅰ （　　）に助詞を書きなさい。

1. 「〒」は、地図では郵便局（　　　）表す。
2. たな（　　　）荷物（　　　）のせた。
3. コーヒー（　　　）さとう（　　　）とかした。
4. シャツ（　　　）よごれ（　　　）ついている。
5. この橋は、本州（　　　）四国（　　　）つないでいる。
6. 生まれた子ども（　　　）かわいい名前（　　　）つけた。
7. この値段（　　　）は、消費税（　　　）ふくまれている。
8. しめ切りが8日（　　　）20日（　　　）のびた。

Ⅱ 下の表を完成させなさい。

自動詞	他動詞	自動詞	他動詞
1.	かさねる	5.	とかす
2.	そろえる	6. 続く	
3. たまる		7. つながる	
4. ちる		8. 広がる	

Ⅲ 正しいことばを〔　　　〕の中から一つえらびなさい。

1. 夜が〔 あく あける ひらく 〕。
2. 雨がやんで日が〔 見られる 来る さす 〕。
3. 新聞にニュースが〔 のる 見える 現れる 〕。
4. 問題を〔 とく わかる 答える 〕。
5. 毎日日記を〔 とる つける のせる 〕。
6. ビールのせんを〔 とる ぬく はずす 〕。
7. 練習を〔 のせる ならべる かさねる 〕。

Ⅳ　いっしょに使うことばをえらびなさい。（　　）の数字はえらぶ数です。

1．〔　差　考え　貯金　被害　予定　〕が広がる。（２）
2．〔　氷　技術　疑問　計画　課題　〕がとける。（２）
3．〔　ストレス　疲れ　記録　貯金　予定　〕がたまる。（３）
4．〔　ひげ　ストレス　記録　貯金　予定　〕をのばす。（３）
5．〔　くつ　声　考え　書類　被害　〕をそろえる。（３）
6．〔　レポート　声　考え　荷物　予定　〕をまとめる。（３）

Ⅴ　（　　　　　）に入ることばを下からえらび、適当な形にして書きなさい。

A

1．春になると雪が（　　　　　　　　　）。
2．子どもの受験に（　　　　　　　　　）行った。
3．さっき雲が切れて、太陽が（　　　　　　　　　）。
4．黄色と青色を（　　　　　　　　　）と、緑色になる。
5．強い風で桜が全部（　　　　　　　　　）しまった。
6．人と人との（　　　　　　　　　）を大切にしたい。
7．子どもの中に大人が一人（　　　　　　　　　）サッカーをしている。

あらわれる　　ちる　　つく　　つながる　　とける　　まじる　　まぜる

B

1．うちの家族は、私を（　　　　　　　　　）6人いる。
2．10回もかけて、さっきやっと電話が（　　　　　　　　　）。
3．今週のテレビドラマの（　　　　　　　　　）を早く見たい。
4．会議の内容をメモに（　　　　　　　　　）、上司に伝えた。
5．虫歯をそのままにしておいたら、（　　　　　　　　　）しまった。
6．私のクラスは、みんながばらばらで、（　　　　　　　　　）がない。
7．幼稚園児たちが、お（　　　　　　　　　）のぼうしをかぶっている。

そろう　　つづく　　つながる　　ぬける ふくめる　　まとまる　　まとめる

Ⅰ （　　）に入れるのに最もよいものを、1・2・3・4から一つえらびなさい。

1. 梅雨が（　　）と急に暑くなった。
   a　空く　　　　　　b　明ける　　　　　c　開く　　　　　　d　開く

2. 白髪を見つけて（　　）。
   a　取れた　　　　　b　はずした　　　　c　引いた　　　　　d　抜いた

3. いくら考えてもいい方法を（　　）。
   a　思えない　　　　b　思い出さない　　c　思いつかない　　d　思いやらない

4. 留学していろいろな経験を（　　）。
   a　合わせた　　　　b　重ねた　　　　　c　続いた　　　　　d　ならべた

5. このごろ、仕事が忙しくて疲れが（　　）いる。
   a　強まって　　　　b　高まって　　　　c　たまって　　　　d　増えて

6. 毎日、新聞にたくさんのニュースが（　　）。
   a　のる　　　　　　b　のれる　　　　　c　見える　　　　　d　見られる

7. 昨年の地震の被害は1億円に（　　）。
   a　あがった　　　　b　すすんだ　　　　c　くだった　　　　d　のぼった

8. 定期が（　　）いるのに気がつかなかった。
   a　切れて　　　　　b　終わって　　　　c　消えて　　　　　d　済んで

9. クラス会では、昔のクラスメートが全員（　　）。
   a　かたづいた　　　b　そろった　　　　c　ならんだ　　　　d　まとまった

10. あの人には、こちらの気持ちがなかなか（　　）。
    a　通じない　　　　b　通せない　　　　c　通らない　　　　d　通れない

Ⅱ 　　　　に意味が最も近いものを、1・2・3・4から一つえらびなさい。

1. 仕事をすませた。
   a　終えた　　　　　b　成功させた　　　c　始めた　　　　　d　やめた

2. 数学の問題が解けた。
   a　直した　　　　　b　終わった　　　　c　足りた　　　　　d　わかった

3. この時計は進んでいる。
   a　時間が早い　　　b　質がいい　　　　c　人気がある　　　d　値段が高い

4. 台風のため、旅行の予定をのばした。
   a　やめた　　　　　b　あとにした　　　c　がまんした　　　d　はずした

5．トンネルが北海道と本州をつないでいる。

a　合わせて　　　b　付けて　　　　c　結んで　　　　d　引いて

Ⅲ　つぎのことばの言い方として最もよいものを、一つえらびなさい。

1．あきる

a　給料にあきた。もっと上げてもらいたい。

b　ゲームにあきた。しばらくやりたくない。

c　体にあきた。疲れがとれるまで少し休もう。

d　意味にあきた。わかりやすく話してほしい。

2．与える

a　地震がこの地方に大きな被害を与えた。

b　この映画は多くの人に感動を与えさせた。

c　恋人から誕生日のプレゼントを与えられた。

d　私は山本さんに強い印象を与えさせられた。

3．伝わる

a　インターネットは世界中に伝わっている。

b　窓を通してさわやかな風が伝わっている。

c　この喫茶店には、いつも音楽が伝わっている。

d　この会社は危ないといううわさが伝わっている。

4．まとめる

a　家賃を1年分まとめて払った。

b　卵、油、酢をまとめてマヨネーズを作った。

c　国民が力をまとめて政治を変えることが大切だ。

d　いつもスーツの色にまとめてネクタイを選んでいる。

5．ふくめる

a　スープにもう少し塩をふくめて、味を濃くした。

b　この工場には、パートをふくめて500人の労働者がいる。

c　ドアが開かないので、強く力をふくめて引っぱった。

d　ひさしぶりに会った喜びをふくめて、友だちと抱きあった。

🔊 65

---

796 パートナー　　　partner／伙伴, 合作者／파트너／đối tác

・あの人は仕事のいい**パートナー**だ。

・うちの犬はただのペットではなくて、私の**パートナー**です。

---

797 リーダー　　　leader／领导人, 指导者／리더, 지도자／lãnh đạo

・グループの**リーダー**を決める。　・この国に新しい**リーダー**が誕生した。

合 ＿シップ、チア＿

---

798 ボランティア　　　volunteer／志愿者／자원봉사(자)／tình nguyện viên

・老人ホームで**ボランティア**をしている。　・**ボランティア**で日本語を教えている。

・介護の**ボランティア**を募集する。

連 ＿をする　　合 ＿活動、＿精神

---

799 コミュニケーション　　　communication／沟通, 交流／커뮤니케이션, 소통／giao tiếp, giao lưu

・同僚とはじゅうぶん**コミュニケーション**をとったほうがよい。

・うちの家族は最近**コミュニケーション**が少ない。

連 ＿をとる、＿がない

---

800 ユーモア　　　humor／幽默／유머／sự hài hước

・**ユーモア**がある彼はクラスの人気者だ。　・旅行の話を、**ユーモア**たっぷりに話す。

連 ＿がある⇔ない

---

801 ショック　　　shock／震动, 冲击; 打击／쇼크, 충격／sốc, xung lực

① ・彼女にほかの恋人がいて、**ショック**だった。

・親友の突然の死に**ショック**を受けた。

② ・シートベルトをすれば、**ショック**が小さくなる。　・この時計は**ショック**に強い。

連 ①②＿が大きい⇔小さい、ニ＿を受ける、ニ＿を与える

---

802 ストレス　　　stress／精神紧张, 精神压力／스트레스／căng thẳng tinh thần

・**ストレス**がたまったときは、カラオケに行く。　・**ストレス**で胃に穴があいた。

連 ＿が大きい⇔小さい、＿がたまる・＿をためる、＿を与える、＿を発散する、＿を解消する

合 ＿解消　　関 プレッシャー

---

803 **バランス**　　　　balance ／平衡, 均衡／밸런스, 균형／cân bằng

・栄養の**バランス**がいい食事をする。　　・このデザインは左右の**バランス**が悪い。

　連 ＿がいい⇔悪い、＿がとれる・＿をとる　　関 アンバランスな

804 **レベル**　　　　level ／水平, 水准／레벨／trình độ, mức

・マリアさんは日本語の**レベル**が高い。　　・**レベル**別にクラスを分ける。

　連 ＿が高い⇔低い、＿が上がる⇔下がる・＿を上げる⇔下げる

　合 ガ／ヲ＿アップスル⇔ガ／ヲ＿ダウンスル

805 **アップ**　　　ガ／ヲアップスル　　up, increase; up close ／提高; 特写／업, 인상／tăng lên, sát lại

① ・時給が**アップ**した。

　合 ガ／ヲ{レベル／イメージ／スピード…}+ アップスル　対 ガ／ヲダウンスル　関 ガ上がる

② ・写真を**アップ**でとる。

806 **ダウン**　　　ガ／ヲダウンスル　　down, reduction, being down (with a cold) ／下降; 倒下／다운, 맥을 못 춤／giảm đi, ốm

① ・給料**ダウン**で生活が苦しい。

　合 ガ／ヲ{レベル／イメージ／スピード／コスト…}+ ダウンスル　　対 ガ／ヲアップスル

　関 ガ下がる

② ・かぜで**ダウン**した。

807 **プラス**　　　ヲプラススル　　addition; surplus; positive impact ／増加; 盈余; 有好处／플러스／cộng thêm

808 **マイナス**　　　ヲマイナススル　　subtraction; deficit; negative impact ／减少; 亏损; 不利, 有坏处／마이너스／trừ đi, âm, bất lợi

① ・まじめに働いていたら、時給が 20 円**プラス**された。

　・今月の給料は１万円の**マイナス**だった。

② ・今月の収支は{**プラス**／**マイナス**}だった。

③ ・漢字を覚えることは、日本語の勉強に**プラス**になります。

　・「こんなことをしていたら、あなたにとって**マイナス**になりますよ」

　合 ＿評価、＿効果

連 ①②③ニ＿になる

809 **イメージ**　　　ヲイメージスル　　image ／印象, 形象／이미지／hình dung, tưởng tượng

・私はこの曲から広い海を**イメージ**した。　　・**イメージ**がいい女優を CM に使う。

　連 ＿がいい⇔悪い、＿が浮かぶ、＿がアップする⇔ダウンする

　合 ＿チェンジ、ガ／ヲ＿アップスル⇔ガ／ヲ＿ダウンスル

66

810 コンテスト
contest ／竞赛, 比赛／콘테스트, 대회／cuộc thi

・スピーチの**コンテスト**で優勝した。

連 __に{出る／出場する}、__に参加する　　合 スピーチ__、写真__　　類 コンクール

811 マスコミ(←マス・コミュニケーション)
mass media, mass communication ／新闻媒体, 媒体／매스컴／giới truyền thông, báo chí

・この**ニュース**は**マスコミ**に注目されている。　　・**マスコミ**関係の仕事がしたい。

812 プライバシー
privacy ／隐私, 私生活／프라이버시／sự riêng tư

・現代社会では個人の**プライバシー**が守られないことが多い。

連 __を守る、__をおかす、__の侵害

813 オフィス
office ／办公室／오피스／văn phòng

合 __街、__ビル　　関 事務所

814 ルール
rule ／规则／룰, 규칙／luật lệ

・サッカーの**ルール**を覚える。　　・交通**ルール**は国によって違う。

連 __を守る⇔破る、__に違反する、__に従う　　合 __違反　　類 規則

815 マナー
manners ／礼节, 礼仪, 礼貌／매너, 예절／lễ nghi, phép ứng xử

・フランス料理の**マナー**は難しい。

連 __がいい⇔悪い、__を守る、__{が／に}厳しい　　合 __違反、テーブル__

類 エチケット、礼儀☞654

816 ミス　　ガ／ヲミススル
mistake ／失败, 错误, 失误／미스, 실수／lỗi, sơ suất

・試合で**ミス**をして、負けてしまった。

連 __をおかす　　合 計算__、__ジャッジ、__プリント　　関 ガ／ヲ失敗スル

817 スケジュール
schedule ／时间表, 日程安排／스케줄, 계획／lịch làm việc

① ・今週の**スケジュール**を確認する。

連 __を立てる、__を組む　　合 __表、__帳

② ・週末は**スケジュール**{が／で}いっぱいだ。

類 ①②予定

818 タイトル title ／标题／타이틀, 제목／chủ đề

・**タイトル**をよく見てから文章を読む。　・有名な映画の**タイトル**が思い出せない。

類 題名 ☞ 382

819 テーマ theme, topic ／主题, 中心思想／테마, 주제／đề tài

・この映画の**テーマ**は「愛」だ。　・論文の**テーマ**が決まらない。

合 ＿ソング、＿音楽、＿パーク　　類 主題

820 ストーリー story ／故事情节／스토리, 줄거리／câu chuyện, cốt truyện

・「あの映画の**ストーリー**を教えてください」

関 あらすじ

821 ヒット　　　　ガヒットスル hit ／受欢迎, 畅销／히트／bán chạy, trúng thị hiếu

・あの歌手の新曲は**ヒット**している。

合 ＿曲、＿商品、ガ大＿スル

822 ブランド brand ／牌子, 名牌／명품, 브랜드／hàng hiệu, thương hiệu

・海外で**ブランド**のバッグを買った。　　・彼女は一流**ブランド**のものしか使わない。

合 ＿品、＿もの、一流＿

823 レンタル　　　ヲレンタルスル rental ／出租, 租赁／렌털, 임대／thuê, cho thuê

・このスーツケースは**レンタル**だ。　・パーティードレスは**レンタルする**ことにした。

合 ＿ビデオ、＿ショップ、＿料　　関 レンタカー、レンタサイクル

824 リサイクル　　ヲリサイクルスル recycling ／回收, 再利用／재활용, 리사이클／tái sử dụng, tái chế

・古くなった服を**リサイクル**に出した。

・新聞紙は**リサイクルされて**、トイレットペーパーなどになる。

連 ヲ＿に出す　　合 ＿運動、＿ショップ　　類 ヲ再利用スル

825 ラベル label ／标签／라벨, 상표／nhãn hiệu

・ビンの**ラベル**をはがして、リサイクルに出す。

826 タイプ type, sort ／类型; 型号／타입／kiểu, hình mẫu

① ・このクラスにはいろいろな**タイプ**の学生がいる。　・彼女は私の理想の**タイプ**だ。

② ・この**タイプ**のパソコンはもう売っていない。

類 型

67

827 スタイル
style ／体型, 身材／스타일／dáng vẻ

・彼女は**スタイル**を気にしてダイエットしている。

連＿がいい⇔悪い　　合ヘア＿、ライフ＿

828 セット　　　ヲセットスル
set, setting (a clock) ／一组, 一套; 设定, 调好／세트／một bộ, cài đặt

①・テーブルといすを**セット**で買う。　・このグラスは５個で１**セット**です。

合［数字］＋セット

②・目覚まし時計を６時に**セット**した。

829 ウイルス
virus ／病毒, 病菌／바이러스／vi-rút

・この病気は**ウイルス**によって起こる。

・**ウイルス**が入ってパソコンが故障した。

合インフルエンザ＿

830 ロボット
robot ／机器人／로봇／người máy, rô-bốt

・子どもは**ロボット**のアニメが好きだ。　・**ロボット**は工場で危険な作業をする。

合産業＿

831 エネルギー
energy ／能源, 能量, 精力／에너지, 동력 자원／năng lượng

・地球ではさまざまな**エネルギー**が不足している。

・機械を動かすには**エネルギー**が必要だ。

・仕事で疲れてしまって、もう**エネルギー**が残っていない。

合［名詞］＋エネルギー（・熱**エネルギー**）、省＿（→省エネ）、＿不足、＿資源

832 デジタル
digital ／数码／디지털／kỹ thuật số

・**デジタル**の時計は見やすい。

合＿カメラ(→デジカメ)、＿時計　　対アナログ

833 マイク(←マイクロホン)
microphone ／麦克, 话筒／마이크／mi-cờ-rô

・みんなの前で**マイク**を持って話す。

関スピーカー

834 **ブレーキ**

brake ／刹车; 阻碍, 阻止／브레이크／phanh

① ・**ブレーキ**を踏んでスピードを落とした。

連 ＿をかける、＿を踏む、＿がきかない　　合 急＿

関 アクセル、ハンドル、ヘッドライト、タイヤ、パンク

② ・石油の値上がりで、経済の発展に**ブレーキ**がかかった。

・弟のいたずらがひどいときは、**ブレーキ**をかけるようにしている。

連 ニ＿がかかる・＿をかける

835 **ペンキ**

paint ／油漆／페인트／sơn

・かべに**ペンキ**を塗る。

連 ニ＿を塗る、＿がはがれる

練習問題

Ⅰ （　　）に助詞を書きなさい。

1. 写真のコンテスト（　　）2位になった。
2. 音楽を聞いて、ヨーロッパの風景（　　）イメージした。
3. 彼はユーモア（　　）あって、クラスの人気者だ。
4. かべ（　　）ペンキをぬる。
5. ボランティア（　　）日本語を教えている。

Ⅱ 「する」がつくことばに○をつけなさい。

アップ　　ショック　　スケジュール　　スタイル　　ストーリー　　セット

テーマ　　パートナー　　ヒット　　マイク　　マイナス　　レンタル

Ⅲ （　　）に下からえらんだ語を書いて、一つのことばにしなさい。

1. レベル（　　　　　　　）　　2. ミス（　　　　　　　）
3. オフィス（　　　　　　）　　4. デジタル（　　　　　　　）
5. リーダー（　　　　　　）　　6. リサイクル（　　　　　　　）
7. （　　　　　　　）ウイルス

カメラ　　コンピューター　　シップ　　ジャッジ
ショップ　　ダウン　　ビル

Ⅳ 意味が近いことばを、下からえらんで書きなさい。

1. コンテスト（　　　　　　）　　2. ルール（　　　　　　　）
3. リサイクル（　　　　　　）　　4. マナー（　　　　　　　）
5. タイプ（　　　　　　）　　6. スケジュール（　　　　　　　）

かた　　きそく　　さいりよう　　よてい　　エチケット　　コンクール

Ⅴ つぎのことばの対義語を書きなさい。

1. デジタル ⇔（　　　　　　）　　2. ダウン ⇔（　　　　　　）
3. マイナス ⇔（　　　　　　）

Ⅵ つぎのことばには「ー」が一つ入ります。適当なところに入れなさい。

1. エネルギ　　　　　　　　　　2. プライバシ
3. コミュニケション　　　　　　4. ブレキ

Ⅶ 正しいことばを〔　　　〕の中から一つえらびなさい。

1. バランスが〔　いい　高い　強い　〕。
2. レベルが〔　いい　高い　大きい　〕。
3. ショックが〔　いい　高い　大きい　〕。
4. マナーが〔　いい　高い　強い　〕。
5. イメージが〔　出る　うかぶ　うく　〕。
6. ブレーキを〔　おす　ふむ　切る　〕。
7. ルールを〔　あう　したがう　まもる　〕。
8. スケジュールを〔　かける　立てる　取る　〕。

Ⅷ （　　）に入ることばを下からえらんで書きなさい。

1. 長く付き合える（　　　　　　　）に出会うのは難しい。
2. 「どんな（　　　　　　　）の男の人が好きですか」
3. たくさん残業したのに、給料は（　　　　　　　）になった。
4. 映画の（　　　　　　　）を忘れてしまった。
5. がんばって働いたのに、給料が（　　　　　　　）してしまった。
6. （　　　　　　　）の報道がまちがっていることもある。
7. ワインの（　　　　　　　）には生産地が書いてある。
8. 彼女は美人で（　　　　　　　）もいい。
9. 海外で（　　　　　　　）品を買う日本人が多い。
10. （　　　　　　　）解消には、カラオケがいい。
11. 危険な仕事は（　　　　　　　）にやらせる。
12. テーブルとソファーを（　　　　　　　）で買った。

スタイル	ストレス	セット	タイトル	タイプ	ダウン
パートナー	ブランド	マイナス	マスコミ	ラベル	ロボット

確認問題

Ⅰ （　　）に入れるのに最もよいものを、a・b・c・dから一つえらびなさい。

1．留守番電話に（　　　）を残した。
　　a　インタビュー　　　b　マッサージ　　　　c　アナウンス　　　　d　メッセージ

2．「このすばらしい経験は、あなたの人生にとって（　　　）になるでしょう」
　　a　プラス　　　　　　b　マイナス　　　　　c　アップ　　　　　　d　ダウン

3．映画の（　　　）ソングを歌う。
　　a　タイトル　　　　　b　テーマ　　　　　　c　ストーリー　　　　d　ラベル

4．結婚して、人生の大切な（　　　）を得た。
　　a　リーダー　　　　　b　チーム　　　　　　c　ペット　　　　　　d　パートナー

5．もっと（　　　）が高いクラスで勉強したい。
　　a　レベル　　　　　　b　ラベル　　　　　　c　アップ　　　　　　d　プラス

6．飛行機事故のニュースを見て、（　　　）を受けた。
　　a　ユーモア　　　　　b　イメージ　　　　　c　ショック　　　　　d　ストレス

7．正しい（　　　）で食事をするのは難しい。
　　a　ルール　　　　　　b　マネー　　　　　　c　マナー　　　　　　d　セット

8．遅刻しそうになったので、車の（　　　）を上げた。
　　a　スピード　　　　　b　ラッシュ　　　　　c　トップ　　　　　　d　プラス

9．（　　　）が破れてしまった。
　　a　ガラス　　　　　　b　ビニール　　　　　c　プラスチック　　　d　ヘルメット

10．役所で日本語の通訳の（　　　）を募集している。
　　a　レシート　　　　　b　リサイクル　　　　c　ボランティア　　　d　アマチュア

Ⅱ 　　　　　に意味が最も近いものを、a・b・c・dから一つえらびなさい。

1．入学式に着る服をレンタルした。
　　a　借りた　　　　　　b　貸した　　　　　　c　買った　　　　　　d　使った

2．兄が病気でダウンしてしまった。
　　a　さがって　　　　　b　おりて　　　　　　c　たおれて　　　　　d　ひいて

3．来週のスケジュールがまだ決まっていません。
　　a　予定　　　　　　　b　約束　　　　　　　c　事件　　　　　　　d　記録

4．先生に相談して、論文のタイトルがやっと決まった。
　　a　課題　　　　　　　b　問題　　　　　　　c　題名　　　　　　　d　内容

5．旅行の話を<u>ユーモアたっぷりに</u>話す。

    a　たいくつに　　　　b　おもしろく　　　　c　つまらなそうに　d　うれしそうに

Ⅲ　つぎのことばの言い方として最もよいものを、一つえらびなさい。

1．コンテスト

    a　写真の<u>コンテスト</u>に参加した。

    b　マラソンの<u>コンテスト</u>で優勝した人にインタビューをした。

    c　「来週スピーチを<u>コンテスト</u>します」

    d　学校では<u>コンテスト</u>な行事がある。

2．デザイン

    a　この歌を<u>デザイン</u>したのは有名な作曲家だ。

    b　きのう宿題で詩_しを<u>デザイン</u>した。

    c　あの手紙を<u>デザイン</u>したのは、その会社の社長だそうだ。

    d　このアクセサリーを<u>デザイン</u>した人は、来月パリに店を開くそうだ。

3．リサイクル

    a　父の会社では、退職した人の<u>リサイクル</u>を行っている。

    b　<u>リサイクル</u>のためにペットボトルを集める。

    c　近所の食堂_{しょくどう}では、フルーツの<u>リサイクル</u>が盛んだ。

    d　ペットの<u>リサイクル</u>の店がある。

4．セット

    a　自転車のブレーキを<u>セット</u>した。

    b　<u>セット</u>したバイクが故障_{こしょう}した。

    c　寝る前に炊飯器_{すいはんき}のタイマーを<u>セット</u>した。

    d　新しいスーツとくつを玄関_{げんかん}に<u>セット</u>した。

5．ラッシュ

    a　今は食堂_{しょくどう}が<u>ラッシュ</u>の時間だ。

    b　<u>ラッシュ</u>のホテルを予約するのは難しい。

    c　<u>ラッシュ</u>の飛行機に乗って、とても疲れた。

    d　<u>ラッシュ</u>の時間にバスに乗るのは大変だ。

🔊 68

| 836 | たける | ガ炊ける | (rice) is cooked ／煮好, 烧好／지어지다／(cơm) được nấu |

・ごはんがたけた。

| 837 | たく | ヲ炊く | cook (rice) ／煮 (饭) , 烧 (菜) ／짓다／nấu (cơm) |

・ごはんをたく。

| 838 | にえる | ガ煮える | boil, cook, simmer ／煮, 煮熟, 煮烂／삶아지다, 익다／được nấu/ninh/hầm |
| 839 | にる | ヲ煮る | boil, stew ／煮, 炖, 熬／삶다, 조리다／nấu, ninh, hầm |

・「この野菜をスープで煮て、煮えたら塩で味をつけてください」
合煮もの

| 840 | いためる | ヲ炒める | fry, frizzle ／炒, 煎, 爆／볶다／xào |

・フライパンに油をひいて、肉と野菜をいためる。
合炒めもの、野菜炒め

| 841 | やける | ガ焼ける | be cooked, be baked, be roasted ／烧热, 烤熟／구워지다／được rán/rang |

・よく焼けていないぶた肉は食べないほうがいい。

| 842 | やく | ヲ焼く | cook, bake, roast ／烤, 焙／굽다／rán, rang |

・フライパンでオムレツを焼く。　・トースターでパンを焼く。
・炭火で{肉／魚}を焼く。
合焼き{肉／魚}、卵焼き

| 843 | ゆでる | ヲゆでる | boil ／煮, 烫, 焯／삶다, 데치다／luộc |

・熱い湯で{卵／野菜…}をゆでる。
合ゆで卵

| 844 | あげる | ヲ揚げる | deep-fry ／油炸／튀기다／chiên |

・油で天ぷらをあげる。
合揚げもの

| 845 | むす | ヲ蒸す | steam ／蒸／찌다／hấp |

・湯をわかして、その湯気でギョーザをむす。

◆料理の道具：

電子レンジ　　オーブン　　トースター　　炊飯器

なべ（＋ふた）　　中華なべ　　フライパン　　やかん

お玉じゃくし　　フライ返し　　しゃもじ　　ほうちょう　　ナイフ　　まな板

◆調味料：

塩
salt
盐
소금
muối

こしょう
pepper
胡椒
후추
hạt tiêu

さとう
sugar
糖，砂糖
설탕
đường

しょうゆ
soy sauce
酱油
간장
tương shô-yu, xì dầu

みそ
miso, soybean paste
酱，大酱，豆酱
된장
tương mi-sô

酢
vinegar
醋
식초
giấm

油
oil
油
기름
dầu ăn

ソース
sauce
沙司；(西餐用)调味汁
소스
nước xốt

マヨネーズ
mayonnaise
蛋黄酱
마요네즈
nước xốt mai-ô-nê

ケチャップ
ketchup
番茄酱
케첩
tương cà chua

ドレッシング
dressing
调味汁
드레싱
nước xốt

◆食器：

皿　　（お）ちゃわん　　（お）わん　　どんぶり　　湯のみ　　コップ

カップ　　グラス　　はし　　スプーン　　フォーク　　ナイフ

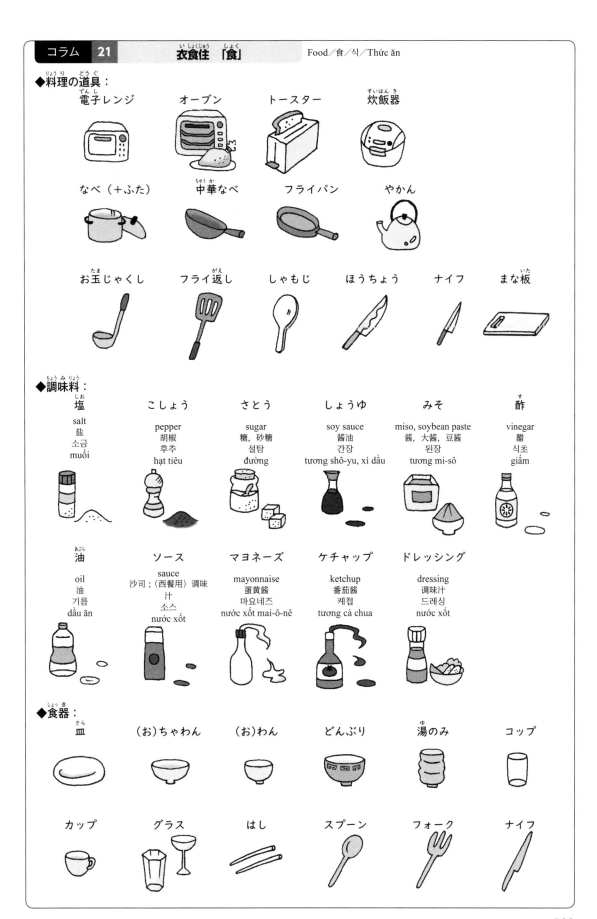

🔊 69

I 行為の様子を表す副詞　Adverbs for Describing Action ／表示动作行为样子的副词／행위의 상태를 나타내는 부사／Phó từ biểu thị điệu bộ của hành vi

---

846 ぐっすり　　　　soundly ／熟睡, 酣睡, (睡得) 香甜／푹／(ngủ) say

・子どもは**ぐっすり**眠っていて、起こしてもなかなか起きなかった。

・**ぐっすり**寝たので疲れが取れた。

---

847 きちんと　ガ／ヲきちんとスル　properly; exactly; neat ／端端正正地, 好好地, 整整齐齐地／단정히, 정확히, 말쑥이／nghiêm chinh, hẳn hoi

・「背中をまっすぐにして、**きちんと**座りなさい」

・鈴木さんはいつも言われたことを**きちんと**やる人だ。

・あしたは**きちんと**した服で来てください。　※「ちゃんと」は「きちんと」の会話的な言葉。

---

848 しっかり　ガしっかりスル　firmly, hard; reliable ／牢牢地, 好好地; 可信, 可靠／튼튼히, 열심히, 꽉, 똑똑히, 정신 차려서／chắc, chắc chắn

① ・まず基礎を**しっかり**(と)身につけることが大切だ。

　　・**しっかり**{覚える／働く／勉強する…}。　　・二人は**しっかり**(と)握手した。

② ・長女は**しっかり**しているとよく言われるが、本当だろうか。

　　・〈倒れている人に〉「だいじょうぶか。**しっかりしろ！**」

---

849 はっきり　ガはっきりスル　clearly, definitely ／清楚地, 明确地／뚜렷이, 확실히, 개운히／rõ, rõ ràng

・富士山が**はっきり**見える。　・音が**はっきり**(と)聞こえる。

・山田さんはイエスかノーか**はっきり**(と)言わないから困る。

・かぜ薬を飲んだせいか、頭が**はっきりしない**。　・態度を**はっきりさせる**。

---

850 じっと　ガじっとスル　intently, patiently; still ／聚精会神地, 一动不动地, ／가만히, 지그시／chăm chằm, lâu, yên

・**じっと**{見る／考える／がまんする…}。

・暑くて、**じっと**座っていても汗が出てくる。

・小さい子どもはなかなか**じっと**していない。

---

851 そっと　ヲそっとスル　quietly; gently; leaving alone ／轻轻地; 小心地; 不惊动地／살그머니, 살짝, 가만히／nhẹ nhàng, kín đáo

① ・寝ている人を起こさないように、**そっと**部屋を出た。

② ・壊さないように、**そっと**持ってください。

③ ・「今はだれとも話したくないので、**そっと**しておいてください」

852 **べつべつに　別々に**　　separately ／各自地, 分別地／따로따로／riêng rẽ

・「チョコレートとクッキーは**別々に**包んでください」
名 **別々**（・今までは二人でやってきたが、これからは**別々**の道を行くことにした。）

853 **それぞれ**　　each, respective ／各自的, 分別地, 不同地／각각／từng, mỗi

・みんなは**それぞれ**意見を言った。　・これらの絵には、**それぞれ**よいところがある。
名 **それぞれ**（・うちは家族の**それぞれ**がパソコンを持っている。）

854 **たがいに　互いに**　　each other ／相互／서로／nhau

・彼らは**互いに**はげまし合って練習した。
名 **互い**（・国際理解のためには、（お）**互い**の文化を尊敬しなければならない。）
関 **お互い様**（・困ったときは**お互い様**）

855 **ちょくせつ　直接**　　directly, on one's own ／直接／직접／trực tiếp

・新聞記者は、関係者から**直接**話を聞く必要がある。
・集合時間に遅れたので、一人で**直接**目的地に行かなければならなかった。
合 **＿的な**（⇔間接的な）

Ⅱ　強調や限定を表す副詞　Emphatic and Limiting Adverbs ／表示强调或限定的副词／강조나 한정을 나타내는 부사／ Phó từ biểu thị sự cường điệu, hạn định

856 **ほんとうに　本当に**　　really; to tell the truth ／太, 实在; 真的, 的确／정말로／thật sự, thật ra

① ・優勝できて、**本当に**うれしい。
② ・「私は**本当に**悪いことはしていないんです。信じてください」
　・「今度テレビに出るんだよ」「えっ、**本当（に）**？」
　※会話では「ほんとに」の形になることもある。
　名 **本当**（・「**本当**のことを話してください」・彼の話は**本当**だった。）
③ ［本当は］・行くと返事をしたが、**本当は**行きたくない。
　類 実は ☞ 635

857 **かならず　必ず**　　surely, without fail; always ／一定; 必定, 肯定／반드시, 꼭／nhất định, phải

① ・この書類はあした**必ず**出してください。
　・「あしたのパーティーにぜひ来てください」「わあ、うれしい。**必ず**行きます」
　類 きっと、絶対 ☞ 858
② ・私は毎朝**必ず**牛乳を飲むことにしています。

195

---

70

858 ぜったい(に) 絶対(に)　　　absolutely; never ／絶対; 一定, 絶対地／절대로／tuyệt đối, phải

① ・今年は**絶対(に)**合格{するつもりだ／したい／しなければならない…}。

・「約束は守ってください。**絶対**ですよ」
　類 必ず ☞ 857

② ・あしたは大事な試験だから、**絶対**遅刻できない。

・「**絶対に見るな**」と言われていたのに、見てしまった。
　類 決して ☞ 862

---

859 とくに 特に　　　especially, in particular ／特別／특히, 특별히／đặc biệt (là)

① ・くだものは何でも好きですが、**特に**メロンが好きです。

・かぜがはやっている。**特に**子どもとお年寄りは注意が必要だ。
　類 特別 ☞ 581

② ・「何かほしいもの、ある?」「**特に**ないよ」
　類 別に ☞ 871

---

860 ただ　　　just; only ／只是; 只, 仅仅／그저, 단지／chỉ, duy nhất

① ・子どもは何を聞いても**ただ**泣いているだけだった。

・「私は**ただ**、あなたを助けたいと思って手伝ったのです」

② ・その学校で、私は**ただ**一人の日本人だった。
　※「たった」はくだけた形。 ☞ 872

---

861 すくなくとも 少なくとも　　　at least ／至少, 起码／최소한, 적어도／ít nhất là

・ここから駅まで歩いたら、**少なくとも** 30 分はかかるだろう。

・「毎日予習をしてください。**少なくとも**、言葉の意味は調べてきてください」

Ⅲ　決まった形の文に使う副詞　Adverbs Used in Set Phrases ／在规定形式的句子中使用的副词／정해진 형태의 문장에 사용하는 부사／ Phó từ dùng trong các câu có mẫu định trước

---

862 けっして 決して　　　never ／决 (不), 绝对 (不)／결코, 절대로／quyết (không)

・「このことは、**決して**ほかの人には言わないつもりだ」

・「最後まで**決して**あきらめるな」
　類 絶対 ☞ 858
　※否定的な表現といっしょに使う。

863 すこしも　　少しも　　(not) at all ／一点儿也 (不)，丝毫／조금도, 전혀／(không) tí nào

・毎日運動しているのに、**少しも**体重が減らない。

・あの人がうそをついているとは、**少しも**思わなかった。
※否定的な表現といっしょに使う。
類 ちっとも（会話的な言葉）、ぜんぜん、まったく

864 ちっとも　　(not) at all ／一点儿也 (不)，毫 (无)／조금도, 전혀／(không) tí gì

・「あの二人、付き合っているらしいよ」「へえ、**ちっとも**知らなかった」

・まわりがうるさいので、**ちっとも**勉強が進まない。
※会話的な言葉。否定的な表現といっしょに使う。
類 ぜんぜん、まったく、少しも

865 まったく　　全く　　(not) at all; completely; really ／完全, 全然; 简直; 真, 实在／전혀, 완전히, 정말로／hoàn toàn, thật là

① ・タンさんが帰国したことを、私は**全く**知らなかった。
※否定的な表現といっしょに使う。
類 ぜんぜん、少しも、ちっとも

② ・この二つは**全く**同じように見えるが、実はこちらは偽物なのだ。

③ ・上田君は勉強もしないし欠席も多い。**全く**困った学生だ。

・「最近の若い人たちのマナーはひどいですね」「**まったく**ですねえ」

866 とても　　very; hardly ／很, 非常; 怎么也, 无论如何也／매우, 도저히／rất

① ・このレポートは**とても**よく書けている。　・「このケーキ、**とっても**おいしい」

② ・こんな大変な仕事、私には**とても**{できそうもない／無理だ}。
※否定的な表現といっしょに使う。
※「とっても」は「とても」の会話的な言葉。

867 どんなに　　how much; no matter how ／多么; 无论……, 也……／얼마나, 아무리／thế nào

① ・「どうして連絡してくれなかったの？　**どんなに**心配したか、わかる？」
※「どんなに～か」の形で使う。

② ・**どんなに**がんばってもあの人には勝てない。
※「どんなに～ても」の形で使う。①②とも「どれほど」より会話的。

71

868 どうしても

by all means, no matter what; just (can't) ／不管怎么样也, 无论如何也; 怎么也／어떤 일이 있어도, 아무리 해도／bằng mọi cách, không thể nào

① ・このレポートは**どうしても**あしたまでに完成させなければならない。

・あしたのパーティーには**どうしても**行きたい。

② ・この問題が**どうしても**わからない。
※否定的な表現といっしょに使う。

869 まるで

just like; (not) at all ／好像, 就像……一样; 完全, 全然／마치, 전혀／như là, (không) tí nào

① ・まだ5月なのに、**まるで**真夏のように暑い。

・宝くじが当たった。**まるで**夢を見ているみたいな気分だ。

② ・きょうの試験は難しくて、**まるで**できなかった。
※否定的な表現といっしょに使う。

870 いったい　　一体

what in the world ／到底, 究竟／도대체／không hiểu, không biết

・あの人は**いったい**何をしているのだろう。

・「あなたは**いったい**何が言いたいのですか」

・困った。**いったい**どうしたらいいのだろう。
※疑問詞といっしょに使う。

871 べつに　　　別に

nothing in particular ／特別／특별히, 별로／(không) ~ đặc biệt

・**別に**用はなかったが、声が聞きたくなって母に電話した。

・「何か意見がありますか」「いいえ、**別に**……」
※否定的な表現といっしょに使う。　類 特に☞859

IV 連体詞 Prenominal Adjectivals ／连体词／연체사／ Liên thể từ

872 たった

just ／只, 仅, 仅仅／단지, 겨우／chỉ có

・5,000人の会場に、**たった**(の)100人しかお客さんが来なかった。

・インスタントラーメンは、湯を注いで**たった**(の)3分でできる。

・あの人には**たった**一度会っただけなのに、なぜか忘れられない。
※数字といっしょに使う。「ただ」の音が変わったもの。☞860
類 ほんの、わずか

873 ほんの just, merely ／实在, 仅仅, 一点点／불과, 아직도, 보잘것없는, 조금／chỉ (là), mới chỉ (là)

・ここから隣町まで、バスで**ほんの**5分しかかからない。

・あの子はまだ**ほんの**子どもで、何が悪いかよくわかっていない。

・「お世話になり、ありがとうございました。これは**ほん**の気持ちですが、どうぞ
　お受け取りください」

・ずっと晴天が続いていたが、きのう**ほんの**少し雨が降った。
　類 たった（後ろに数字が続く場合）、わずか

V　接続詞　Conjunctions ／连接词／접속사／ Liên từ

874 それで so, then ／因此, 因而; 那么, 后来／그러므로, 그래서／vì thế, thế thì

① ・けさ駅で事故があった。**それで**、2～3時間電車が遅れた。

　・「彼、インフルエンザなんだって」「**それで**、この1週間お休みだったのか」
　　類 だから、そのため

② ・「きのう、夜遅く帰ったんです。暗い道を一人で歩いてると、後ろから、変な男が」
　　「えっ、**それで**？」

　・「今の仕事、辞めようかと思っているんだ」「**それで**、その後どうするつもり？」
　　類 そして
※会話的な言葉。

875 そこで and so ／于是, 因此／그래서, 그런 까닭으로／thế là, vì thế

・新しいパソコンが必要になった。**そこで**、銀行から貯金を少しおろすことにした。

・今までの薬では治らなかった。**そこで**、新しい薬をためしてみることにした。

876 そのうえ　　その上 what's more ／又, 而且, 加上／또한, 게다가／hơn nữa, ngoài ra

・彼女は優秀な研究者だ。**そのうえ**、性格もいいので、みんなから尊敬されている。

・かぜをひき、**そのうえ**、おなかもこわして、結局試験を受けられなかった。
　類 さらに、しかも

72

877 また

and; or; also ／又, 还, 再, 同时／또, 게다가／lại, và

・彼は銀行員で、**また**、有名な作家でもある。

・お酒は、飲み方によって、健康のためにもなり、**また**害にもなる。

・正月は、多くの人がうちでお祝いをする。**また**、最近では旅行先や海外で過ごす人も増えている。

878 または

or ／或, 或者, 或是／또는／hoặc là

・「この書類は、黒**または**青のペンで書くこと」

・「試験に欠席した人は、追試験を受けるか、**または**レポートを出してください」

園 あるいは

879 それとも

or ／还是／아니면, 그렇지 않으면／hay là

・「コーヒーにしますか、**それとも**紅茶にしますか?」

・卒業後は国に帰るか、**それとも**日本で就職するか、迷っている。

※疑問文に使う。

880 つまり

that is, in other words ／就是说／즉, 요컨대／tức là

・彼は、父の姉の息子、**つまり**私のいとこにあたる。

・「この仕事は、知識と経験が必要だと思いますが、私にはありません」

　「**つまり**、あなたには無理だということですか」

◆家の間取り：

① 玄関
② 居間／リビング
③ 食堂／ダイニング
④ 台所／キッチン
⑤ 洗面所
⑥ 風呂(場)／バス
⑦ トイレ／お手洗い
⑧ 寝室
⑨ 廊下
⑩ 階段

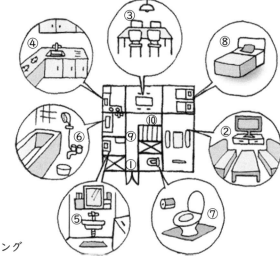

＊天井、床、たたみ、フローリング

◆家具：

① 本棚
② たんす
③ カーテン
④ ブラインド
⑤ ベッド
⑥ 鏡
⑦ 机

⑧ ソファー
⑦ いす
⑩ テーブル
⑪ じゅうたん／カーペット
⑫ 食器棚

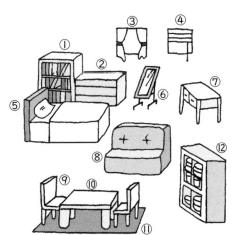

◆家電製品：

① エアコン
② 電気／電灯
③ 蛍光灯
④ 電気スタンド
⑤ パソコン
⑥ ファックス
⑦ 扇風機
⑧ テレビ
⑨ ビデオ／DVD デッキ
⑩ 洗濯機

⑪ 掃除機
⑫ ヒーター
⑬ アイロン
⑭ ドライヤー
⑮ ラジオ
⑯ デジカメ
　（←デジタルカメラ）
⑰ 懐中電灯
⑱ 電球
⑲ 電池

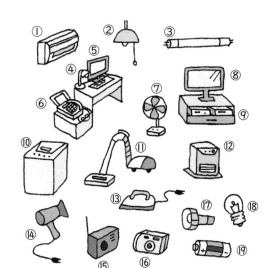

Ⅰ （　）にひらがなを1字ずつ書きなさい。

1. 給料は、少なくとも月に20万円（　）ほしい。
2. どんなに高く（　）（　）買うつもりだ。
3. 私がどんなにうれしかった（　）、ことばでは言えない。
4. 「私はただ、冗談を言った（　）（　）なんです。そんなに怒らないでください」

Ⅱ 「する」がつくことばに○をつけなさい。

いったい　　きちんと　　しっかり　　じっと　　けっして　　ちっとも　　はっきり

Ⅲ 右の□の中から同じ意味のことばをえらび、例にならって（　　）に書きなさい。

かたいことば

例（　ちょっと　）—（　少し　）
　（　　　　　　）—（　　　　　　）
　（　　　　　　）—（　　　　　　）
　（　　　　　　）—（　　　　　　）

ただ	~~ちょっと~~
~~少し~~	そのため
それで	まったく
たった	ちっとも

Ⅳ 正しいことばに○をつけなさい。答えは一つとはかぎりません。

1. うちの子は〔 じっと　そっと 〕していることが苦手だ。
2. 「風が入らないように、ドアは〔 きちんと　そっと 〕閉めてください」
3. 「いやならいやと、〔 しっかり　はっきり 〕言ってください」
4. 太郎君はまだ5歳だが、とても〔 しっかり　はっきり 〕している。
5. 小野さんは〔 きちんと　はっきり 〕した人だから、何でも安心して頼める。
6. こんな難しい仕事、私には〔 とても　けっして　必ず 〕できそうもない。
7. この本は〔 どうしても　とても　ほんとうに 〕難しくて、〔 少しも
　ちっとも　まったく　まるで 〕わからなかった。
8. 〔 けっして　とくに　べつに 〕人の悪口を言ってはいけない。
9. 「食べたいもの、ある？」「〔 特別に　別に 〕……」
10. 「私は〔 ぜったい　必ず　特に 〕カンニングなんかしていません」
11. 二人は〔 それぞれ　たがいに 〕助け合って暮らした。
12. 今年は〔 いったい　ぜったい　どうしても 〕優勝したい。
13. 事故で電車が30分も止まった。〔 そこで　それで　そのため 〕遅刻してしまった。

14. 「アメリカへ行ったとき、パスポートをなくしてしまってね」
    「〔 そこで それで そのため 〕どうしたの」
15. 景気が悪くなり、学費が払えない学生が増えた。〔 それで そのうえ そこで 〕、
    大学は新しい奨学金制度を作ることにした。
16. きょうは仕事でミスをする、雨に降られる、〔 そのうえ そのため それとも 〕
    電車の中にかばんを忘れると、悪いことばかりの1日だった。
17. 黒田さんは友人であり、〔 また または 〕ライバルでもある。
18. 「メール〔 また または 〕ファックスで申し込んでください」

V よくいっしょに使うことばを下からえらびなさい。

1. ぐっすり（　　　　　　　　）　　2. はっきり（　　　　　　　　）
3. じっと（　　　　　　　　）　　　4. まったく（　　　　　　　　）
5. そっと（　　　　　　　　）　　　6 しっかり（　　　　　　　　）

> 言う　　同じだ　　がまんする　　さわる　　寝る　　働く

VI （　　　）に入ることばを下からえらんで書きなさい。

1. 「そんなだいじなことは、人に頼まないで、相手に（　　　　　　　　）言ったほう
   がいいですよ」
2. どの子にも（　　　　　　　　）よいところがある。
3. 「毎日雨ばかりでいやですねえ」「（　　　　　　　　）ですねえ」
4. その女の子のほおは（　　　　　　　　）りんごのようだった。
5. 「（　　　　　　　　）どうして、そんなことをしたんですか」
6. 「えっ、この仕事を（　　　　　　　　）3日でやったんですか。すごい！」
7. 私はお酒に弱くて、（　　　　　　　　）少し飲んだだけで酔ってしまう。
8. 行きは（　　　　　　　　）だったが、帰りはいっしょだった。
9. 友だちが泣いている。しばらく（　　　　　　　　）しておいてあげよう。
10. 「その日はちょっとつごうが悪くて……」
    「（　　　　　　　　）、欠席だということですね」

> いったい　　そっと　　それぞれ　　たった　　ちょくせつ
> つまり　　べつべつ　　ほんの　　まったく　　まるで

Ⅰ （　　　）に入れるのに最もよいものを、a・b・c・dの中から一つえらびなさい。

1. 今度の地震では（　　　）の被害が出たようだ。
    a　けっこう　　　　　b　だいぶん　　　　　c　ずいぶん　　　　　d　かなり

2. 9時の新幹線に（　　　）間に合った。
    a　ぎりぎり　　　　　b　とうとう　　　　　c　同時に　　　　　d　いっぱい

3. 彼がなかなか結論を言わないので（　　　）した。
    a　ほっと　　　　　b　のんびり　　　　　c　しっかり　　　　　d　いらいら

4. 上田さんは（　　　）テニスが上手になるのに、私はいつまでたっても下手だ。
    a　もっと　　　　　b　ずっと　　　　　c　どんどん　　　　　d　どれほど

5. 「あの二人、兄弟なのに（　　　）似ていませんね」
    a　とても　　　　　b　少しも　　　　　c　少なくとも　　　　　d　どうしても

6. 医者に注意され、父は（　　　）酒をやめた。
    a　相変わらず　　　　b　もうすぐ　　　　c　ずっと　　　　　d　ぴたりと

7. （　　　）こんなところで部長に会うとは思っていなかったので、あわててしまった。
    a　もしかして　　　b　まさか　　　　　c　きっと　　　　　d　やはり

8. 時間がかかるだろうと思っていたが、（　　　）早くできた。
    a　思わず　　　　　b　案外　　　　　c　もちろん　　　　　d　つい

9. スポーツは何でも好きだが、（　　　）水泳が好きだ。
    a　特に　　　　　b　絶対　　　　　c　もっと　　　　　d　大変

10. 胸（　　　）に新鮮な空気を吸い込んだ。
    a　たくさん　　　　b　ぎりぎり　　　　c　いっぱい　　　　　d　ぴったり

Ⅱ ＿＿＿＿に意味が最も近いものを、a・b・c・dから一つえらびなさい。

1. 学費は1年でだいたい80万円ぐらいかかる。
    a　たいてい　　　　b　およそ　　　　　c　ほとんど　　　　　d　かなり

2. 先輩が何に怒っているのか、私にはまったくわからなかった。
    a　すこし　　　　　b　すっかり　　　　c　ぜんぜん　　　　　d　ぜったい

3. とつぜん近くで大きな音がして、びっくりした。
    a　すぐに　　　　　b　もうすぐ　　　　c　まもなく　　　　　d　急に

4. 寒気がする。もしかして、かぜをひいたのだろうか。
    a　うっかりして　　b　はっきりして　　c　ほっとして　　　　d　ひょっとして

5．出張に行く予定だった林さんが入院した。それで、私が代わりに行くことになった。
　　a　そのため　　　　b　また　　　　　　c　つまり　　　　　d　そして

Ⅲ　次のことばの言い方として最もよいものを、一つ選びなさい。

1．ずっと
　　a　うちのずっと近くにコンビニがあるので便利だ。
　　b　私は色の中で赤がずっと好きだ。
　　c　最後に田中さんと会ったのは、もうずっと前だ。
　　d　去年からずっと結婚した。

2．はっきり
　　a　「そんな 10 年も前のこと、はっきり覚えていませんよ」
　　b　「はっきり見てください。ここに小さな傷があります」
　　c　「彼女はとてもはっきりした頭をしていますね」
　　d　「最近年のせいか、はっきり忘れてしまって困るんです」

3．けっこう
　　a　チンさんはとてもけっこうなレポートを書いた。
　　b　「お茶はもうけっこうですか」
　　c　緊張するかと思ったが、けっこうにリラックスできた。
　　d　難しい試験だったが、けっこうできたと思う。

4．つい
　　a　テレビを見ながら料理をしていたら、つい塩を入れすぎてしまった。
　　b　つい電車の中にかさを忘れてしまった。
　　c　がんばって練習して、つい優勝することができた。
　　d　1 カ月働いて、つい 5 万円しかもらえなかった。

5．まさか
　　a　いろいろ悩んだが、まさか A 社に就職することにした。
　　b　彼は厳しそうに見えたが、話してみると、まさか優しかった。
　　c　まさか私が合格できるとは思わなかった。
　　d　国へ帰っても、まさか日本のことは忘れません。

語彙索引（50音順）

*数字…ページ ■…コラム番号

け

く

ち

安藤栄里子（あんどう えりこ）

明新日本語学校 教務主任

惠谷容子（えや ようこ）

早稲田大学日本語教育研究センター 非常勤講師

飯嶋美知子（いいじま みちこ）

北海道情報大学 情報メディア学部 准教授

改訂版　耳から覚える
日本語能力試験　語彙トレーニングN3

発行日	2010年3月24日 （初版）
	2021年3月17日 （改訂版）
	2024年7月4日 （改訂版第5刷）

著　者	安藤栄里子・惠谷容子・飯嶋美知子
編　集	株式会社アルク日本語編集部、堀田 弓
英語翻訳	Jon McGovern　英語校正　治山純子
中国語翻訳	葉菁　中国語校正　文化空間株式会社（石暁宇）
韓国語翻訳	朴 智慧　韓国語校正　田中恵美
ベトナム語翻訳	Vu Tuan Khai　ベトナム語校正　今田ひとみ
イラスト	秋本麻衣
ナレーション	都さゆり、桑島三幸
録音・編集	株式会社メディアスタイリスト、株式会社ジェイルハウス
編集・DTP	有限会社ギルド
装丁デザイン	大村麻紀子
印刷・製本	萩原印刷株式会社
発行者	天野智之
発行所	株式会社アルク
	〒141-0001　東京都品川区北品川 6-7-29　ガーデンシティ品川御殿山
	Website：https://www.alc.co.jp/

地球人ネットワークを創る

アルクのシンボル
「地球人マーク」です。

改訂版

6

耳から覚える
日本語能力試験

語彙
トレーニング

N3

解答

Unit 01
名詞 A

1 ～ 71
練習問題　(P.18)

I
1．に
2．に
3．に、を
4．に、を
5．と
6．で
7．に
8．に
9．を
10．に
11．に
12．を
13．と、が
14．に、が

II
おしゃべり、けいさん、
生活、せいり、
たんじょう、つうきん、
どりょく、ひっこし

III
A
1．高い
2．立てる
3．とる
4．とる
5．おくる
6．かける
7．おろす
8．ふえる
9．のびる
10．ひらく
11．やぶる
12．あける
B
1．年上

2．しゅっしん
3．おしゃべり
4．けが
5．きせい

IV
1．力
2．家
3．日地
4．地
5．品
6．金／日／率
7．率
8．時間
9．費／力

V
1．失敗
2．出席
3．増える
4．未成年
5．就職
6．賛成
7．上司
8．後輩
9．守る

VI
1．たんじょうび
2．かんしん
3．ようい
4．ちじん
5．ふるさと
6．ねんれい

VII
1．もくてき
2．じゅんび、
　　せいり
3．しゅみ
4．あいて
5．ちゅうもん
6．けしょう
7．がまん
8．どりょく

9．そうぞう
10．ゆめ
11．せいちょう
12．めんせつ

72 ～ 120
練習問題　(P.28)

I
1．の、が
2．で
3．の
4．に
5．に、に

II
ごちそう、ねあがり

III
1．はかる
2．はえる
3．むく
4．のぼる
5．いれる
6．する
7．おす
8．とる
9．高い
10．すくない

IV
1．きじ
2．ばんぐみ
3．せいひん
4．かん
5．こうそく
6．じどう

V
1．後半
2．最低
3．値下がり
4．冷房
5．私服
6．沈む

VI
A
1．さくしゃ
2．はい
3．そこ
4．けむり
5．せんざい
6．こぜに
7．つゆ
8．ちか
9．きんじょ、てら

B
1．ほうほう
2．しゅるい
3．しっけ
4．けいさつ
5．じどう
6．ごちそう
7．めいし
8．じゅんばん、
　　さいしょ
9．ゆうじん、
　　はんにん
10．ちきゅう、つき

1 ～ 120
確認問題　(P.30)

I
1．d
2．a
3．c
4．b
5．d
6．c
7．a
8．b
9．b
10．d

II
1．b
2．c
3．a

4. d
5. c

121 ～ 170
練習問題　　　　　(P.40)

III

1. b
2. d
3. a
4. d
5. c

I

1. を、に
2. に、を
3. を、に
4. に／から
5. を、に
6. に、を
7. に、を
8. を、に
9. と
10. で
11. に／から、と
12. を

II

1. たおす
2. 起こす
3. うまれる
4. おろす
5. 乗る
6. つかまる
7. なおす
8. かわかす

III

1. 決めた
2. うつって
3. 見つからない
4. 治らない
5. うんだ
6. おろして
7. おつかまり
8. 直して

IV

1. かぐ
2. おこす
3. おりる
4. たたむ
5. かぞえる
6. よぶ
7. だく
8. かう
9. ける

V

1. せんたくもの、空気、のど
2. 名前、タクシー
3. 自転車、建物、木、人
4. 問題、事故、子ども
5. 友人の家、電話番号、道

VI

1. たたいて
2. さけんだ
3. おもいだす
4. たおした
5. ことわって
6. なぐって
7. だまって
8. つきあって
9. あずかって
10. みつからず／みつからなくて
11. おろして
12. であって

171 ～ 220
練習問題　　　　　(P.50)

I

1. に
2. に
3. と
4. と、を
5. と
6. に
7. に
8. に、を
9. が
10. が
11. の／か、に

II

1. うごかす
2. かかる
3. ぶつける
4. こぼす
5. むける
6. あく
7. ひやす
8. さます
9. もえる
10. 鳴らす

III

片づける、残る、はやる、動く、すれちがう、冷える、包む

IV

1. わかす
2. 鳴る
3. さがる
4. かける
5. ぶつかる

V

1. 費用／手
2. かぜ
3. あな／手
4. コーヒー
5. 火
6. 包み
7. 手
8. あせ／手
9. 皮

VI

1. 時間、めいわく、CD
2. パスポート、食欲、記憶

3．時間、注意、数、
　　経験
4．荷物、練習、
　　経験
5．温度、成績、
　　値段
6．レジ、道、バス

Ⅶ
1．たつ／たった
2．かけて
3．はなれて
4．こぼして
5．ふいて
6．かたづいた
7．なくした
8．くさって
9．すべって
10．ぶつけて
11．あいて

121 ～ 220
確認問題　　　　(P.52)

Ⅰ
1．b
2．d
3．a
4．b
5．c
6．c
7．a
8．d
9．b
10．d

Ⅱ
1．d
2．a
3．a
4．b
5．c

Ⅲ
1．c

2．d
3．a
4．d
5．b

Unit 03
形容詞 A

259 ～ 298
練習問題　　　　(P.66)

Ⅰ
1．に
2．に
3．に
4．が
5．に
6．に
7．に
8．に
9．で
10．に、を
11．の、を

Ⅱ
1．平気な
2．くるしい
3．にがてだ
4．大変な

Ⅲ
A
おとなしい、がまんづ
よい、けち、失礼、じ
み、消極的、正直、不
注意、わがまま
B
意外、くやしい、苦し
い、大変、楽

Ⅳ
健康な、幸せな、得意
な、熱心な

Ⅴ
A
1．うらやましい
2．とうぜんだ

3．へんな
4．めんどうな
5．けっこう(です)
6．ましだ
7．ふしぎな
8．むりだ
9．かゆい

B
1．らくに
2．むりに
3．いがいに／
　　いがいと
4．じゆうに
5．ふあんに

C
1．せっきょくせい
2．わがまま
3．ふちゅうい
4．むだ
5．くやしさ
6．おしゃれ

Unit 04
名詞 B

311〜370
練習問題　(P.78)

I
1. に、に
2. に、を
3. に
4. に
5. で
6. に
7. に
8. を
9. に、の
10. と、を
11. に

II
おじぎ、いじわる、いたずら、渋滞、解決、感謝、感心、興奮、混雑、応援、録画、実行、経営、研究

III
1. つける
2. 立てる
3. 出す
4. 起きる
5. 入る
6. 流す
7. 浴びる
8. きびしい
9. 大きい
10. 速い
11. 高い
12. いい

IV
1. 率
2. 話
3. 語

4. 外
5. 家
6. 源

V
1. けんやくする
2. はってんする
3. やりとりする
4. かわる
5. なおす
6. よそくする

VI
1. おわび
2. せんでん
3. あくしゅ
4. かんそう
5. きょうりょく
6. きんちょう
7. けっか
8. ていでん
9. かてい
10. じけん
11. こしょう
12. はんせい

371〜410
練習問題　(P.86)

I
1. に、を
2. を、に
3. に
4. へ、を
5. が
6. に／と

II
愛、確認、発見

III
1. 深い
2. 広い
3. こい

4. かかる
5. とる
6. ひく
7. ほる
8. 作る
9. つける

IV
1. 家
2. 札
3. 感
4. 権
5. 化／人
6. 人

V
関係、責任、条件、中身、特徴

VI
1. 憎む
2. 東洋
3. 個人
4. 人工
5. 形式

VII
1. ふうけい
2. とくしょく
3. しよう
4. しゅうい
5. とうぜん

VIII
1. きかん
2. あたり
3. あたりまえ
4. だんたい
5. しゅうきょう
6. はんい
7. せいよう
8. ばい

311〜410
確認問題　(P.88)

I
1. c
2. d
3. a
4. a
5. b
6. b
7. c
8. a
9. a
10. d

II
1. b
2. d
3. d
4. c
5. d

III
1. d
2. d c
3. a
4. b
5. d

Unit 05
動詞 B

411～460
練習問題 (P.98)

I
1. に、を
2. に
3. を
4. に
5. と
6. に／と
7. に
8. に

II
1. 近づける
2. とどける
3. 合わせる
4. 当てる
5. 変わる
6. かくれる
7. つまる
8. 似せる
9. 分かれる
10. ふやす
11. へる
12. 助かる
13. 返る
14. 飛ばす
15. うまる
16. さす

III
1. 目
2. とげ
3. 予想
4. 貯金
5. 気／目
6. 穴
7. 汗

IV
1. プレゼント、花、
手紙
2. チーム、仕事、
財産
3. ねこ、虫、鳥
4. パーティー、
オリンピック、
会議
5. 油、線、辞書
6. 丈、差、距離

V
1. ふやす
2. とじる
3. 引く
4. はずれる

VI
1. とどけ
2. かえて
3. だまされ
4. たすけ
5. ころした
6. ぬすまれて
7. つかみ
8. とばない、
おさえた
9. にぎって／
つかんで
10. いじめ
11. かわった
12. にあって

461～510
練習問題 (P.108)

I
1. を
2. に
3. に
4. を
5. に

II
1. 立てる
2. 育てる
3. はやす
4. まがる
5. ゆらす
6. ぬれる
7. ながす
8. わる
9. はずれる
10. 覚める
11. こわす
12. やぶる
13. よごれる
14. おる

III
1. ひげ
2. こし
3. ボタン
4. 酔い
5. ビル
6. ページ
7. スピーチ
8. 新年
9. 空腹
10. 計算

IV
1. えんぴつ、えだ、
ほね
2. カメラ、
パソコン、
本だな
3. スカート、本
4. まどガラス、
さら

V
1. めがね、ゆびわ、
ボタン
2. うわさ、あせ、
音楽
3. カード、ノート、
パンフレット

VI
1. みかけ
2. ふって
3. まよい
4. ゆるして
5. くりかえし
6. たって／たち
7. ねむり
8. ためし
9. あわてて
10. いのりして
11. まちがい
12. ゆれ、さました

411～510
確認問題 (P.110)

I
1. a
2. b
3. a
4. d
5. b
6. b
7. c
8. a
9. d
10. c

II
1. a
2. b
3. c
4. c
5. d

III
1. b
2. c
3. a
4. d
5. b

Unit 06
カタカナ A

511 ～ 550
練習問題 (P.118)

I
1. で
2. に
3. に
4. で
5. で

II
アナウンス、デザイン、
トレーニング

III
1. ケーキ
2. フード
3. ラーメン
4. タイマー
5. ワーク
6. ベース
7. クレジット
8. クラス
9. アワー

IV
1. くろうと
2. バルコニー
3. いちばん
4. くだもの
5. りょうしゅうしょ
6. しろうと

V
1. アマ
2. プロ
3. コンタクト
4. バーゲン／
   セール
5. コンビニ

VI
A
1. クラスメート
2. アンケート
3. トレーニング
4. パーセント

B
1. ヘルメット
2. プラスチック
3. マッサージ
4. パンフレット
5. メッセージ

VII
1. うかぶ
2. うつ
3. つなぐ
4. つける
5. おとす

VIII
1. ファストフード
2. ガラス
3. コンビニ
4. デザイン
5. バイク
6. ベンチ
7. デザート
8. ベランダ

Unit 07
形容詞 B

551 ～ 590
練習問題 (P.128)

I
1. と
2. に
3. に
4. に
5. に／と

II
1. こい
2. 急で
3. りっぱな
4. 細かい
5. かたい
6. 可能
7. 必要

III
1. 海、考え、経験、眠り
2. 色、化粧
3. 表情、文章
4. 痛み、変化
5. 経験、自然、表情

IV
A
1. まぶしい
2. むしあつい
3. おかしい
4. かっこいい
5. ぬるく
6. すっぱ
7. くさい
8. もったいない
9. うまく

B
1. しんせんな

2. さかんだ
3. さまざまな
4. ばらばらに
5. せいけつな
6. ぼろぼろに
7. たしか
8. こくさいてきに

C
1. かんぜんに
2. きゅうに
3. てきとうに
4. とくべつに
5. りっぱに
6. かたく
7. すごく
8. きほんてきに

Unit 03/07
259 〜 298/
551 〜 590
形容詞 A・B
確認問題　　　(P.130)

I
1. b
2. c
3. d
4. b
5. c
6. a
7. c
8. a
9. b
10. a

II
1. b
2. c
3. d
4. a
5. b

III
1. a
2. c
3. d
4. d
5. a

Unit 08
副詞 A
591 〜 635
練習問題　　　(P.140)

I
だいたい―およそ
やっと―ついに
とても―非常（ひじょう）に

II
1. だいたい／ほとんど、ほとんど
2. かなり／すっかり／だいぶ
3. かなり
4. だいたい／けっこう
5. たいてい
6. ずっと
7. ますます
8. とうとう
9. やっと
10. ついに／とうとう
11. 次々（つぎつぎ）と
12. のんびり
13. とつぜん
14. やはり
15. ぜひ
16. なるべく
17. つい
18. ぴったり／ぎりぎり
19. すぐに
20. 意外（いがい）

III
A
1. b
2. e
3. a
4. f
5. d

6. c
B
1. f
2. a,b
3. c
4. e
5. d

IV
1. しばらく
2. けっこう、ほっと
3. いつのまにか
4. どうじに
5. あいかわらず
6. まえもって
7. じつは
8. ずっと
9. もちろん
10. あっというま
11. おもわず

Unit 09
名詞 C
636 〜 675
練習問題　　　(P.148)

I
1. が
2. に、を
3. と、を
4. に、を
5. と／に

II
A
演奏（えんそう）、記録（きろく）、禁煙（きんえん）、禁止（きんし）、検査（けんさ）、後悔（こうかい）、誤解（ごかい）、死亡（しぼう）、手術（しゅじゅつ）、代表（だいひょう）、治療（ちりょう）、読書（どくしょ）、予防（よぼう）

B
基本（きほん）、記録（きろく）、芸術（げいじゅつ）、代表（だいひょう）、表面（ひょうめん）、例外（れいがい）

III
1. やぶる
2. 重い
3. 深（ふか）い
4. ある
5. とる
6. とる

IV
1. 栄養（えいよう）、実力（じつりょく）、知識（ちしき）
2. 課題（かだい）、誤解（ごかい）
3. 検査（けんさ）、誤解（ごかい）、治療（ちりょう）
4. 栄養（えいよう）、実力（じつりょく）、文句（もんく）
5. 栄養（えいよう）、記録（きろく）
6. 知識（ちしき）、表情（ひょうじょう）

V

1. 状態
2. 近
3. 新
4. 型
5. 席
6. 率
7. 名
8. 正しい

VI

1. いっしょう
2. いのち
3. だいひょう
4. きんし
5. こうかい
6. ごかい
7. かだい
8. ばめん
9. できごと
10. けんさ
11. きほん
12. じょうたい
13. くせ

676 ～ 715
練習問題　　　　(P.156)

I

1. が
2. に
3. に
4. と
5. に
6. に、を
7. に、を
8. から、に

II

A

影響、強調、携帯、
証明、商売、消費、
省略、申請、戦争、
倒産、平均、保護

B

印象、現代、効果、
文化、平均、平和

III

1. 出す
2. とる
3. むすぶ
4. あたえる
5. 受ける

IV

1. 高い
2. ある、出る
3. 高い、安い
4. 大きい、高い
5. 大きい、ある、出る
6. 大きい、高い、ある、出る

V

1. 髪
2. 異
3. 自然
4. 過／自然
5. 天然
6. 高
7. 税
8. 不足
9. 点

VI

1. 量
2. 戦争
3. 消費

VII

1. げんだい
2. ちほう
3. ほんにん
4. けいたい
5. とうさん
6. せいき

7. きょうちょう
8. しょうりゃく
9. かんきょう

636 ～ 715
確認問題　　　　(P.158)

I

1. c
2. d
3. c
4. a
5. a
6. d
7. c
8. b
9. d
10. a

II

1. c
2. b
3. c
4. c
5. d

III

1. b
2. a
3. c
4. a
5. d

Unit 10
動詞 C

716 ～ 753
練習問題　　　　(P.168)

I

1. に
2. に
3. を
4. に
5. に
6. を／が
7. に、を
8. に、を
9. に、を
10. から／に／の、を
11. に、を
12. と、を
13. に／から、を
14. に、を
15. から、に／へ
16. から、に／へ
17. に／へ、を

II

1. うつす
2. よせる
3. 向ける
4. 通す
5. 進める
6. 過ごす

III

1. できる
2. できた
3. 切れる
4. 思いつく
5. える
6. むすぶ
7. 切らして

IV

1. 話、熱

2. 電話、話
3. 影響、被害
4. 環境、法律、
約束

V
1. 遅れる
2. おりる
3. うたがう
4. 受ける
5. ほどく／とく
6. やぶる

VI
1. すませた
2. あらそい
3. すすんで
4. すぎた
5. おもいやり
6. よった
7. くらし
8. のぞみ
9. のぼる
10. よせて
11. とおさ
12. つれて
13. すすめられ（て）

754〜795
練習問題　　　　(P.178)

I
1. を
2. に、を
3. に、を
4. に、が
5. と、を
6. に、を
7. に、が
8. から、に

II
1. かさなる
2. そろう
3. ためる

4. ちらす
5. とける
6. 続ける
7. つなぐ／つなげ
る
8. 広げる

III
1. あける
2. さす
3. のる
4. とく
5. つける
6. ぬく
7. かさねる

IV
1. 差、被害
2. 氷、疑問
3. ストレス、疲れ、
貯金
4. ひげ、記録、
予定
5. くつ、声、書類
6. レポート、考え、
荷物

V
A
1. とける
2. ついて
3. あらわれた
4. まぜる
5. ちって
6. つながり
7. まじって
B
1. ふくめて
2. つながった
3. つづき
4. まとめ（て）
5. ぬけて
6. まとまり
7. そろい

716〜795
確認問題　　　　(P.180)

I
1. b
2. d
3. c
4. b
5. c
6. a
7. d
8. a
9. b
10. a

II
1. a
2. d
3. a
4. b
5. c

III
1. b
2. a
3. d
4. a
5. b

Unit 11
カタカナ B

796〜835
練習問題　　　　(P.188)

I
1. で
2. を
3. が
4. に
5. で

II
アップ、セット、
ヒット、マイナス、
レンタル

III
1. ダウン
2. ジャッジ
3. ビル／
コンピューター
4. カメラ
5. シップ
6. ショップ
7. コンピューター

IV
1. コンクール
2. きそく
3. さいりょう
4. エチケット
5. かた
6. よてい

V
1. アナログ
2. アップ
3. プラス

VI
1. エネルギー

2. プライバシー
3. コミュニケーション
4. ブレーキ

VII
1. いい
2. 高い
3. 大きい
4. いい
5. うかぶ
6. ふむ
7. まもる
8. 立てる

VIII
1. パートナー
2. タイプ
3. マイナス
4. タイトル
5. ダウン
6. マスコミ
7. ラベル
8. スタイル
9. ブランド
10. ストレス
11. ロボット
12. セット

Unit06/11
511～550/
796～835
カタカナ A・B
確認問題 (P.190)

I
1. d
2. a
3. b
4. d
5. a
6. c
7. c
8. a
9. b
10. c

II
1. a
2. c
3. a
4. c
5. b

III
1. a
2. d
3. b
4. c
5. d

Unit 12
副詞 B、
連体詞・接続詞

846～880
練習問題 (P.202)

I
1. は
2. ても
3. か
4. だけ

II
きちんと、しっかり、
じっと、はっきり

III
たった一ただ
それで一そのため
ちっとも一まったく

IV
1. じっと
2. きちんと
3. はっきり
4. しっかり
5. きちんと
6. とても
7. とても／ほんとうに、少しも／ちっとも／まったく／まるで
8. けっして
9. 別に
10. ぜったい
11. たがいに
12. ぜったい／どうしても
13. それで／そのため
14. それで
15. それで／そこで
16. そのうえ
17. また

18. または

V
1. 寝る
2. 言う
3. がまんする
4. 同じだ
5. さわる
6. 働く

VI
1. ちょくせつ
2. それぞれ
3. まったく
4. まるで
5. いったい
6. たった
7. ほんの
8. べつべつ
9. ずっと
10. つまり

Unit08/12
591 ～ 635/
846 ～ 880
副詞 A・B、
連体詞・接続詞
確認問題 (P.204)

I

1. d
2. a
3. d
4. c
5. b
6. d
7. b
8. b
9. a
10. c

II

1. b
2. c
3. d
4. d
5. a

III

1. c
2. a
3. d
4. a
5. c